"认识中国·了解中国"书系

"十三五"国家重点出版物出版规划项目

时代大潮和中国共产党

李君如 著

中国人民大学出版社

·北京·

序　言

2016年，我们迎来了中国共产党95周年华诞，举世瞩目。在庆祝中国共产党成立95周年的大会上，中共中央总书记习近平说："中国产生了共产党，这是开天辟地的大事变。这一开天辟地的大事变，深刻改变了近代以后中华民族发展的方向和进程，深刻改变了中国人民和中华民族的前途和命运，深刻改变了世界发展的趋势和格局。"①

把这一年放到近现代以来的中国大历史中去考察，更能够看到中国共产党作为中国工人阶级的先锋队、中国人民和中华民族的先锋队，在中华民族伟大复兴和中国社会主义发展中的历史贡献，更能够看到中国共产党是一个能够顺应时代大潮、永葆先进性的伟大政党。

请看：

——2016年，是中国民主革命先行者孙中山先生诞辰150周年，是以孙中山先生为代表的中国资产阶级革命派领导的辛亥革命105周年。1840年鸦片战争以来，古老的中华民族落后挨打，世界上几乎所有的列强都欺负、蹂躏、侵略、压迫过中国。在争取民族独立和人民解放、国家繁荣富强和人民共同富裕的道路上，从林则徐到洪秀全、康有为和梁启超，一代又一代仁人志士前赴后继、英勇奋斗，都失败了。要算孙中山先生最有成就，他领导的辛亥革命推翻了统治中国几千年的君主专制制度，建立了资产阶级共和国，但是他也没有能够改变中国半殖民地半

---

① 习近平．在庆祝中国共产党成立95周年大会上的讲话．人民日报，2016-07-02.

封建社会的性质，没有能够把中国人民从水深火热之中解救出来，还把政权拱手让给了以袁世凯为代表的北洋军阀。一直到马克思列宁主义传入中国，并和中国工人运动相结合，在 1921 年诞生了中国共产党，中国革命的面貌才焕然一新。

——2016 年，是袁世凯去世 100 周年。辛亥革命后只有 5 年，窃取中华民国临时大总统权位的袁世凯，就废弃共和，改行帝制，决定从 1916 年 1 月 1 日起将民国纪年改为洪宪元年。袁世凯复辟帝制，遭到各方强烈反对，结果，他只做了 83 天洪宪皇帝梦，就于 3 月 22 日不得不宣布废止帝制。接着，在内外交困的政治形势下，于 1916 年 6 月 6 日一命呜呼。袁世凯的这一结局证明了，经历过辛亥革命洗礼的中国，谁再想做皇帝，不管是君主专制的皇帝，还是君主立宪制的皇帝，都是违背历史进步潮流而动的，都必将遭到失败。

值得深思的是，从辛亥革命到袁世凯称帝，在中国，多党制、议会制、内阁制、君主立宪制等各种政治体制都试验过了。正如毛泽东说过的："就是这样，西方资产阶级的文明，资产阶级的民主主义，资产阶级共和国的方案，在中国人民的心目中，一齐破了产。""一切别的东西都试过了，都失败了。"① 袁世凯的上台，是议会制的失败；袁世凯的结局，也是君主立宪制的结局。历史证明了，在中国，由于资产阶级的软弱性，他们领导不了中国的民主革命。历史也证明了，资本主义民主不是中国的出路，中华民族要救亡图存、振兴发展，必须另辟新路。正是在中国人民和中华民族最痛苦也最彷徨的时候，"十月革命一声炮响，给我们送来了马克思列宁主义"②。1921 年，中国共产党应运而生。

——2016 年，是中国工农红军胜利完成长征 80 周年。中国共产党的成立，是中国开天辟地的大事变。但是，并不因为中国共产党伟大，它就不犯错误，幼年时期的中国共产党犯了一个又一个错误，经历了大革命的胜利和失败、土地革命的胜利和失败这样"两次胜利两次失败"。1934 年，在第五次反"围剿"失败后，红军失去了一大批根据地，中国

①② 毛泽东．毛泽东选集：第 4 卷．2 版．北京：人民出版社，1991：1471．

革命又一次经历了苦难，开始了艰辛的长征，然而，正如毛泽东在长征诗中所说的“红军不怕远征难，万水千山只等闲”[1]，中国共产党以大无畏的革命英雄主义和乐观主义精神赢得了长征的胜利。对长征，毛泽东用诗一般的语言，充满激情地说过：“长征是宣言书，长征是宣传队，长征是播种机。自从盘古开天地，三皇五帝到于今，历史上曾经有过我们这样的长征吗？”[2] 历史又一次告诉我们，挫折和失败不仅锻炼了红军，而且考验了党，使党纠正了错误路线，确立了正确领导，突破了蒋介石国民党军队的围追堵截。1936 年，红军三大主力会师西北，胜利完成了长征。长征，是悲壮的传奇，这样的历史大事件再一次证明了：中国共产党是任何力量、任何打击、任何压力都摧不垮的。

——2016 年，是我国胜利完成社会主义改造，确立社会主义根本制度 60 周年。从 1949 年 10 月到 1956 年 9 月，在中国共产党领导下，我国相继实现了从半殖民地半封建社会到民族独立、人民当家作主的新社会，从新民主主义到社会主义的两个历史性转变。中国共产党在这一历史转变中，在领导人民巩固政权和完成土地革命等民主革命遗留任务之际，审时度势，制定了党在社会主义过渡时期的总路线等正确的路线方针政策，特别是根据中国民族资产阶级的实际情况，制定了和平赎买政策，保证了对生产资料私有制的社会主义改造顺利完成。1956 年，在北京、上海等地出现了世界上其他国家都看不到、甚至许多人都不相信的景观：私营企业的资本家等私方人员和职工一起，敲锣打鼓，燃放鞭炮，结队游行，申请公私合营。尽管在这个全行业公私合营的高潮中，我们在工作中存在一些不足，但是这在中国和世界上都是历史性巨变。1956 年 9 月召开的党的八大宣布：“社会主义的社会制度在我国已经基本上建立起来了。”新民主主义革命的胜利，社会主义基本制度的建立，为当代中国一切发展进步奠定了根本的政治前提和制度基础。

---

① 中共中央文献研究室. 毛泽东诗词集. 北京：中央文献出版社，1996：55.

② 毛泽东. 毛泽东选集：第 1 卷. 2 版. 北京：人民出版社，1991：150.

——2016年，是“文化大革命”发动50周年、结束40周年。我国进入社会主义社会后，由于对建设社会主义的规律缺乏深刻的认识，在社会主义建设过程中犯了“大跃进”和人民公社化运动等错误。其中，范围最广、时间最长、影响最大、后果最严重的错误，是1966年发动的“文化大革命”。由于中国共产党是用马克思主义武装起来的，能够为人民坚持真理，也能够为人民修正错误，因而每一次错误都能够由中国共产党自己来纠正。1976年10月，中共中央政治局执行党和人民的意志，一举粉碎“四人帮”，结束了“文化大革命”。10年“文化大革命”，震惊了世界，也引起了我们深入的思考。之所以会发生“文化大革命”这样的事，有客观的和主观的许多原因，但最为根本的，是我们对于“什么是社会主义，怎样建设社会主义”这个根本问题，没有完全搞清楚。之所以能够由中国共产党自己来结束“文化大革命”，也有许多客观的和主观的原因，但最为根本的，是我们有一个用实事求是思想路线武装起来的党，有一批出于公心、坚持真理并敢于力挽狂澜的杰出共产党人。

把2016年的中国共产党同中国近现代历史和中国共产党历史上的这几件大事联系起来，我们可以感悟出许许多多道理。

一方面，我们可以体会到：中国共产党虽然只有95年的历史，但是这不寻常的95年在中华民族的历史上写下了不可磨灭的一页。中国共产党以其无私无畏的精神和对中华民族、中国人民的忠诚，改变了中华民族、中国人民的历史命运。正如习近平在庆祝中国共产党成立95周年大会上所指出的：“中国共产党领导中国人民取得的伟大胜利，使具有5 000多年文明历史的中华民族全面迈向现代化，让中华文明在现代化进程中焕发出新的蓬勃生机；使具有500年历史的社会主义主张在世界上人口最多的国家成功开辟出具有高度现实性和可行性的正确道路，让科学社会主义在21世纪焕发出新的蓬勃生机；使具有60多年历史的新中国建设取得举世瞩目的成就，中国这个世界上最大的发展中国家在短短30多年里摆脱贫困并跃升为世界第二大经济体，彻底摆脱被开除球籍的危险，创造了人类社会发展史上惊天动地的发展奇迹，使中华民族焕发出新的蓬勃生机。”[①] 习近平用三个“新的蓬勃生机”，阐明了中国共产党领导中国人民取得伟大胜利的历史意义，令人印象深刻。

记得毛泽东在1920年11月25日写给向警予的信中，曾经描述过当年以湖南人为代表的中国人的精神状态。他感叹地说：“教育未行，民智未启，多数之湘人，犹在睡梦。号称有知识之人，又绝无理想计划。”“政治界暮气已深，腐败已甚，政治改良一涂，可谓绝无希望。”[②] 这种“犹在睡梦”“绝无理想”“暮气已深”的精神状态正是中国共产党成立之前中国的社会面貌的反映。但是，同样在湖南，在中国共产党领导下，一个“空前的农村大革命”发生了，用毛泽东在《湖南农民运动考察报告》中的话来说，“简直是急风暴雨，顺之者存，违之者灭。其结果，把几千年封建地主的特权，打得个落花流水”[③]。什么叫“焕发出新的蓬勃生机”？就是解放了思想，开启了民智；就是解放了人民，使他们从睡梦中惊醒并以主人翁态度踏上社会变革之路；就是解放了知识分子，使他们从理想的困惑中走出来，懂得了为人民奉献才能让知识大有用武之地；就是解放了社会生产力，并以急风暴雨之势冲决暮气已深的政治，把剥削阶级的特权打得落花流水。讲中国共产党95年奋斗的历史意义，这就是最深刻的历史意义。

我们注意到，在习近平的讲话中，以95年对比5 000多年、对比500年，再以95年中的60多年特别是“短短30多年”来对比5 000多年，就是这么悬殊而又强烈的数字对比，让人们体会到了具有5 000多年历史的中华民族在今天为什么充满蓬勃生机，一切的一切，都是中国共产党领导人民焕发出来的。

另一方面，我们也可以看到：中国共产党在革命救国、建设兴国、改革强国的历史上，经历过胜利和辉煌，也遭受过失败和挫折，但没有什么障碍能够阻挡得了我们党的前进步伐，也没有什么病毒能够损害我

---

① 习近平. 在庆祝中国共产党成立95周年大会上的讲话. 人民日报，2016-07-02.

② 中共中央文献研究室，中共湖南省委《毛泽东早期文稿》编辑组. 毛泽东早期文稿. 长沙：湖南出版社，1990：548.

③ 毛泽东. 毛泽东选集：第1卷. 2版. 北京：人民出版社，1991：14.

们党的健康成长。从根本上说，这是因为中国共产党具有别的政党所没有的先进性。

先进性，是中国共产党最突出的特点和优点。中国共产党在领导革命、建设和改革进程中表现出来的非同寻常的生命力、凝聚力和战斗力，以及中国共产党在面临内部考验时具有的强大免疫力和再生能力，都源自中国共产党的先进性。

这种先进性从哪里来，取决于什么？

中国共产党的这种先进性，毫无疑问，和马克思创立的工人阶级政党的先进性有着不可分割的联系。

马克思创立的工人阶级政党之所以具有先进性，无疑是因为它是社会化大生产这一先进生产力的代表工人阶级的政党。

同时，国际共产主义运动的历史证明，工人阶级政党并不都是先进的，只有以马克思主义这一人类社会的科学瑰宝为指导思想的工人阶级先锋队，才代表了人类社会发展的未来，具有同其他工人阶级政党相比较的先进性。

国际共产主义运动的历史同样证明了，伴随着生产力的发展以及由此带来的时代进步，工人阶级政党如果不能在思想理论上既坚持马克思主义的基本原则又与时俱进，也会在大浪淘沙中折戟沉沙。

这里所讲的国际共产主义运动的历史，就是从正义者同盟到共产党的历史；就是工人阶级政党内马克思主义与巴枯宁主义以及拉萨尔主义、杜林主义斗争的历史；就是马克思列宁主义与民粹主义、工联主义斗争的历史，特别是马克思列宁主义政党与第二国际修正主义政党分道扬镳的历史；同时，也包括第二次世界大战以来世界社会主义运动从高潮跌入低潮的历史；还包括中国特色社会主义在探索中兴起和发展的历史。

从中，我们可以体会到两点：

其一，党的先进性和时代性的关系。工人阶级政党赖以生存发展的基础——社会化生产力是时代的产物，工人阶级政党的指导思想马克思主义是时代精神的精华，马克思主义的与时俱进更是时代进步的回声。中国共产党的先进性，在其客观规律性上就是其具有不以人的意志为转移的时代性特点。

其二，党的先进性和时代大潮的关系。工人阶级政党的先进性不仅源自时代，而且取决于工人阶级政党能否顺应、把握和引领时代发展的进步潮流。中国共产党的先进性，在其主观能动性上就是其指导思想、纲领、路线、战略能够顺应时代发展的进步潮流。

这就是我们要在庆祝中国共产党成立 95 周年之际，向读者奉献这本小书——《时代大潮和中国共产党》的由来。

目　录

TRENDS OF THE TIMES

The Historical Role of the Communist Party of China

TRENDS OF THE TIMES：The Historical Role of the Communist Party of **China**

一

中国共产党所处的时代

一　中国共产党所处的时代

时代大潮和中国共产党的关系，就是中国共产党同其所处的客观环境之间的关系。由于客观环境既是中国共产党的诞生背景和它的生存之处，又是它的活动空间，而这样的客观环境又是由其内部各种各样的因素和矛盾生成的，中国共产党也是其中一个因素，因此，研究时代大潮和中国共产党这一问题，首先要搞清楚中国共产党所处的时代。

（一）时代，时代主题，时代大潮

我们对中国共产党及其历史的研究，改革开放以来已经从这以前的党内路线斗争史研究，转到中国共产党领导人民革命、建设和改革历史的研究，这里我们试图开辟一个新领域，从中国共产党所处的时代以及中国共产党如何应对时代挑战的新视角，来研究中国共产党的历史及其重大事件。

什么叫“时代”？还有，什么叫“时代主题”？什么叫“时代大潮”？要搞清楚中国共产党所处的时代，研究时代大潮中的中国共产党，首先必须对“时代”这个理论界争论不休的基本范畴，以及和“时代”相联系的“时代主题”“时代大潮”或“时代潮流”这几个范畴及其关系，进行深入的探讨。

1. 时代

一讲到“时代”，当代年轻人就会脱口而出：是美国的《时代》杂志，还是郭敬明的《小时代》？至于理论家们至今还没有停止争论的当今世界的时代问题，在年轻人那里鲜有人知道，也鲜有人关心。

“时代”这个词，在文艺作品中应用很广，并为人熟知，这是正常的事。比如“儿童时代”“我的少女时代”“青涩的少年时代”“新闺蜜时代”“炫舞时代”“黑暗时代”“钢铁时代”等热词，在许多文艺作品中都可以读到。文艺作品具有形象化、大众化甚至娱乐化的特点，“时代”这个词可为大量年轻人接受和传播，这并不是坏事，并不影响学术界和思想理论界的讨论。

其实，在学术界和思想理论界，“时代”这个概念，应用也相当广泛。比如，在历史学那里，有旧石器时代、新石器时代，有资本主义时代、帝国主义时代、社会主义时代等；在政治学中，有古希腊古罗马的古典政治学时代、中世纪神学政治学时代、思想启蒙和文艺复兴时代等；在社会学和人类学中，有蒙昧时代、野蛮时代、文明时代等；在文化学中，有轴心时代、文艺复兴时代等；在科技史上，有蒸汽机时代、电气时代、原子能时代、信息化时代、大数据时代等。

从关于“时代”的所有这些应用中，我们可以注意到三点：其一，时代同人的成长有关，同人类的历史有关；其二，时代是历史发展中的阶段；其三，时代是历史发展过程中具有独特代表性的发展阶段。因此，《辞海》对“时代”的解释是：（1）指历史上依据经济、政治、文化等状况来划分的社会各个发展阶段。如新石器时代、封建时代、社会主义时代。（2）指个人生命的某个发展阶段。如青年时代。[①] 这个解释，显然是专家们反复斟酌过的。

在马克思主义理论和社会科学中，人们对时代问题的讨论，主要集中在今天的时代是不是过去我们常讲的“帝国主义和无产阶级革命时代”。过去，我们常讲，这是列宁的科学论断，是列宁对资本主义发展到垄断资本主义阶段后整个时代本质的科学揭示。但是，第二次世界大战以来没有再发生过无产阶级革命，“帝国主义和无产阶级革命时代”这一提法是否符合实际，引起了人们的质疑和讨论。

应该讲，列宁关于“时代”的理论，在马克思主义思想体系中具有很高的科学价值。首先，他关于怎么判断时代的方法论值得我们重视。他说：“**哪一个阶级**是这个或那个时代的中心，决定着时代的主要内容、时代发展的主要方向、时代的历史背景的主要特点等等。只有在这个基础上，即首先考虑到各个‘时代’的不同的基本特征（而不是个别国家的个别历史事件），我们才能够正确地制定自己的策略；只有了解了某一时代的基本特征，才能在这一基础上去考虑这个国家或那个国家的更具体的特点。”[②] 其次，他关于要客观辩证地分析时代变动的观点更值得我们重视。他说：“只有首先分析从一个时代转变到另一个时代的客观条件，才能理解我们面前发生的各种重大历史事件。这里谈的是大的历

---

① 辞海编辑委员会. 辞海：中. 上海：上海辞书出版社，1999：3921.

② 列宁. 列宁专题文集·论资本主义. 北京：人民出版社，2009：91-92.

史时代。每个时代都有而且总会有个别的、局部的、有时前进、有时后退的运动，都有而且总会有各种偏离运动的一般型式和一般速度的情形。”[①] 也就是说，在每一个时代中都会有一些具体的复杂的情况发生，要作具体分析，同时又不能因为出现一些个别的局部的情况而改变我们对时代的大判断。列宁的这些论述，对于我们研究时代问题，具有很高的方法论价值。

那么，怎么认识列宁关于“帝国主义时代”的论述呢？列宁在《帝国主义是资本主义的最高阶段》这篇名著中确实说过，当时许多经济学著作以及政治学著作“愈来愈多地用‘帝国主义’这个概念来说明我们所处时代的特征了”[②]。也就是说，这在当时可以说已经是一种共识。至于帝国主义时代和无产阶级革命的关系，正如许多学者所说的，“帝国主义和无产阶级革命时代”[③] 不是列宁提出来的，这是斯大林的提法。列宁的提法是“帝国主义是无产阶级社会革命的前夜”[④]，即资本主义发展到帝国主义时代，无产阶级革命行将到来了。应该讲，列宁的这一论断已经被十月革命的实践证明了，无可厚非。

至于斯大林关于“帝国主义和无产阶级革命时代”这一提法，在第一次世界大战和十月革命到第二次世界大战以及战后出现一批社会主义国家期间，应该讲也发挥了重要的指导作用。我们必须尊重这样的历史实践。问题是，战后出现了新情况，应该作出新的判断，而不能拘泥于过时的提法。

与此同时，许多学者指出，列宁关于“时代”的论述，除了强调资本主义发展到垄断资本主义以后就进入了“帝国主义时代”这一论断外，他在十月革命后还说过“从资本主义过渡到共产主义是一整个历史时代”[⑤]。如果说，在十月革命前他强调帝国主义是无产阶级社会革命的

① 列宁．列宁专题文集·论资本主义．北京：人民出版社，2009：91.

② 同①106.

③ 斯大林．斯大林选集：上卷．北京：人民出版社，1979：185.

④ 同①105.

⑤ 列宁．列宁选集：第3卷．3版．北京：人民出版社，1995：612.

“前夜”，那么，十月革命后他开始强调从资本主义到共产主义的过渡开始了，而这一过渡是“一整个历史时代”的事。应该讲，列宁在当时作出的这一论断也是科学的。

可惜的是，我们后来在时代问题上出现了很大的错误。一是没有能够像列宁那样，根据第二次世界大战后资本主义与社会主义的关系，以及民族独立高潮后出现的一大批发展中国家同资本主义和社会主义的复杂关系，对时代问题及时作出新的判断。二是依然把帝国主义战争和无产阶级革命作为观察国际问题、制定国际关系战略的时代依据，极力推动新的世界革命。三是把从资本主义过渡到共产主义的时间估计过短，对其中的曲折性估计不足，尤其对世界社会主义运动的曲折性估计不足。反过来，这也说明对时代问题能否给予正确的认识，关系到中国共产党的前途命运，关系到世界社会主义运动的前途命运。

2. 时代主题

时代主题，指的不是时代的本质，而是世界上“带全球性的战略问题”①。这个概念是改革开放后由中国共产党提出来的。

改革开放以来，我们在邓小平的领导下，对时代问题作出了新的判断。首先，对于我们今天处于什么时代的问题，学术界讨论不少，但是从邓小平开始，党中央没有干预学术界的讨论。或者说，党中央把我们今天处于什么时代这样的理论问题，留给了学术界去讨论。党中央的贡献，主要是独辟蹊径，提出了一个全新的命题：时代主题。

我国改革开放的总设计师邓小平从制定国家发展战略的需要出发，着重研究了“关系全局，带有全球性、战略性的意义”② 的“时代问题”。党中央把他提出的“时代问题”称为“时代主题”，并写进了中央

---

① 邓小平．邓小平文选：第3卷．北京：人民出版社，1993：105.

② 同①96.

重要文件和中央领导人的讲话。具体地说，在党的十三大报告中就已经有“当代世界的主题”[①] 这一提法；江泽民在国庆 40 周年大会上的讲话中也讲过“当今世界的两大主题”[②]。这以后，“时代主题”就成为中国共产党的基本理论和中国社会科学中的基本范畴。

当今世界的时代主题是什么呢？邓小平在 1984 年指出，现在世界上问题很多，有两个比较突出：一是和平问题；二是南北问题即发展问题。我们党根据他的思想，提出“和平和发展是当今世界的两大主题”。仔细研究邓小平的思想，他提出这一问题有一个有意思的过程，1977 年，他认为国际形势是好的，可以延缓战争爆发，理由是“苏联的全球战略部署还没有准备好。美国在东南亚失败后，全球战略目前是防守的，打世界大战也没有准备好”[③]。到苏联发动阿富汗战争并陷入泥潭而难以获胜的局面出现后，邓小平作出了新的判断，他提出时代主题已经发生变化，“和平和发展”已经取代了原来的“战争和革命”。

邓小平是怎么作出这一判断的呢？这是他全面客观地分析了第二次世界大战后 40 年来国际关系和国际形势发生的极其深刻的变动而得出的科学结论。第二次世界大战后，起先是社会主义国家发展欣欣向荣，民族独立和民族解放运动风起云涌，资本主义国家在美国的马歇尔计划支持下，加上采用凯恩斯主义的经济理论，逐步复苏。后来，美苏两国在都已经拥有核武器的条件下走向缓和，并开始冷战。由于苏联奉行的大国沙文主义和“老子党”做派，不能平等对待兄弟党和兄弟国家，导致社会主义阵营分裂，最终不复存在。接着，美国在越南战争中受挫，中国恢复在联合国的合法席位，国际社会出现“三个世界”新格局。当苏联在阿富汗战争中失利的时候，邓小平分析说：“就打世界大战来说，只有两个超级大国有资格，一个苏联，一个美国，而这两家都还不敢打。首先，苏美两家原子弹多，常规武器也多，都有毁灭对手的力量，毁灭人类恐怕还办不到，但有本事把世界打得乱七八糟就是了，因此谁

① 中共中央文献研究室. 十三大以来重要文献选编：上. 北京：人民出版社，1991：57.
② 中共中央文献研究室. 十三大以来重要文献选编：中. 北京：人民出版社，1991：631.
③ 邓小平. 邓小平文选：第 2 卷. 2 版. 北京：人民出版社，1994：77.

也不敢先动手。其次，苏美两家都在努力进行全球战略部署，但都受到了挫折，都没有完成，因此都不敢动。同时，苏美两家还在进行军备竞赛，世界战争的危险还是存在的，但是世界和平力量的增长超过战争力量的增长。这个和平力量，首先是第三世界，我们中国也属于第三世界"[①]。根据这样全面的冷静的分析，他提出对"战争与和平问题"的认识要转变，改变了原来认为战争的危险很迫近的看法。

在邓小平的论述里，有几点是要重视的：其一，他讲的"和平和发展"，对应的是"战争和革命"，改变了原来我们在国际形势中关于战争和革命发展趋势的估计。其二，他讲的"和平"，指的是世界大战打不起来，而不是说世界上已经没有战争、天下太平了。事实上，世界各地大大小小的战争从来没有停止过，有的还是美苏两家的代理人战争。其三，他强调"和平和发展"问题强调的是基于国家利益的国家关系问题，即他说的"东西南北"问题，东西问题是和平问题，南北问题是发展问题。其四，他还说过，"和平和发展"这两个问题现在一个也没有解决。其五，他强调在"东西南北"问题中，"南北问题是核心问题"，即发展问题是核心问题。[②] 其六，他强调中国作为最大的发展中国家，既要为维护世界和平作贡献，但最主要的任务是要全力解决发展问题。显而易见，我们党关于当今世界时代主题是和平和发展的认识，是依据马克思主义从当代世界实际情况出发得出的科学结论。

需要指出的是，在我们今天研究"时代大潮和中国共产党"这一课题的时候，即从时代角度研究中国共产党历史及其经验的时候，由于时间跨度大、经历的时代变化大，列宁关于"帝国主义时代"的理论，以及"战争和革命"的时代主题、"和平和发展"的时代主题，这三个"认识工具"在分析中国革命、建设和改革的各个时期，中国共产党是如何顺应时代大潮的时候都有用。

---

① 邓小平．邓小平文选：第3卷．北京：人民出版社，1993：127．

② 同①105．

3. 时代大潮

时代大潮，和我们平时常讲的“时代潮流”是一个意思。这个概念和时代、时代主题都有关系，但又具有自己的特点。时代，揭示的是世界发展到一定阶段的本质和基本特征。时代主题，强调的是世界发展到一定阶段显现的那些带全球性的战略问题。时代大潮或时代潮流，指的则是时代变动过程中出现的具有进步意义的新趋势。趋势性、进步性是时代大潮最基本的特点。

这种新趋势，可以是总体的发展趋势，也可以是经济的、政治的、思想文化的、国际关系的等各个方面的发展趋势。比如，党的十七大曾经作出过这样的判断：“当今世界正处在大变革大调整之中。和平与发展仍然是时代主题，求和平、谋发展、促合作已经成为不可阻挡的时代潮流。”[①] 与此同时，我们也常常讲到“改革开放大潮”“信息化潮流”“经济全球化大潮”“民主潮”等等。也就是说，时代大潮也好，时代潮流也好，不仅是一种趋势性的东西，而且所包含的内容要比“时代”“时代主题”更宽泛。

需要指出的是，时代大潮或时代潮流往往会通过社会思潮表现出来，但又不能将其简单地等同于社会思潮。可以这样说，有的社会思潮反映的是时代大潮的要求，有的则是时代大潮的反动思想。在错综复杂的社会思潮中，把握好时代大潮，是一项非常重要而又非常复杂的工作。因此，要顺应时代大潮，必须以科学的态度、清醒的头脑把握好时代大潮，而不为一些错误的社会思潮所诱惑、左右，甚至支配。

（二）中国共产党 95 年历史四个时间段的不同时代特点

历史是人在其中活动的历史，但历史又不依个人的意志为转移，历

---

① 中国共产党第十七次全国代表大会文件汇编．北京：人民出版社，2007：44.

史进程中形成的时代和时代主题必定会影响人们的实践活动及其主题。而实践中的人们如何应对时代的挑战，能否顺应时代大潮、把握时代大潮甚至引领时代大潮，又关系到实践和实践中人的成败得失。这就是时代和人的实践之间的辩证关系。

因此，讨论时代大潮和中国共产党，必定要问一个问题：具有95年历史的中国共产党处于什么样的时代呢？要想用几句简单的话来回答这一问题，并不容易。

青年毛泽东1919年7月14日在《〈湘江评论〉创刊宣言》中，以湘江为例，描述了当年中国社会长期封闭和走向开放的两重性。一方面，他沉痛地指出："至于湘江，乃地球上东半球东方的一条江。他的水很清。他的流很长。住在这江上和他邻近的民族，浑浑噩噩。世界上事情，很少懂得。"另一方面，他激动地告诉世人："时机到了！世界的大潮卷得更急了！洞庭湖的闸门动了，且开了！浩浩荡荡的新思潮业已奔腾澎湃于湘江两岸了！顺他的生。逆他的死。"[①] 湘江潮，是20世纪头20年澎湃于中国大江大河的时代大潮的缩影。李大钊、陈独秀和毛泽东、周恩来等信仰马克思主义的青年知识分子顺应时代发展的进步潮流，推动马克思列宁主义和中国工人运动相结合，创建了中国共产党。先进的中国共产党，就是这样一个汹涌澎湃的革命浪潮的产物。

从1921年到2016年，在这95年激情燃烧、不懈奋斗的岁月里，世界发生了天翻地覆的历史性变化，中国发生了天翻地覆的历史性变化。从时代大变动的特点来考察中国共产党这95年的历史，中国共产党在这两个"天翻地覆"的历史性变化中，经历了1921—1949年、1949—1956年、1956—1978年、1978年至今这四个时间段。

这四个时间段上的中国共产党，所处的时代具有不同的时代特点：

一是从1921年到1949年，中国共产党经历了以战争和革命为主题的革命浪潮的生死考验。

---

① 中共中央文献研究室，中共湖南省委《毛泽东早期文稿》编辑组. 毛泽东早期文稿. 长沙：湖南出版社，1990：294.

二是从1949年到1956年，中国共产党经历了第二次世界大战后世界范围的冷战和社会主义欣欣向荣的发展。

三是从1956年到1978年，世界走向“冷战共处”，中国共产党经历了社会主义阵营分化、民族独立运动和发展中国家后发现代化潮流的冲刷。

四是从1978年至今，中国共产党经历了时代主题从“战争和革命”到“和平和发展”的转换，特别是改革大潮的洗礼。

因此，要讲清楚中国共产党95年来所处的时代，唯有尊重历史，把中国共产党放到这95年汹涌澎湃的时代大潮中去考察，放到这95年世界范围时代主题变动的历史进程中去考察。

（三）1921—1949年：中国共产党在战争和革命中

这里，我们首先考察从1921年到1949年中国共产党所处的时代具有什么样的特点。

1921年和1949年这两个时间节点，大家都知道，一个是中国共产党诞生的年份，一个是新中国成立的年份。那么，1921年和1949年这两个时间节点又有什么历史意义呢？

1921年，中国共产党成立。“这是开天辟地的大事变。”[①] 这是毛泽东的评价。对这件大事，毛泽东还讲过两句话，一句是：“一九二一年产生了中国共产党，中国就改变了方向，五千年的中国历史就改变了方向。”[②] 另一句是：“自从有了中国共产党，中国革命的面目就焕然一新了。”[③] 这两句话是对中国共产党成立是“开天辟地的大事变”的最好解读。

1949年，中国革命胜利，新中国成立。对这件大事，毛泽东在人民

① 毛泽东．毛泽东选集：第4卷．2版．北京：人民出版社，1991：1514.

② 毛泽东．毛泽东文集：第3卷．北京：人民出版社，1996：397.

③ 同①1357.

解放军占领国民党政府首都南京时写过一首诗，形象地说道："虎踞龙盘今胜昔，天翻地覆慨而慷。""天若有情天亦老，人间正道是沧桑"①。什么叫"天翻地覆慨而慷"？什么叫"人间正道是沧桑"？这就是毛泽东说的：第一，"一九四九年十月一日中华人民共和国的成立，标志了中国在工人阶级领导之下的以工农联盟为基础的反对帝国主义、封建主义和官僚资本主义的资产阶级民主革命的彻底胜利"②。第二，"占人类总数四分之一的中国人从此站立起来了"③。第三，"中国的历史，从此开辟了一个新的时代"④。第四，"中国革命的胜利，改变了东方世界的形势"⑤。毛泽东的这一评价，也是我们党和人民的共识。

从 1921 年到 1949 年这个时间段，就是中国共产党领导的 28 年的新民主主义革命。毛泽东曾经说过："党的二十八年是一个长时期，我们仅仅做了一件事，这就是取得了革命战争的基本胜利。这是值得庆祝的，因为这是人民的胜利，因为这是在中国这样一个大国的胜利。"⑥

毛泽东讲"我们仅仅做了一件事"，这件事就是"革命战争"。战争和革命，革命战争，这是从 1921 年到 1949 年中国共产党诞生和党在人民大革命中全部工作的主题词，也是从 1921 年到 1949 年中国和中国共产党所处时代的主题。

我们知道，历史从来都是非常复杂的，历史事件有必然性，也有偶然性，要对从 1921 年到 1949 年长达 28 年的中国所处的时代和时代主题做出一个明确的结论，是有很大难度的。为此，就要对这 28 年历史作具体的分析和说明。

第一，中国共产党诞生时所处的时代是帝国主义时代，当时的时代主题是战争和革命。

---

① 中共中央文献研究室．毛泽东诗词集．北京：中央文献出版社，1996：74.

② 中共中央文献研究室．建国以来毛泽东文稿：第 4 册．北京：中央文献出版社，1990：425.

③ 毛泽东．毛泽东文集：第 5 卷．北京：人民出版社，1996：343.

④ 同③348.

⑤ 同②.

⑥ 毛泽东．毛泽东选集：2 版．第 4 卷．北京：人民出版社，1991：1480.

中国共产党诞生于1921年。这个时候，人类社会刚刚进入帝国主义时代。与此相联系，世界上发生了两件大事：第一件大事是，1914年7月到1918年11月爆发了人类历史上第一次世界大战。第二件大事是，1917年11月7日（俄历10月25日）爆发了划时代的俄国十月革命。而十月革命又同第一次世界大战相关，是这场战争及其所带来的灾难唤起了各国人民的觉醒，推动了各国革命运动的高涨，促使俄国工人和士兵发动武装起义，建立了属于工农兵的苏维埃政权。

帝国主义时代——这就是中国共产党诞生时所处的时代。

战争和革命——这就是中国共产党诞生时的时代主题。

关于帝国主义时代和帝国主义战争问题，列宁1914年10月1日在瑞士洛桑市民众文化馆所作的题为《关于无产阶级和战争的报告》中，就已经指出当时正在进行的第一次世界大战是“帝国主义战争”。他说：“这就是这场战争的基本性质。”在作这样定性的时候，他强调“整个19世纪末和20世纪初都充满了帝国主义的政治”①。

1916年春，列宁在苏黎世写下了《帝国主义是资本主义的最高阶段》这一名著。在这部著作中，他以科学的、严谨的态度分析了自由竞争的资本主义已经在生产集中过程中走向垄断，指出“帝国主义是资本主义的垄断阶段”。特别是，他在这部著作中分析了帝国主义的五个基本特征：（1）生产和资本的集中发展到这样高的程度，以致造成了在经济生活中起决定作用的垄断组织；（2）银行资本和工业资本已经融合起来，在这个“金融资本的”基础上形成了金融寡头；（3）和商品输出不同的资本输出具有特别重要的意义；（4）瓜分世界的资本家国际垄断同盟已经形成；（5）最大资本主义大国已把世界上的领土瓜分完毕。② 列宁的帝国主义论在新的历史条件下发展了马克思主义关于资本主义的理论和无产阶级革命的理论，尤其是，列宁指出在帝国主义瓜分世界过程中形成的帝国主义宗主国和殖民地国家之间的矛盾，将把殖民地国家的

① 列宁．列宁专题文集·论资本主义．北京：人民出版社，2009：88，89.

② 同①176.

民族独立和民族解放运动同世界无产阶级革命联系起来，对于革命形势的发展及其特点和前途作出了全新的判断。

列宁还指出，帝国主义在瓜分世界中形成了不同的利益集团和国际同盟，一旦条件成熟就会发动帝国主义战争。1914 年 7 月爆发了第一次世界大战。在这场有 30 多个国家参加的战争中，由德国、奥匈帝国、奥斯曼帝国、保加利亚组成的“同盟国”，同由英国、法国、俄罗斯、意大利和美国为主组成的“协约国”，在欧洲、亚洲、非洲和美洲展开了殊死的搏斗。据统计，这场战争大约有 6 500 万人参战，1 000 多万人丧生，2 000 万人受伤。这场帝国主义战争不同于以往国家与国家之间的民族战争，更不同于被压迫民族反抗殖民统治或被剥削阶级摆脱剥削阶级统治的正义战争，给全世界各个国家的人民带来巨大的灾难，引发资本主义国家的无产阶级革命和殖民地国家的人民革命。因此，列宁在第一次世界大战打响不久，就以他敏锐的观察力和深邃的思考力指出，帝国主义是无产阶级社会革命的前夜，帝国主义战争中暴露出来的帝国主义链条中的薄弱环节将成为无产阶级社会革命的突破口。十月革命验证了列宁的这些科学预见和深刻思想。

历史证明，帝国主义时代经济政治的发展和帝国主义战争的爆发，不仅导致俄国十月革命的发生，而且导致了中国共产党的成立和中国革命由旧民主主义革命向新民主主义革命的转变。

在第一次世界大战中，中国加入了协约国。第一次世界大战结束时，中国作为战胜国本来应该收回战败国德国在华的一切利益，但遭到日本的阻挠。日本还向中国政府提出严重损害中国主权的“二十一条”，引起中国民众的强烈不满。特别是，1919 年在第一次世界大战结束后召开的巴黎和会上，中国代表团力求寻求正义，但却遭到列强冷遇。中国代表团的首席代表、北京政府外交总长陆征祥在向政府报告的电文中说：“我国全权到时，接待应酬之淡漠，列强领袖在会访问接洽之艰难，各界人物对华议论观察之轻慢，种种情况，江河日下。”[①] 特别

① 汪朝光. 中国近代通史：第 6 卷. 南京：凤凰出版传媒集团，2007：265.

是，在中国代表团提出战败国德国应将所租青岛和胶济铁路及附属权力，完全直接归还战胜国中国时，尽管中国代表顾维钧的发言兼具感性和理性，理由充足，十分动情，但千方百计想继承德国在山东权益的日本坚决反对中国代表团的要求；英国、法国、意大利等国因与日本在战时订有秘密协议，也支持日本；美国代表团开始时对中国表示了一定的支持，最后也倒向了日本。中国代表团一让再让，想提出尽量维持中国权益的方案，都遭到否决。而在这个时候，北京政府却不顾中国的利益，作出了同意签约的决定。这一丧权辱国的决定传开来后，引起了人民群众极大的不满，由北京学生带头，爆发了著名的五四爱国运动。

在五四运动爆发前，俄国 1917 年十月革命的消息已经传到中国，正在黑暗中寻求国家出路的知识分子看到了新的希望。这就是毛泽东在《论人民民主专政》中所形容的："十月革命一声炮响，给我们送来了马克思列宁主义。"[①] 马克思列宁主义经中国知识界的介绍很快就在广大人民群众中传播开来。当五四运动爆发后，中国年轻的工人阶级立即行动起来，通过罢工、罢市支持爱国青年，登上了政治舞台。2016 年 6 月 8 日，上海市档案馆为庆祝中国共产党成立 95 周年，公布和展出了一批包括《共产党宣言》首个中文译本在内的历史档案。这批档案既反映了《新青年》《星期评论》等进步刊物在上海编辑出版的情景，反映了陈独秀、李启汉等早期共产主义知识分子为创建中国共产党而在上海群众中传播马克思主义、组织工人运动的历史，又记载了当时上海工人数量已经超过 50 万，占全国工人总数的四分之一，工人阶级的活动已经相当活跃。一份 1919 年 6 月 25 日出版的《上海罢市实录》见证了当年上海工人阶级的力量：五四运动爆发不久后的 6 月 3 日，反动政府再次大肆逮捕爱国学生，消息从北京传到上海后，上海工人在 6 月 5 日奋起罢工，声援北京学生。6 月 10 日，参与罢工的上海工人超过 10 万人。这一罢工风潮迅速波及全国 100 多个城市。全国工人的罢工、罢市斗争迫

---

① 毛泽东．毛泽东选集：第 4 卷．2 版．北京：人民出版社，1991：1471.

使北京政府当局释放了被捕的爱国学生，罢免亲日派政府高官。这场斗争，标志着中国工人阶级作为独立的政治力量登上了中国的政治舞台。工人阶级支持青年爱国行动，迫使政府让步，赢得了五四运动的胜利。工人阶级自己也在斗争中得到了锻炼，并且组织了起来。

就是这样，在马克思列宁主义和中国工人运动的结合中，中国共产党在帝国主义时代，顺应十月革命后在全世界出现的轰轰烈烈的革命浪潮，在中国这片古老的大地上应运而生了。

第二，中国共产党诞生后到 1949 年中国革命胜利这一段历史所处的时代是帝国主义时代，但时代主题出现了新的特征。第一次世界大战后，战胜国为了维持自己在战争中获得的基本利益，曾经经历了一个短暂的和平时期，但很快就为第二次世界大战所取代。也就是说，从总体上说，时代主题依然是战争和革命。

我们不妨简要地回顾一下这段历史：第一次世界大战后，美国开始挑战英国的传统地位。为了重新划分帝国主义国家在整个太平洋地区的势力范围，1921 年 11 月 12 日到 1922 年 2 月 6 日在美国华盛顿召开的国际会议，进一步解决了第一次世界大战结束时召开的巴黎和会没有解决的问题，形成了被称为太平洋地区“新秩序”的“华盛顿体系”。这个主要协调亚太地区帝国主义战胜国利益的体系，和巴黎和会后形成的主要协调欧洲地区帝国主义战胜国利益的凡尔赛体系结合在一起，形成了凡尔赛-华盛顿体系。这标志着帝国主义战胜国完成了对全球范围世界秩序的重新安排。

但是，帝国主义就是帝国主义，不仅德国等战败国对强加于它们的“新秩序”十分不满，就是在战胜国之间也矛盾重重，尤其是日本认为在华盛顿体系形成时，自己在中国和亚太地区的利益被美国伤害了。1923 年 1 月 11 日，法国以德国不履行赔款义务为由，不顾英国和美国的反对，联合比利时，出动 10 万军队占领了德国的鲁尔工业区，而德国政府在美英两国支持下，抗议法、比违反《凡尔赛和约》，致使双方都面临严重的政治经济危机。日本也开始把美国这个新对手和俄国这个老对手作为自己在亚太地区的主要对手。

特别是，1929 年世界经济危机爆发后，帝国主义国家为了摆脱危机，开始酝酿新的世界大战。在远东，日本军国主义召开东方会议，首先密谋准备战争。为了同美英和俄国争夺亚太地区的利益，日本铤而走险，1931 年 9 月 18 日在中国东北燃起战火，发动了侵华战争。紧接着，欧洲的德国和意大利的法西斯主义者也动手，加快了对外侵略扩张的步伐，最终导致了第二次世界大战的爆发。最后，德、日、意三个法西斯主义国家为了重新瓜分世界，挑战凡尔赛-华盛顿体系，一步一步勾结起来，形成了法西斯主义轴心国。

与此同时，在十月革命中诞生的新生的苏维埃俄国，在列宁领导下，面对着外国的武装干涉和国内的白卫军叛乱，实行战时共产主义政策，开展了艰苦卓绝的斗争，捍卫和巩固了年轻的苏维埃政权。内战结束后，又实施新经济政策，克服了四年帝国主义战争和三年国内战争造成的经济困难；并在民族自决思想的推动下成立了横跨欧亚大陆的苏维埃社会主义共和国联盟即苏联。在列宁逝世后，苏联人民团结在共产党周围，经历了伟大而又曲折的社会主义革命和社会主义建设的历史进程。一方面，他们在工业化和农业集体化运动中形成了高度集权的斯大林模式；另一方面，他们在工业化和农业集体化中取得了前所未有的经济成就，并以此为物质基础，以无比巨大的革命英雄主义和牺牲精神战胜了猖獗一时的德意日法西斯。

在苏联社会主义的影响和鼓舞下，资本主义国家无产阶级和资产阶级的斗争、殖民地国家无产阶级和人民大众反抗帝国主义侵略和本国大地主大资产阶级的民族民主革命，也一浪高过一浪，形成了汹涌澎湃的革命浪潮。在苏联红军向德意法西斯发起反攻的时候，东欧国家的工人阶级政党和广大人民群众在长期抗击法西斯的基础上，配合苏联红军，推翻了本国反动统治者，建立了人民民主新政权。印度人民反英斗争空前高涨。1947 年 8 月 14 日，巴基斯坦宣布独立；15 日，印度宣布独立①，

① 按照英国新任命的印度总督蒙巴顿的方案，在被迫同意印度独立时，实行印巴分治，即把印度划分为印度斯坦和巴基斯坦两个自治领，因此，印度独立是通过巴基斯坦独立和印度独立来实现的。

英国在印度长达190年的殖民统治宣告结束。这是战后亚非民族解放运动的重大胜利。被称为“沉睡的大地”的非洲在战后也觉醒了。埃及、阿尔及利亚等国都爆发了反对帝国主义和殖民主义的斗争。尤其是，中国共产党领导的人民大革命在1949年取得的伟大胜利，成为十月革命后又一个伟大的胜利，改变了整个世界的大格局。

这就是从1921年中国共产党成立到1949年中国共产党领导的新民主主义革命取得伟大胜利这一段历史的时代背景。这一背景的两个关键词就是：帝国主义时代，战争和革命。

第三，中国革命在取得决定性胜利之际，帝国主义时代没有变，但战争和革命这一时代主题中的“战争”已经由“热战”变为“冷战”，而中国依然处在“热战”之中。

世界近代史已经做了这样的记载：在世界人民赢得反法西斯战争的胜利后，以英国首相丘吉尔1946年3月在美国富尔顿发表的反苏、反共的“铁幕”演说为标志，正式拉开了世界范围“冷战”的序幕。从历史来看，“冷战”是从战争到和平之间的过渡阶段。而中国人民在世界范围“热战”结束后还打了3年解放战争。这种“热战”，是在“冷战”和“热战”交替时发生的，也有其历史必然性。也就是说，尽管在中国人民大革命胜利前夕，国际形势出现了非常复杂的新情况，但从总体上说，时代依然是帝国主义时代，时代主题依然是战争和革命。

事实上，在世界反法西斯战争和中国人民抗日战争胜利后，中国共产党考虑到中国人民对和平的强烈愿望，曾经在党的七大提出“联合政府”的主张，即通过这样的政权形式实现中国的和平建国，毛泽东还冒着风险亲赴重庆谈判。但是，蒋介石国民党政府不愿意抛弃独裁专制的反动统治，冒天下之大不韪，撕毁重庆谈判达成的停战协定，悍然发动内战。于是，中国共产党从自卫战争开始，又经历了3年解放战争。

由于战争和革命的时代主题没有因为“冷战”而改变，因此，在中国革命取得最后胜利的关键时刻，中国共产党既要应对蒋介石国民党政府在帝国主义支持下发动的战争，又不得不考虑帝国主义的武装干预问题。1949 年 7 月 4 日，刘少奇代表中共中央在给联共（布）中央斯大林报告中国形势的时候，曾经专门讲到这一问题。他在报告中说道："关于帝国主义对中国革命的武装干涉的可能性，我们从来就充分地加以估计了的，最近联共方面关于这个问题对我们的指示，更加引起了我们的注意，我们完全同意这些指示。我们现在没有松懈对这种可能性的警戒。但照目前的世界形势来看，帝国主义者派遣上百万军队打入中国的大规模的武装干涉，似乎没有这种可能，而且这也只能推迟中国革命胜利的时间，而不能扑灭与阻止中国革命，并将使帝国主义陷入极大的困境。但帝国主义派遣一二十万军队占领中国三四个海港，或作一种扰乱性的武装袭击，仍然是可能的。我们对此已作了一些准备。""我们当注意不给帝国主义以实行武装干涉的口实"①。由此可见，中国共产党在帝国主义时代应对战争和革命时代主题下的复杂形势，已经有了非常成熟的战略和策略。

综上所述，我们通过对中国共产党诞生、中国 28 年民主革命历程，特别是最后几年发生的复杂情况的分析，可以得到这样几点认识：第一，在中国共产党领导人民大革命的 28 年时间里，帝国主义瓜分世界的斗争一刻也没有停止过，帝国主义在侵略中国时相互之间的争夺也一刻没有停止过。中国人民大革命就是在中国社会复杂矛盾和帝国主义时代复杂矛盾交织中发生和推进的。第二，在 20 世纪 30 年代世界经济危机的背景下，爆发了第二次世界大战。这场战争由帝国主义国家之间的矛盾，逐步演化为世界人民同法西斯主义者的生死斗争。这场战争在中国先于欧洲爆发，中国人民的抗日战争不仅拉开了世界反法西斯战争的序幕，而且中国成为东方反法西斯战争的主战场。中国革命也在抗日战争中走进了新的发展阶段。第三，在世界人民赢得反法西斯战争的胜利后，拉开了世界范围"冷战"的序幕。而中国人民在世界范围"热战"

---

① 中共中央文献研究室．建国以来刘少奇文稿：第 1 册．北京：中央文献出版社，2005：2-3，3.

结束后还经历了重庆谈判和谈判破裂后的3年解放战争。也就是说，从中国共产党成立到中国革命胜利，中国共产党所处的时代始终是以战争和革命为主题的帝国主义时代。中国共产党就是这样，在汹涌澎湃的革命浪潮中诞生，又伴随汹涌澎湃的革命浪潮成长和成熟起来。

（四）1949—1956年：中国共产党在冷战和社会主义洪流中

1949年10月1日，中华人民共和国成立，人民当家作主，中国开始了新的历史纪元。

1949年到1956年是中国从新民主主义到社会主义的转变时期。在这短短的7年时间里，中国共产党不仅很快就恢复了被战争破坏的国民经济，完成了土地改革等民主革命遗留任务，巩固了新生的人民政权，还审时度势，把握时机，制定了以实现工业化为“主体”，同时推进对农业、手工业和资本主义工商业进行社会主义改造为“两翼”的过渡时期总路线，即“一化三改造”的过渡时期总路线，创造性地通过对民族资产阶级进行“和平赎买”等政策，完成了对生产资料私有制进行社会主义改造的历史任务，在中国确立了社会主义基本制度。

从时代的角度来研究这段历史，中国共产党当时处在什么样的时代条件下呢？中国共产党的一些重大决策在这7年中所发生的变化，同党所处的时代特点和国际局势有什么关系呢？

中国革命胜利之际，国际局势呈现出非常复杂的特点。从全局看，帝国主义时代的本质没有改变，但社会主义已经在苏联和东欧发展起来了；战争和革命的时代主题没有改变，但战争已经从“热战”变为“冷战”。也就是说，中国共产党当时所处的时代，依然是帝国主义时代，但在帝国主义依然占主导地位的这个时代里，出现了许多新的情况、新的特点：其一，由于帝国主义害怕战后苏联社会主义的影响和人民的力量进一步扩大，千方百计阻止资本主义国家工人阶级和共产党的活动，世界范围内的冷战开始了，战后国际关系形成了两极格局。其二，在第二次世界大战后出现了一批人民民主政权和社会主义国家，社会主义影响迅速扩大，越来越多的国家的人民向往社会主义和共产主义，这是世界社会主义运动史上从未有过的时代大潮。总起来说，从 1949 年到 1956 年，中国共产党所处的时代具有冷战和社会主义欣欣向荣发展的特点。

第一，两极对立和冷战格局的形成，是当时国际关系的主要特点。

冷战，是第二次世界大战后将近半个世纪的国际关系和世界政治的主要特点。研究战后的世界历史也好，研究战后社会主义由盛到衰的历史也好，研究战后中国共产党和中华人民共和国的历史也好，都离不开冷战这个时代特点。中国共产党在 1949 年新中国成立后，之所以“一边倒”，之所以要加快从新民主主义到社会主义的过渡，都和冷战以及冷战中出现的世界范围内社会主义滚滚向前发展的时代洪流有关。

冷战的发生，同第二次世界大战后期国际关系的大调整，特别是同雅尔塔体系有关。在世界人民反对德日意法西斯的斗争中，世界各国建立了反法西斯统一战线。1943 年 11 月 23 日至 26 日，由中国、英国、美国在埃及召开的开罗会议，商讨了反攻日本的战略及战后国际局势的安排，制定盟军合作反攻缅甸的战略及援华方案。会后公布的《开罗宣言》要求日本无条件投降，归还一切侵占的土地，塑造战后东亚的新局势。苏联、美国、英国三国首脑 1945 年 2 月 4 日到 11 日在苏联克里米亚举行的雅尔塔会议，讨论了如何彻底打败德、日法西斯，如何处置战败国，以防止法西斯主义东山再起；重新规划战后欧亚有关国家的疆界，特别是重新划定德意日法西斯国家的疆界及被占领地区的归属和边界；建立联合国组织，作为协调国际争端、维持战后世界和平的机构；对德日意的殖民地以及国联的委任统治地实行托管计划，原则上承认被压迫民族的独立权利。由于苏联当时已经是社会主义国家，所以这一会议形成的雅尔塔体系，实际上体现和承认了两种不同的社会制度和平相处的局面。

同时，由于雅尔塔体系明确划分了苏联和美英的势力范围，这就成为后来导致两极对立的重要政治基础。第二次世界大战后，由于美国本土绝大部分地区没有受到战争的破坏，恢复国民经济的基础要比世界上所有的国家都要好，因此它凭借其雄厚的经济、科技和军事实力，走上了全球扩张，遏制苏联和其他人民民主、社会主义国家的道路。1946 年 2 月 22 日，美国驻苏联代办乔治·凯南在一篇电文中主张美国应采用军事包围、经济封锁、颠覆、局部武装干涉和持续政治冷战的办法，来遏制社会主义苏联和其他人民民主国家。在这篇电文中，引人注目地提出了“冷战”这个概念。

接着，1946 年 3 月 5 日，英国首相丘吉尔在美国杜鲁门总统陪同下，在密苏里州的富尔顿发表了著名的“铁幕”演说。他说，从波罗的海边的斯德丁（今什切青）到亚得里亚海边的的里雅斯特，一个横贯欧洲大陆的铁幕已经降落下来。在“铁幕”后面的中欧和东欧古国的首都——华沙、柏林、布拉格、维也纳、布达佩斯、贝尔格莱德、布加勒斯特和索菲亚，所有这些名城及居民无一不处在苏联的势力范围之内，受莫斯科日益增强的高压控制。这一关于“铁幕”的描述，第一次把反法西斯战争胜利后的世界分为隔绝的两半：东方社会主义和西方资本主义两个对立的阵营。

1947 年 3 月 12 日，美国总统杜鲁门在国会参众两院发表咨文，要求向希腊和土耳其提供 4 亿美元的援助，目的是援助两国镇压国内的共产党。杜鲁门公开表示，这是美国外交政策的转折点，它现在宣布，不论在什么地方，不论直接或间接侵略威胁了和平，都与美国的安全有关。这在史学界被称为美国对苏联发动全面“冷战”的宣言书。紧接着，6 月 5 日，美国国务卿马歇尔提出了“欧洲复兴计划”，即历史上著名的“马歇尔计划”。这一计划决定在 1948 年 4 月到 1952 年 6 月拨款援助欧洲 131.5 亿美元，稳定西欧经济，防止社会动乱和革命的发生。

更进一步的动作，是 1949 年 4 月 4 日在华盛顿正式签署成立了“北大西洋公约组织”，形成了由美国主导的针对苏联的欧洲军事同盟。这样，东西方之间从政治、经济对立发展到了军事对立。1955 年 5 月 14 日，由苏联牵头的包括东欧国家在内的社会主义国家也成立了“华沙条约组织”。这就形成了两个对立的军事集团。冷战格局全面形成。

所谓“冷战”，带有浓厚的反共色彩。只要看一看中国革命的胜利给美国带来了什么影响，就可以明白“冷战”的实质。中国革命胜利的消息传到美国后，美国国会发生了著名的“麦卡锡事件”，即参议员麦卡锡提出了“谁丢失了中国”这样荒唐的问题，并由此在美国形成了一股歇斯底里的反共反华浪潮，对抗日战争期间同中国有联系的“中国通”外交官进行所谓“忠诚”审查和司法追究。这样的事件，在世界上被称为“毛泽东的胜利和美国外交官的悲剧”。在美国这样一个自诩“民主”的国家里，发生这样的悲剧，同当时整个世界已经进入冷战格局有直接的关系。

今天，许多年轻朋友还在问：“中国共产党在革命胜利后，为什么要‘一边倒’?”他们不理解为什么在新中国成立后，我们不实行后来那种全方位的对外开放政策，而只是一边倒向苏联。

回顾历史，关于“一边倒”问题，是毛泽东在纪念中国共产党成立28年的时候，在1949年6月30日发表的《论人民民主专政》中提出来的。当年，毛泽东是怎么说的呢？他说：“‘你们一边倒。’正是这样。一边倒，是孙中山的四十年经验和共产党的二十八年经验教给我们的，深知欲达到胜利和巩固胜利，必须一边倒。积四十年和二十八年的经验，中国人不是倒向帝国主义一边，就是倒向社会主义一边，绝无例外。骑墙是不行的，第三条道路是没有的。我们反对倒向帝国主义一边的蒋介石反动派，我们也反对第三条道路的幻想。”① 毛泽东的回答，当年针对的是民族资产阶级中一些人提出的“第三条道路”幻想。为什么说这是“幻想”呢？这不仅是因为历史上关于资产阶级共和国的各种方案都试过、都失败了，而且时代也不允许。这是因为，中国革命胜利之际，国际局势早已在1946年丘吉尔“铁幕”演说后发生了深刻的变动，美国、英国和苏联已经从反法西斯同盟变为两极对立对峙的关系，国际社会形成了影响世界近半个世纪之久的冷战格局。而中国革命是在中国

---

① 毛泽东．毛泽东选集：第4卷．2版．北京：人民出版社，1991：1472-1473.

共产党领导下取得胜利的，在美英等资本主义国家的反共浪潮中，中国共产党没有别的选择，只能“一边倒”。即使如此，中国共产党还是决定暂时不收回香港和澳门，为中国和资本主义世界的交往留了一个窗口。

第二，社会主义欣欣向荣，是当时国际形势和时代潮流中的又一个特点。

无论是在世界反法西斯战争中作出的牺牲，还是为最后打败德日意法西斯作出的贡献，苏联都是最大的。因此，帝国主义国家十分害怕苏联社会主义影响在战后迅速扩大，对苏联发动了冷战。但是，苏联社会主义的影响是谁也遏制不了的，特别是欧洲许多国家都是在苏联红军击败德意法西斯后建立人民民主政权的，加上各国共产党都为世界反法西斯战争作出了不可磨灭的贡献，因此，战后社会主义欣欣向荣的时代洪流是谁也阻挡不了的。在第一次世界大战后还只有一个社会主义国家苏联，而第二次世界大战后，整个东欧以及亚洲一些国家都建立了共产党掌握政权的人民民主国家，这些国家都以社会主义为未来的发展方向。许多殖民地国家在争取民族独立和解放的斗争中，也打出了社会主义的旗号（尽管它们的社会主义还不是科学社会主义）。社会主义在世界格局变动中成为一股时代洪流，这是人类历史上从未出现过的新情况。

研究中国共产党的历史，特别是研究 1949 年新中国成立后中国共产党的历史，研究中国 1949 年后从新民主主义迅速转变到社会主义的历史，必须看到这一极其重要的历史背景和时代特点。

还原历史，我们可以看到，第二次世界大战期间，东欧各国人民在打击德意占领军和本国反动派的艰苦斗争中，民主力量不断壮大。第二次世界大战后，这些国家纷纷成立了人民民主政权。

特别是南斯拉夫和阿尔巴尼亚，共产党是反法西斯斗争的唯一领导力量。南斯拉夫共产党在抗击德国法西斯的时候就成立了临时政府，并建立了共产党领导的人民军队，在苏联红军开进南斯拉夫时和他们并肩作战，解放了首都贝尔格莱德，随后依靠自己的力量解放了全部国土。战后举行全国大选时，共产党领导的人民阵线获胜，1945 年 11 月 29 日正式宣告成立南斯拉夫联邦人民共和国。阿尔巴尼亚共产党在德军入侵后，也领导人民开展了勇敢的斗争，并组建了临时民主政府和民族解放军。他们依靠自己的力量，于1944年11月17日解放了首都地拉那，29日解放了全部国土。1945年12月，阿尔巴尼亚共产党领导的人民阵线在立宪议会选举中获胜，随后成立了人民共和国。

罗马尼亚、保加利亚和匈牙利在第二次世界大战时是德国的附庸国，这些国家的共产党（或工人党）同其他反法西斯政党组成爱国阵线（或祖国阵线、民族独立阵线），在苏军进入这些国家的时候，或发动起义成立新政权，或直接召开临时国民大会组建临时政府。罗马尼亚人民共和国于1947年12月30日宣告成立；保加利亚人民共和国于1946年9月废除君主政体后宣告成立，10月共产党领导人季米特洛夫任部长会议主席；匈牙利共和国于1946年2月宣布废除帝制后成立。

在反法西斯战争中，波兰和捷克斯洛伐克既有共产党领导的人民武装力量，又有资产阶级流亡政府拥有的武装力量，此外，波兰还有农民党等其他政党及其武装力量，情况比较复杂。在苏联红军攻入波兰、捷克斯洛伐克时，波兰人民成立了临时政府，然后经过商谈，临时政府和流亡政府于1945年6月28日组成联合政府，共产党人进入联合政府；捷克斯洛伐克则是在反法西斯战争即将胜利之际，共产党和前总统在英国组织的临时政府达成协议，1945年4月4日成立民族解放阵线，5月5日在首都布拉格发动起义，在苏联红军开进捷克斯洛伐克消灭德军后，1946年5月全国进行议会选举，共产党成为第一大党，组建新政府。

德国的情况更复杂。在德国1945年5月无条件投降后，苏联、美国、英国、法国分区占领了全德，实行军事管制。苏联当局在自己的占领区内整肃法西斯分子，打击容克地主和反动资本家，大力扶持民主势力，允许共产党、社会民主党、基督教民主同盟、自由民主党公开活动，并于1945年6月和8月先后建立了州政府和中央机关，于1947年12月在柏林召开了德国人民代表大会，授权选出的德国人民委员会为整个德国起草一部宪法。1949年5月15、16日，苏军占领区选举了人民代表；5月29日，第三届德国人民代表大会在柏林开幕，批准了人民委员会提出的宪法草案，呼吁在德国实现统一与和平。但是，美英法反对苏联主导的德国统一方案，1949 年 9 月 20 日在西方占领区正式成立联邦德国政府。这样，1949 年 10 月 7 日，德国人民委员会举行会议，宣布行使最高立法机关的职权，同时宣告 5 月 30 日通过的宪法生效，决定当天成立德意志民主共和国。于是，就在战后出现了联邦德国和民主德国，即我们常说的西德和东德两个国家。

这样，到 1949 年 10 月 1 日中华人民共和国成立时，在东欧已经有南斯拉夫、阿尔巴尼亚、罗马尼亚、保加利亚、匈牙利、波兰、捷克斯洛伐克、民主德国共 8 个人民民主国家。这些国家人民民主政权的建立，既和本国共产党和人民坚持反法西斯斗争相联系，又和苏联红军打击法西斯主义以及战后提供的支持分不开。

由于这些国家原来大多是落后的农业国，封建主义残余影响很大，因此在建立人民民主政权后，都进行了民主改革和大规模的经济建设。在 1946 年到 1952 年期间，许多国家通过立法推进银行和工业国有化，在此基础上建立起社会主义经济基础。苏联对这些国家影响很大，各国在学习苏联社会主义建设经验的时候，制订了统一的经济发展计划，建立了农业生产合作社。与此同时，随着美苏冷战的加剧，这些国家内部的矛盾和斗争也加剧。除了南斯拉夫和阿尔巴尼亚外，这些国家在战后建立的人民民主政权，大多数是多党制的民主联合政府，共产党一方面同其他左翼政党合并，团结了工人阶级和广大人民，另一方面同资产阶级和其他的右翼政党开展激烈的斗争，有的右翼领导人失势后逃亡国外。到 1948 年，东欧各国最终确立了共产党的领导地位，人民民主政权得到巩固和发展。

除了苏联和东欧出现了人民民主和社会主义欣欣向荣的新局面外，在亚洲，第二次世界大战结束后，朝鲜、越南也建立了人民民主政权，蒙古则在 1924 年就宣布成立蒙古人民共和国。朝鲜的情况比较复杂。1945 年 8 月，日本投降前，美苏两国商定以北纬 38 度为界分别进驻朝鲜南、北，接受侵朝日军的投降。8 月 15 日，日本宣布无条件投降。1946 年 8 月，北朝鲜共产党和新民党合并为北朝鲜劳动党。这之前，北朝鲜已经成立了临时人民委员会，并领导人民开始了土地改革。美军占领南朝鲜后，先宣布成立军政府，解散南方各地人民委员会，然后在1948年8月15日经过选举宣布成立大韩民国。在这种情况下，北朝鲜劳动党联合南北各民主党派、社会团体，于1948年8月进行普选，9月2日举行朝鲜最高人民会议，9月9日宣告朝鲜民主主义人民共和国成立。

越南在获悉日本投降消息后，由印度支那共产党中央和越南独立同盟总部决定立即发动总起义。1945年8月16日，越南解放军攻克太原；17日到19日河内人民发动起义，夺得政权。接着，各地纷纷起义。这在越南历史上，被称为“八月革命”。9月2日，胡志明主席在河内巴亭广场举行的庆祝大会上宣读了《独立宣言》，宣告越南民主共和国成立。

蒙古情况比较特殊，那里的革命者在十月革命影响下，在1921年3月1日就成立了蒙古人民党（1925年3月起改称蒙古人民革命党），领导人民革命。在苏俄红军帮助下，1921年7月11日就宣布成立人民革命政府。经过废除农奴制、取消封建主特权，1924年6月13日宣布废除君主政体。同年11月8日召开第一届大人民呼拉尔会议；11月26日，通过了第一部宪法，宣布成立蒙古人民共和国。蒙古人民参加了反法西斯战争，1945年8月正式向日本宣战，配合苏军，出兵中国东北，为击败日本关东军作出了贡献。由于蒙古人民共和国原来叫外蒙古，是中国的一部分，在苏美两个大国的压力下，中国国民党政府与苏联达成协议，同意外蒙古举行公民投票来“证实其独立愿望”。1945年10月，外蒙古举行全民投票。1946年1月，国民党政府承认了外蒙古独立。第二次世界大战后，蒙古开始实行社会主义计划经济体制。

因此，新中国成立前，在亚洲已经有朝鲜、越南、蒙古3个共产党领导的人民政权。加上苏联和东欧的8个人民民主国家，第二次世界大战后全世界已经有12个人民民主国家或社会主义国家。新中国诞生是在一个几亿人口的大国，由共产党来领导人民开始当家作主，这是十月革命胜利后人民大革命历史上又一个伟大的历史事件，世界社会主义运动呈现出马克思主义诞生以来最好的局面。

1949 年 12 月，毛泽东生平第一次访问苏联。1950 年 2 月 14 日，中苏两国政府在莫斯科签订了《中苏友好同盟互助条约》。人民民主的新中国和社会主义苏联结成互助的同盟关系，具有历史性和时代性的标志意义。

综上所述，从 1949 年到 1956 年，中国共产党所处的时代，就是在全世界进入东西方“冷战”的背景下，出现了世界社会主义运动欣欣向荣的态势，出现了前所未有的社会主义洪流。

了解了这一点，对新中国成立后发生的事情和中国共产党的决策就比较好理解了。比如，关于从新民主主义到社会主义的过渡问题，这是中国共产党根据马克思主义基本原理，并结合中国实际提出来的。毛泽东创立的新民主主义理论早已强调，新民主主义社会是一个过渡性的社会。问题是，什么时候开始过渡、过渡时期有多长，都只有在实践中才能回答。毛泽东在新中国成立之初，曾经说过过渡时期要 20 年，党的文件中也说过要三个五年计划，等等。总之，新民主主义要过渡到社会主义是我们的目标和任务，过渡时期不会很短。但是，实际上，从过渡时期总路线提出到社会主义改造基本完成只有 4 年时间，从新中国成立到确立社会主义基本制度也只有 7 年时间，大大超出了人们的预料。而且，在社会主义改造后期，工作中也出现了一些不足。这样，就在理论界和党史界发生了持续不断的关于过渡时期问题的争论。党中央在《关于建国以来党的若干历史问题的决议》中，已经对此作出了结论。这里，我们可以从时代的角度，联系当年在世界范围内出现的社会主义洪流和世界人民向往社会主义的激情，对在过渡时期里为什么那么快就完成了生产资料私有制的社会主义改造，就可以理解了。其一，社会主义在世界范围内兴起，是当时的时代大潮。这个潮流对于中国国内来讲，不仅对共产党人有影响，对广大人民包括对民族资产阶级都有极大的影响。在当时许多人看来，“苏联的今天，就是我们的明天”。这种深刻而又广泛的思想影响，对于我们加快推进社会主义改造速度，起了很大的作用。这既是一种思想影响，同时也意味着在这样的思想认识条件下加快过渡，可以减少社会主义取代资本主义的阵痛和障碍。这对中国从新民主主义过渡到社会主义来讲，确实是一个难得的历史机遇。[①] 其二，苏联社会主义建设的经验对我们加快从新民主主义到社会主义的过渡，也起了很大作用。中国是在一个经济文化落后的农业国建立人民民主政权的，在这样的国家怎么推进社会变革，是一个全新的课题。原来，我们考虑经历一个比较长的新民主主义时期，打好工业化的基础后，再向社会主义过渡。但是，实践告诉我们，在土地改革后形成的个体经济基础上不仅发展不了工业化，而且个体农民经不起天灾人祸的打击，会重新出现两极分化。苏联的经验则是把社会主义工业化和农业合作化结合起来，把农村的技术改革和社会改革结合起来，通过农业合作化的社会改革来促进农业的机械化和国家的工业化。毛泽东在关于农业合作化的一系列重要讲话中都注意到了这一点。也就是说，我们加快社会主义改造速度是学习了苏联的经验，同时又面对土地改革后农村重新出现两极分化这一客观现实，目的是把中国从一个落后的农业国尽快地转变为先进的工业国。当然，后来的实践也告诉我们，在学习苏联的过程中，我们也沿袭了苏联经济政治体制中的一些弊端，这在当时也是难免的。因此，全面地评价我国的社会主义改造，特别是把这件事放到当时的时代背景、时代大潮中去认识，就可以认识到，尽管我们在社会主义改造后期的工作上存在这样那样的不足，但在中国这样一个东方大国建立起社会主义基本制度这件事，无疑是一件破天荒的大事。

（五）1956—1978 年：中国共产党在民族独立运动和后发现代化潮流中

以 1956 年中国共产党第八次全国代表大会召开为标志，中国确立

① 尽管历史是不能假设的，但是，如果中国不是从 1953 年开始向社会主义过渡，而是在 1956 年苏共二十大全面否定斯大林，并发生“波兹南事件”和“匈牙利事件”后，再开始向社会主义过渡，或者三个五年计划后，即到 1967 年后再开始向社会主义过渡，人们对苏联的认识及由此带来的人们对社会主义的热情就会有很大的不同，历史条件就没有 1953 年那么好。

了社会主义基本制度。从半殖民地半封建社会脱胎而来的新中国，经过社会主义改造，从新民主主义社会转变到了社会主义社会。

党的八大宣布，社会主义制度在我国已经基本上建立起来；国内主要矛盾已经不再是工人阶级和资产阶级的矛盾，而是人民对于经济文化迅速发展的需要同当前经济文化不能满足人民需要的状况之间的矛盾；全国人民的主要任务是集中力量发展社会生产力，实现国家工业化，逐步满足人民日益增长的物质和文化需要；虽然还有阶级斗争，还要加强人民民主专政，但其根本任务已经是在新的生产关系下面保护和发展生产力。这就意味着，社会主义改造基本完成以后，我们党要领导全国各族人民转入大规模的社会主义建设。

但是，实际上，从 1956 年党的八大到 1966 年爆发“文化大革命”，再到 1976 年粉碎“四人帮”、结束“文化大革命”，又经过两年徘徊中前进，到 1978 年党召开十一届三中全会，才把全党工作重点转移到现代化建设上来，全党全国人民才真正开始集中力量搞建设。这期间，我们经历了一段非常复杂和曲折的社会主义建设历史，包括发生了 1957 年的反右派斗争、1958 年的“大跃进”和人民公社化运动、1959 年庐山会议“反右倾”等重大历史事件，也包括 1960 年开始国民经济“调整、巩固、充实、提高”后，1962 年又重提阶级斗争，以及接着开展的农村社会主义教育运动等。但正如党中央在《关于建国以来党的若干历史问题的决议》中所说的：“直到‘文化大革命’前夕的十年中，我们虽然遭到过严重挫折，仍然取得了很大的成就。”特别是建立了独立的工业体系和完整的国民经济体系，为后来的改革开放准备了重要的物质基础。即使是在 1966 年 5 月到 1976 年 10 月十年“文化大革命”时期，虽然党、国家和人民遭到新中国成立以来最严重的挫折和损失，但党和人民也在经济建设和科学技术等方面取得了一批重要成就。当然，这不是“文化大革命”的成就，如果没有这场全局性的、长时间的内乱，我们的事业会取得更多更大的成就。对这段历史，党的十一届六中全会通过的《关于建国以来党的若干历史问题的决议》已经做了全面的、科学的分析和结论。

我们在这里要考察的是，从 1956 年到 1978 年，中国共产党所处的时代具有什么样的特点，以及这样的时代特点同党领导的社会主义建设实践有什么联系，或者说，时代变动的特点对我们党的社会主义实践产生了什么样的积极的或消极的影响。

进入 20 世纪 50 年代后期，一直到 60—70 年代，整个世界出现了极其复杂的大动荡、大分化、大改组的局面。其一，社会主义国家出现社会动荡，进而导致国际共产主义运动出现分化，世界走向“冷战共处”；其二，帝国主义国家经济逐步复苏，但各个帝国主义国家占领或控制的殖民地爆发了汹涌澎湃的民族独立和民族解放运动，成为一股强大的时代潮流，而挣脱了殖民枷锁的亚洲、非洲和拉丁美洲国家和人民，很快就成为独立于美苏两极之间的第三世界；其三，第三世界国家作为发展中国家，为改变长期殖民统治造成的贫穷落后面貌，开始了追赶发达国家的现代化进程，这一后发现代化潮流成为 20 世纪 60 年代以来的一大亮点。

简言之，社会主义阵营一步一步分化，而民族独立运动和后发现代化潮流相互联系、相互促进，在 20 世纪 50 年代后期以来的世界成为这个时代的主要特征。进入社会主义社会的新中国，就处于这样的时代大潮之中。

第一，世界走向“冷战共处”，社会主义国家社会动荡，国际共产主义运动出现分化。

本来，第二次世界大战后国际形势就非常复杂。一方面，美英帝国主义带头挑起同苏联等社会主义国家的冷战，而社会主义国家和一大批刚刚独立的民族主义国家极力维护世界和平，从全局看，世界出现了“冷战共处”的新局面；另一方面，社会主义高潮兴起，在全球出现了“东风压倒西风”的大好形势。但是，在冷战中，苏联在许多重大问题上应对不得法，包括苏联建设社会主义的经验中也存在一些弊端，比如权力高度集中统一的经济政治体制，不仅影响了苏联自身的健康发展，也给东欧国家带来了巨大的负面影响，加上苏联对兄弟国家、兄弟党实行大国沙文主义政策，频频挥动“老子党”的“指挥棒”，再加上国际关系中存在一系列复杂因素，导致世界社会主义运动和国际共产主义运动在 20 世纪 50 年代中期后出现了裂痕、动荡和分化。

“冷战共处”是毛泽东提出的新概念，也是毛泽东概括的战后国际格局和时代的特征。1960 年 5 月 27 日，毛泽东在会见第二次世界大战时的盟军指挥官、英国陆军元帅蒙哥马利的时候，纵论天下大势，提出了许多重要思想。蒙哥马利首先发问：“请你给我讲一讲你对今天的世界局势有什么看法?”毛泽东回答：“国际局势很好，没有什么坏，无非是全世界反苏反华。”蒙哥马利说：“这是很坏的。”毛泽东说：“这是美国制造的，不坏。”经过一番讨论，毛泽东说：“现在的局势我看不是热战破裂，也不是和平共处，而是第三种：冷战共处。”蒙哥马利说：“困难就在这里。在冷战中相处是困难的。”毛泽东接着论述了他关于“冷战共处”的重要思想。他说：“我们就要解决这个问题。”“但是我们要有两个方面的准备。一个是继续冷战，另一个是把冷战转为和平共处。”“冷战有好的一面，也有坏的一面。坏的一面是它有可能转为热战。”“好的一面是有可能转为和平共处。”① 回顾战后的历史特别是国际形势的变化，在冷战格局结束之前，除了朝鲜战争、越南战争和阿富汗战争等几场美苏进行的局部战争，没有发生过大规模的热战，总体上世界处于“冷战共处”的格局中。

同“冷战共处”这一新特点相联系的，是这一时期在以苏联为首的社会主义阵营一方发生了五件大事，导致战后的国际共产主义运动出现分化，社会主义阵营不复存在。

第一件大事，是苏共二十大上，当年的苏共中央总书记、苏联部长会议主席赫鲁晓夫作了一个全盘否定斯大林的秘密报告。1953 年 3 月 5 日，斯大林因病去世。苏联共产党内围绕接班人问题经历了一系列变故后，由赫鲁晓夫接任党中央第一书记。1956 年 2 月 14—25 日，苏共二十大召开。在 24 日大会结束后的晚上，赫鲁晓夫突然通知与会代表再次开会，作了题为《关于个人崇拜及其后果》的秘密报告。这个报告全

---

① 毛泽东．毛泽东文集：第 8 卷．北京：人民出版社，1999：181－182．

盘否定斯大林，揭露了斯大林的种种错误和问题，把苏共党内存在的所有问题都归咎于斯大林的个人品质问题。这个报告尽管是“秘密报告”，苏共中央联络部在大会闭幕后的第二天才把这个报告向参加大会的中共代表团通报（并在口译一遍后就把稿子拿走了），但很快其内容就为外界获悉。3月10日，美国《纽约时报》详细发表了这个报告的内容，这在全世界特别是社会主义阵营中产生了极大的震动。2月19日，共产国际“波兰委员会”成员苏、波、意、保、芬五国共产党和工人党发表声明，指出1938年共产国际执委会根据当时关于敌对分子已经渗入波共领导队伍的指责而解散波共的决议是错误的。2月21日和3月27日，匈牙利劳动人民党机关报《自由人民报》也发表文章，为历史上被处分的党的领导人恢复名誉。保加利亚共产党也宣布为党的历史案件平反。接着，在1956年6月30日，苏共中央发表了《关于克服个人崇拜及其后果的决议》，同日《共产党人》杂志发表列宁写给1923年1月党代表大会的信件（人们所说的“列宁的政治遗嘱”），并在全国开展了批判斯大林的活动，同时进行了大规模的历史错误平反工作。在历史上，斯大林在中国革命问题上确实犯过瞎指挥等许多错误，所以对于苏共中央揭露和批判斯大林，毛泽东多次说过：“我们一则以喜，一则以忧。揭掉盖子，破除迷信，去掉压力，解放思想，完全必要。但一棍子打死，我们就不赞成。他们不挂斯大林的像，我们挂”[①]。中共中央政治局还多次召开会议讨论赫鲁晓夫的“秘密报告”，重点讨论了怎么看待斯大林及其功过是非，并且决定把讨论的结果形成一篇文章，在1956年4月5日《人民日报》上以《关于无产阶级专政的历史经验》为题发表。这篇文章是中国共产党第一次对当代国际共产主义运动的重大问题发表独特意见，在国际上特别是在国际共产主义运动内部产生了很大反响，受到一致好评。但是，实践证明，苏共二十大和赫鲁晓夫的“秘密报告”成为国际共产主义运动的一个历史转折点，不仅对全世界的反共浪潮起了推波助澜的作用，而且给一些年轻的社会主义国家带来了许多麻烦。

---

① 毛泽东．毛泽东文集：第7卷．北京：人民出版社，1999：370.

第二件大事，是在赫鲁晓夫“秘密报告”的影响下，在波兰和匈牙利接连发生了“波兹南事件”和“匈牙利事件”。苏共二十大以后，这些国家在批判斯大林错误的时候都出现了对苏共不满的民族主义情绪，出现了工人上街游行、闹事等社会动荡。但波兰的“波兹南事件”和“匈牙利事件”的性质完全不同，“波兹南事件”是由工人群众和当地政府的矛盾引起的，波兰党中央尽管对苏共有意见，但并不反苏，而当时苏共中央认为这是反苏，准备对波兰动用武力。毛泽东获悉后连夜研究，向苏共明确表态，反对对波兰进行武装干涉；然后派出代表参加苏波中三角会谈，向双方劝和。“匈牙利事件”发生后，那里的反革命势力发动暴乱，甚至在街头的电线杆上、树上吊死共产党员、公安人员和革命群众，匈牙利政府内部也发生了分裂，那里的共产党人面临着极大的压力，而苏共中央却想从匈牙利撤出原来的驻军。毛泽东主持政治局会议讨论怎么对待这个复杂问题。毛泽东指出，苏联在波兰问题上冒失决定派军队干涉波兰内政是错误的，而现在在匈牙利问题上又匆忙决定撤出驻匈的苏军，置匈牙利人民政权垮台于不顾，同样也是错误的。赫鲁晓夫一左一右的做法都不对头。① 根据毛泽东和政治局会议的意见，经过在莫斯科的中共中央代表团反复做工作，最后赫鲁晓夫同意了中共的意见，应匈牙利工农革命政府要求，出兵平息了匈牙利反革命叛乱。事后，毛泽东多次主持政治局会议讨论这两起事件的教训，决定再写一篇文章表明中国共产党对苏共二十大以来出现的这些问题的基本观点，回答国际共产主义运动中最尖锐的一些问题。这篇以《再论无产阶级专政的历史经验》为题的文章，几经修改，用《人民日报》编辑部的名义公开发表后，国际影响比第一篇文章还要大。从“波兹南事件”和“匈牙利事件”中，既暴露出斯大林时期苏共没有处理好同兄弟党和其他社会主义国家的关系，留下了许多深刻的矛盾和问题，又暴露出以赫鲁晓夫为代表的苏共新领导丢掉斯大林这把“刀子”，对国际共产主义运动的危害十分严重。

---

① 吴冷西．十年论战．北京：中央文献出版社，1999：51．

第三件大事，是1957年在庆祝十月革命40周年之际，在莫斯科举行的各国共产党和工人党代表会议。苏共二十大后，资本主义国家掀起反共浪潮，国际共产主义运动中思想混乱，各国共产党之间出现了意见分歧。为了总结国际共产主义运动经验，科学地解释国际共产主义运动中出现的种种历史现象，正确对待形势发展中的新问题，加强世界范围内争取和平与社会主义的斗争，经过磋商，阿尔巴尼亚、保加利亚、匈牙利、越南、德意志民主共和国、中国、朝鲜民主主义人民共和国、蒙古、波兰、罗马尼亚、苏联、捷克斯洛伐克和南斯拉夫13个社会主义国家的共产党和工人党代表团，决定在参加苏联十月革命胜利40周年庆典后，于1957年11月14—16日在莫斯科举行了社会主义国家共产党和工人党代表会议。参加这个会议的，有13个社会主义国家的共产党和工人党，还有55个资本主义国家的共产党和工人党，一共68个党。会议经过广泛充分协商，通过了两个文件，一个是社会主义国家的党签字的《社会主义国家共产党和工人党代表会议宣言》(《莫斯科宣言》)，另一个是由参加会议的各国共产党和工人党签字的《和平宣言》。由于南斯拉夫共产党一开始就决定不在会议通过的《莫斯科宣言》上签字，所以在这个文件中签字的是12个社会主义国家的共产党和工人党；由于个别资本主义国家的共产党在国内还处于秘密状态，因此在公开发表的《和平宣言》中，签字的是64个党。中国党政代表团由毛泽东担任团长，提前到达莫斯科。之所以要提前去，主要是因为毛泽东和党中央看了苏共中央发来的文件初稿和二稿，感到有许多重大的原则性问题要提前讨论解决。经过面对面交换意见，决定中苏两党各出3个人负责文件的起草工作。毛泽东在莫斯科期间，还同波兰、英国、法国、印度、意大利共产党的领导人进行了相当深入的交谈，既了解各个党及其所在国家的情况，又阐述我们对于国际共产主义运动的基本观点，同时为开好会议、顺利通过文件，把原则性和灵活性结合起来，对各国共产党领导人做了大量细致的协调工作。这次会议虽然开得很成功，但同时暴露出由于苏共多年来奉行的大国沙文主义和“老子党”的做法，使得各国共产党之间的裂痕已经很深。更重要的是，暴露出在反对美国帝国主义问题上，在对待战争与和平关系问题上，在对待原子弹和核战争问题上，在党与党之间的和平共处问题上，在对待欧洲社会党和社会民主党问题上，在资本主义能否和平过渡到社会主义等重大问题上，各个共产党之间分歧很大，尤其是中国共产党和苏联共产党这两个最大的共产党之间，分歧也很大。中共代表团不同意《莫斯科宣言》中关于和平过渡问题的提法，同时顾全大局，向苏共提出了《关于和平过渡问题的意见提纲》，强调暴力革命是实现社会主义的普遍规律；对于《莫斯科宣言》中关于苏共二十大批判斯大林及其个人崇拜的问题，中共代表团也表示了不同意见。苏共则认为，中共关于战争的观点是企图挑起美、苏两国军事冲突。这些裂痕和分歧如果不能管控好，就会导致世界社会主义和国际共产主义运动分化。

第四件大事，是苏联无视中国的主权，提出在中国建立长波电台，苏联和中国建立共同舰队，后来还提出派苏联的导弹部队或带导弹的轰炸机、歼击机到中国福建前线。建长波电台的理由是方便苏联核潜艇在太平洋活动，办法是中国和苏联各出一部分钱，共同建设、共同使用。其实，当年中国还没有核潜艇，“共同使用”实际上是一家使用。中国提出，钱不需要苏联出，由中国出，在中国建，归中国所有，苏联可以使用，但所有权归中国。建共同舰队起因是中国曾经希望苏联帮助中国建设海军，但苏联考虑的是他们的舰队到大西洋、太平洋活动不方便，建立共同舰队他们就可以名正言顺地利用中国海岸线。派导弹部队或带导弹的轰炸机、歼击机到中国福建前线，名义上是帮助中国防御美蒋反动派，实质上也是不顾中国的主权，借机控制中国。毛泽东和党中央从中认识到，赫鲁晓夫等苏共领导人在国家关系、党际关系上搞的仍然是大国沙文主义、“老子党”那一套，千方百计想控制中国和中国共产党。因此，毛泽东和赫鲁晓夫面对面吵了一架。后来的事实证明，长波电台事件、共同舰队事件等为中苏关系最后破裂起了重要的推动作用。

第五件大事，是中苏意识形态论战。在莫斯科会议期间，尤其是在毛泽东和赫鲁晓夫话别时，毛泽东一再提醒苏共中央领导人，为维护国际共产主义大局，兄弟党之间有分歧不要公开化，不要在刊物上公开批评另一个党。但是，苏共方面不信守这个承诺，赫鲁晓夫不久就在一些场合特别是1959年1月召开的苏共二十一大上，不点名地批评攻击中国的内政；7月18日，又在中国共产党召开庐山会议期间，在波兰的波兹南公开发表演说，不指名地批评中国的人民公社。为避免分歧公开化，中国方面一直比较克制。1959年9月9日，苏联国家通讯社塔斯社在发表的苏联政府关于中国和印度边境冲突的声明中，不仅罔顾印度挑起这起冲突的事实，责怪中国，而且把中苏分歧公开暴露在世界面前。在赫鲁晓夫访华的时候，中国共产党同他摆事实、讲道理，但他不仅听不进，而且回去后，在1960年2月4日华沙条约组织国家首脑会议上，更加放肆地攻击中国和毛泽东。1960年4月，我们党在纪念列宁诞辰90周年之际，发表了《列宁主义万岁》等三篇文章，针对赫鲁晓夫的观点，阐述列宁在关于帝国主义、战争和革命等问题上的基本思想。文章没有引用苏共和赫鲁晓夫的话，只是公开点名批评南斯拉夫修正主义，表明中共中央既澄清是非，又维护中苏团结的愿望。

但是，苏共对我们的攻击并不因为我们的良好愿望而改变。1960年，在布加勒斯特召开的各国共产党和工人党代表会议上，赫鲁晓夫搞突然袭击，对中国共产党进行围攻，并且把双方的矛盾以吵架的形式完全公开在世界各国共产党和工人党面前。随后，苏联宣布从中国撤走所有专家，撕毁全部合同，把双方在意识形态上的分歧和矛盾扩展到了国家关系上。接着，在莫斯科举行的81国共产党大会上，进一步挑起争论，组织苏联共产党围攻中国共产党。中国共产党代表团副团长邓小平作了两次发言，以大量的事实驳斥了赫鲁晓夫的攻击，争取兄弟党的理解和支持。通过一轮又一轮斗争，中国共产党代表团和兄弟党协调努力，在苏共提供的文件中拔掉了反华的和不符合马克思主义党际关系的“钉子”，通过了一个维护国际共产主义运动团结的《莫斯科声明》。但是，经过一段平静日子以后，1961年在苏共二十二大上，赫鲁晓夫再次挑起事端，把锋芒指向中国共产党的主张，还公开批判和苏共持有不同观点的阿尔巴尼亚共产党是教条的斯大林主义，号召推翻阿尔巴尼亚共产党的领导人霍查，并且拒绝我们在这个问题上的批评意见。参加会议的中共代表团团长周恩来当场予以严厉批评与驳斥，并率代表团提前回国。1963 年 2 月，两党决定停止公开论战，进行会谈；7 月 5 日，邓小平率团去莫斯科会谈，双方对一些重大问题进行了激烈的争论，苏共代表团几乎把所有的恶毒语言都用尽了。而且，就在中苏两党会谈期间，苏共中央再次违反事先约定，发表了《给苏联各级党组织和全体共产党员的公开信》。在这样的情况下，两党会谈只好结束。从 1963 年到 1964 年，中苏两党围绕国际共产主义运动总路线问题展开了公开大论战。中共中央先发表了《关于国际共产主义运动总路线的建议》和《关于中苏两党会谈的声明》，然后发表了著名的“九评”，即九篇评论苏共中央公开信的文章，在世界上和国际共产主义运动中产生了强烈的反响。毛泽东当年写下的两首诗词是对这场论战的生动描绘：

七律　冬云

雪压冬云白絮飞，
万花纷谢一时稀。
高天滚滚寒流急，
大地微微暖气吹。
独有英雄驱虎豹，
更无豪杰怕熊罴。
梅花欢喜漫天雪，
冻死苍蝇未足奇。

满江红　和郭沫若同志

小小寰球，
有几个苍蝇碰壁。
嗡嗡叫，
几声凄厉，
几声抽泣。
蚂蚁缘槐夸大国，
蚍蜉撼树谈何易。

正西风落叶下长安，
飞鸣镝。
多少事，从来急；
天地转，光阴迫。
一万年太久，只争朝夕。
四海翻腾云水怒，五洲震荡风雷激。
要扫除一切害人虫，全无敌。

从这两首诗词中，我们可以注意到，在毛泽东的心目中，赫鲁晓夫只不过是“苍蝇”而已。历史就是这么巧，1964 年 10 月 14 日，赫鲁晓夫因内外交困下台；而 16 日我国第一颗原子弹试爆成功。17 日，《人民日报》在头版同时刊登了这两个消息。

在赫鲁晓夫下台前，他曾决定召开共产党国际会议，并且不协商、不准备就要行使他们的“指挥棒”。为了避免国际共产主义的分裂，中共中央曾建议推迟召开这个会议，做好准备再开。但是，苏共中央拒绝了中共中央的建议，同时也不顾许多党不同意、不参加这样的会议的表态，执意要采取所谓的“集体措施”。赫鲁晓夫下台后，1965 年 3 月，苏共新领导不顾中国共产党和其他一些党的坚决反对，在莫斯科举行了只有 19 个共产党和工人党代表参加的“协商会晤”。这就意味着，以莫斯科三月会议为标志，国际共产主义运动从思想上分歧发展到组织上分裂，社会主义阵营不复存在。

1965 年 3 月 23 日，《人民日报》《红旗》杂志编辑部发表文章《评莫斯科三月会议》，谴责苏共的分裂行为。1966 年 3 月 22 日，中共中央复信苏共中央，表示中共不能派代表团参加苏共二十三大，从此中苏两党便断绝了往来。

世界社会主义潮流和国际共产主义运动，从 1945 年到 1955 年这十年大发展，发展到 1956 年到 1966 年这十年大分化，两个“十年”大起大落，有许多经验教训可以总结。我们在这里简要回顾的这段历史，说明第二次世界大战后出现的世界社会主义欣欣向荣的时代大潮，由于国际共产主义运动中出现的逆流而遭到破坏。这是非常令人惋惜的。

与此同时，我们也看到，这场论战对中国社会主义建设也产生了复杂的影响。首先，这场论战涉及对马克思主义、社会主义的理解问题，这些意识形态问题是要靠长期的实践才能解决的，当时双方都花费了许多时间和精力，进行了激烈的争论，“回过头来看，双方都讲了许多空话”①。其次，这场论战也告诉我们应该怎么对待兄弟党、兄弟国家。苏共中央长期以来对兄弟党、兄弟国家奉行大国沙文主义，摆出“老子党”的架势，甚至无视兄弟国家的主权，同时又屈服于帝国主义的压力和核讹诈，这是导致世界社会主义事业受挫的重要原因。作为中苏意识形态论战当事人的邓小平，在两国恢复关系时说过：“从六十年代中期起，我们的关系恶化了，基本上隔断了。这不是指意识形态争论的那些问题，这方面现在我们也不认为自己当时说的都是对的。真正的实质问题是不平等，中国人感到受屈辱。”② 再次，在这场论战中，中国脱离了苏联阵营，在国际舞台上有了更自主更自由的活动空间，而不再为苏联那些不得人心的做法背黑锅。后来，恢复中美邦交关系、中国重返联合国，一直到苏东剧变时中国没有被卷进去，反而参与经济全球化，走上和平发展道路，都与此有关。最后，意识形态论战容易使认识和见解走向极端，总以为自己是最正确的，一旦错误的观点固化了，就会对实践产生负面的影响。我们后来发动“文化大革命”，揭发“睡在身边的赫鲁晓夫”等，同我们在论战中越来越强调社会主义社会的阶级斗争、反修防修，有着直接的关系。

第二，民族独立运动风起云涌。

对于今天的大多数人来说，要了解 20 世纪 50 年代中期以后的时代大潮，由于没有经历过，所以缺少感性认识。那么，我们可以读一读《周恩来传（1898—1976）》，看一看我们的前辈经历了哪些事、做了哪些事。这样，比抽象讨论这个问题更好一点。

---

① 邓小平．邓小平文选：第 3 卷．北京：人民出版社，1993：291.

② 同①294-295.

根据《周恩来传（1898—1976）》，在我国建设社会主义的进程中，周恩来有两次时间长、访国多的重要外事出访活动。一次是1956年11月18日到1957年2月5日，用近80天的时间访问了亚欧11国；一次是1963年12月13日到1964年3月1日，用近80天的时间出访亚非欧14国，主要是非洲10国。

第一次出访，时间在中苏意识形态公开论战前。原定访问越南、柬埔寨、印度、缅甸、巴基斯坦、阿富汗、尼泊尔、锡兰（今斯里兰卡）8国，后来应邀加了苏联、波兰、匈牙利3国。关于出访8国的目的，周恩来概括为三句话："寻求友谊，寻求和平，寻求知识"[①]。这些国家中，除了越南外，都是民族主义国家。中共中央认为，在世界分为社会主义阵营和帝国主义阵营的情况下，还存在第三种力量，这就是占世界人口大多数、主要聚居在亚非地区的民族主义国家。它们过去遭受帝国主义的压迫，现在独立了，或正在争取独立。周恩来说："我们的政策要适应这种情况，必须有个战略部署。"[②] 这个战略部署就是：在加强社会主义各国团结的同时，争取民族独立的国家，共同反对帝国主义的侵略。这是从国际战略的角度来考虑的。中共中央认为，这些国家的政治制度虽然与中国不同，但是，这些国家的历史遭遇同中国大致相同，它们的民族愿望同中国也大致相同，同它们确立睦邻友好关系，可以为中国正在开始的大规模经济建设创造一个良好的国际环境。[③] 后来加访的苏联、波兰、匈牙利3国，主要原因是在"波兹南事件"和"匈牙利事件"后，苏联希望中国帮助苏联做做波兰和匈牙利的工作，缓和它们之间的关系。在同苏联领导人会谈时，周恩来一再强调民族主义国家在国际关系中属于第三个阵营，我们的战略方针应该是争取更多的国家，推动反殖民主义斗争。特别是，他根据毛泽东的"中间地带"理论，指出民族主义国家"处在中间状态，不是社会主义国家，也不是帝国主义国家。在反对战争、要求和平、反对殖民主义、要求独立的斗争中可以做

①② 金冲及．周恩来传（1898—1976）：下册．北京：中央文献出版社，2008：1136.

③ 同①1136-1137.

我们的朋友，成为我们反对帝国主义的同盟军。但他们怕社会主义，怕社会主义革命的道路”，“所以我们强调反对大国主义，使他们安心”[①]。

第二次出访，时间在中苏意识形态公开论战开始后，世界殖民主义体系正在加速崩溃。周恩来首先访问非洲 10 国，包括阿拉伯联合共和国（当时由埃及和叙利亚联合而成，后又分为两个国家）、阿尔及利亚、摩洛哥、突尼斯、加纳、马里、几内亚、苏丹、埃塞俄比亚、索马里。中间插访了阿尔巴尼亚。最后访问了缅甸、巴基斯坦和锡兰（今斯里兰卡）。他出访非洲 10 国的目的，如他所说：“增进同非洲友好国家之间的相互了解，加强中国和非洲国家的友好合作关系，增加我们的知识，向非洲人民学习有益的东西”[②]。在访问非洲的第一站阿拉伯联合共和国时，他面对阿拉伯国家人民激动地说：“世界大变了，中东大变了，非洲大变了，世界人民觉醒了”[③]。在回答记者提问的时候，他还强调：中国“对外政策的主要内容之一，就是积极支持亚洲、非洲、拉丁美洲的民族解放运动”，因为“中国就是从帝国主义和殖民主义枷锁下解放出来的国家。我们与亚洲、非洲、拉丁美洲各国人民有着共同的遭遇。因此我们就必然互相同情、互相支持。中国是已经取得胜利的国家，有义务支持那些正在取得胜利和将要取得胜利的国家”[④]。这一路，他虚心听取这些国家元首的意见，不回避并耐心解释问题的由来和实质，满腔热情地支持民族主义国家的斗争和建设。

从中我们可以体会和领悟到什么呢？

请看：在中苏意识形态论战和国际共产主义运动分裂后，一方面，社会主义阵营不复存在；另一方面，民族独立和解放运动风起云涌，第三世界脱颖而出成为国际政治舞台上的重要力量。中国共产党抓住了这个重大的历史机遇，顺应帝国主义时代民族独立和解放的时代大潮，在民族解放运动中支持殖民地国家人民的斗争，在和平建设时期同一大批

---

① 金冲及. 周恩来传（1898—1976）：下册. 北京：中央文献出版社，2008：1155.

② 同①1530.

③ 同①1532.

④ 同①1536-1537.

发展中国家站在一起。因此，用当年的话来说："我们的朋友遍天下。"

需要强调的是，在当时，能否支持民族独立和解放运动，能否和民族主义国家交朋友，能否认识到民族主义国家即第三世界的兴起是一个时代潮流，是中国共产党和苏联共产党在时代问题上的重大分歧。在中苏意识形态论战的诸多问题中，涉及如何认识战后风起云涌的民族独立和解放运动。在 1963 年 7 月 6 日到 20 日中苏两党会谈时，苏方代表团团长苏斯洛夫在第一次会谈时，就针对中共中央给苏共中央复信中提出的现阶段国际共产主义运动总路线及关于"亚非拉的民族民主革命运动"等方面内容，指责中共中央"关于亚非拉人民的民族解放运动对整个国际无产阶级的事业具有决定性意义的论点，是根本错误的，是同马列主义相抵触的"；中共中央提出的关于资本主义世界"中间地带"的观点，"贬低了社会主义与资本主义之间矛盾的作用"，"是用对待地理问题的态度代替了对待社会问题的态度"①。

苏共中央当时十分重视处理好以苏联为首的社会主义国家同以美国为首的资本主义国家之间的关系，反映了冷战的特点和需求，但是他们无视帝国主义时代更为基本的特点，即世界范围内被压迫民族和压迫民族（帝国主义）间的矛盾，看不到战后民族独立和解放运动对世界社会主义事业和人类解放的积极意义。在列宁的帝国主义理论中，有一个亮点，这就是在帝国主义瓜分世界的过程中，"全世界已经划分为两部分，一部分是为数众多的被压迫民族，另一部分是少数几个拥有巨量财富和强大军事实力的压迫民族"②。列宁十分重视殖民地半殖民地国家人民的斗争，认为他们占世界人口的 70%左右，对世界无产阶级的斗争有十分重大的意义。按照列宁主义的思想，资本主义国家的无产阶级要拥护殖民地半殖民地人民的解放斗争，殖民地半殖民地的无产阶级要拥护资本主义国家的无产阶级的解放斗争，世界革命才能胜利。事实上，中国革命和其他许多国家无产阶级领导的民主革命都是在殖民地半殖民地国家

---

① 中共中央文献研究室. 邓小平传（1904—1974）：下册. 北京：中央文献出版社，2014：1262.

② 列宁. 列宁专题文集·论资本主义. 北京：人民出版社，2009：278.

发生的，但又是世界社会主义事业的组成部分，最后都转变为社会主义革命。那么，无产阶级革命胜利了的国家应该怎么对待殖民地半殖民地国家人民的斗争呢？列宁也说了："毫无疑问，先进国家的无产阶级能够也应该帮助落后国家的劳动群众，只要各苏维埃共和国胜利了的无产阶级向这些群众伸出手来，并且能够支持他们，落后国家的发展就能够突破它们目前所处的阶段。"① 列宁关于殖民地和民族解放的理论深刻地揭示了：在帝国主义时代，伴随着无产阶级革命的发展，殖民地国家的民族独立和民族解放运动将成为不可阻挡的时代潮流。第二次世界大战后的实践证明了列宁这一思想的预见性和科学性。

毛泽东从第二次世界大战后的国际局势变动实际出发，发展了列宁的这一重要思想。首先，他指出民族独立和解放运动高涨是战后的一个时代特点。早在1948年，他就强调："如果说，十月革命给全世界工人阶级和被压迫民族的解放事业开辟了广大的可能性和现实的道路，那末，反法西斯的第二次世界大战的胜利，就是给全世界工人阶级和被压迫民族的解放事业开辟了更加广大的可能性和更加现实的道路。"② 在1957年，他进一步明确指出："我们这个时代的一个特点是亚非各国民族独立运动的高涨"③。其次，他强调社会主义国家要积极支持民族独立和解放运动，要支持民族主义国家。在党的八大上，毛泽东就说过："亚洲、非洲和拉丁美洲各国的民族独立解放运动，以及世界上一切国家的和平运动和正义斗争，我们都必须给以积极的支持。"④ 他还说，一些民族主义国家"既不站在帝国主义的一边，也不站在社会主义的一边，而站在中立的立场"，但这种立场"有利于和平事业，不利于帝国主义的侵略计划和战争计划"，我们要"欢迎这些国家的这种中立的立场"，要"支持它们"⑤。再次，他强调在国家关系上要坚持国家不分大

① 列宁. 列宁专题文集·论资本主义. 北京：人民出版社，2009：280-281.

② 毛泽东. 毛泽东选集：2版. 第4卷. 北京：人民出版社，1991：1357-1358.

③ 中共中央文献研究室. 建国以来毛泽东文稿：第6册. 北京：中央文献出版社，1992：582.

④ 毛泽东. 毛泽东文集：第7卷. 北京：人民出版社，1999：116.

⑤ 同④402.

小强弱，都必须平等相待。这是中国共产党一贯的主张和基本的原则。毛泽东还说过："大国高一级，小国低一级，这是帝国主义的理论。"[①]又次，他还指出，在冷战时期帝国主义和社会主义争夺的主要是"中间地带"。毛泽东所说的"中间地带"，主要是亚非拉殖民地国家和刚刚挣脱了殖民统治的民族主义国家，也包括美国要控制的欧洲国家。这个观点是苏共中央所不理解，也是最反对的。毛泽东说："帝国主义国家跟社会主义国家的矛盾是很厉害的矛盾，但是，他们现在是假借反共产主义之名来争地盘。争什么地盘呢？争亚洲非洲十亿人口的地盘"。"现在帝国主义争夺的主要场所是亚洲非洲。在这些地区都出现了民族独立运动。"[②] 当年许多重大事件，比如苏伊士运河事件、中东战争等都反映了美国争夺"中间地带"的特点。最后，他反复强调中国和发展中国家都是第三世界，全世界要建立反对帝国主义和霸权主义的最广泛的统一战线。毛泽东的这些思想弥足珍贵，既继承了列宁关于殖民地和民族解放问题的基本思想，又从战后实际出发丰富和发展了列宁的思想。

毛泽东关于战后民族独立和解放运动的大判断，为战后的客观形势所证明，是完全正确的。我们在前面已经涉及印度、埃及、阿尔及利亚等被压迫民族在战后争取民族独立和解放斗争的情况，其实，朝鲜、越南、蒙古和我们中国等社会主义国家也是在争取民族独立和解放的斗争中，经过人民民主走上社会主义道路的。20 世纪 50 年代中后期到 60 年代，整个世界在东西方冷战的背景下，出现了国家要独立、民族要解放、人民要革命的时代潮流。这是中国共产党从 1956 年到 1978 年所处时代的时代新特点。

在这一时期，民族独立和解放运动不仅日益高涨、深入发展，而且通过六件大事，逐渐成为一股强大的时代性的世界力量。

第一件大事，是和平共处五项原则的提出。怎么处理新兴国家之间的关系，是亚洲民族独立后各国遇到的并为世界瞩目的大问题。1953 年

① 毛泽东. 毛泽东文集：第 6 卷. 北京：人民出版社，1999：378.
② 毛泽东. 毛泽东文集：第 7 卷. 北京：人民出版社，1999：188.

12 月，中国和印度两国政府在北京举行会谈时，周恩来提出了处理中印关系五项原则，即互相尊重领土主权、互不侵犯、互不干涉内政、平等互惠与和平共处的原则。经过会谈，双方同意将这五项原则写入会谈通过的文件中。1954 年 6 月，周恩来访问印度和缅甸时，在中印、中缅两国总理的联合声明中，双方同意并共同倡导将和平共处五项原则作为处理国家关系的准则。和平共处五项原则的提出，在国际社会中获得广泛好评，为亚非国家之间友好合作奠定了基础，当年被称为“亚洲的宪章”。

第二件大事，是万隆会议的召开。战后，民族独立和解放运动迅猛发展，到 50 年代中期，亚非两洲已经有 30 多个国家摆脱殖民统治，赢得独立。为了促进亚非新兴国家的友好合作和睦邻关系，南亚五国联合发起召开亚非会议。这是战后民族独立和解放运动兴起的一个重要的标志性的事件。会议于 1955 年 4 月 18 日在印度尼西亚万隆召开，因此在历史上被称为万隆会议。参加这次会议的，有 29 个国家和地区的政府代表团，共约 340 名代表。印度尼西亚总统在开幕词中指出：“这是人类有史以来第一次有色人种的洲际会议。”“这是世界历史上新的起点。”在这次会议召开前，帝国主义和西方殖民主义国家非常惧怕亚非国家的觉醒和团结，曾经千方百计阻挠和破坏这次会议的召开。台湾特务还在中国代表团包租的客机中放了定时炸弹，致使中国代表团工作人员和中外记者 11 人遇难。会议召开后，有的发言影射攻击中国。参加会议的中国政府代表团团长周恩来决定将原来的发言稿印发给与会代表，自己起草了一个补充发言。周恩来说：“中国代表团是来求同而不是来立异的”，并就不同意识形态和社会制度、宗教信仰问题和所谓“颠覆活动”问题作了解答，阐明了中国政府的立场，获得各国代表的赞扬。特别是周恩来提出的“求同存异”原则，成为各国代表普遍接受的会议方针，保证了会议的顺利进行。会议通过的《亚非会议最后公报》和《关于促进世界和平和合作的宣言》及其提出的万隆会议十项原则，对促进世界和亚非人民团结、反帝反殖、争取和维护民族独立、增强各国人民友谊，产生了深远的影响。与此同时，1954 年 7 月，印度支那三国和法国在日内瓦签订停战协议，结束了法国在印度支那的殖民历史。之后，印度支那三国又进行了历时20多年的抗美救国战争。

第三件大事，是不结盟运动的兴起。在第二次世界大战后独立的许多新兴国家，遇到了在冷战中选边战的难题。它们既不愿与以美国为首的帝国主义结盟，也不愿意和奉行大国沙文主义的苏联结盟。1956年7月，南斯拉夫、印度和埃及三国领导人就发起不结盟运动进行磋商。1961年9月1日，第一次不结盟国家首脑会议在南斯拉夫首都贝尔格莱德举行，25个不结盟国家出席了会议。会议通过的宣言宣布，与会各国全力支持为争取和维护民族独立而斗争的各国人民，要求撤除设在别国领土上的军事基地，消除一切形式的殖民主义；同时，主张用和平共处来代替把世界划分为集团和冷战的政策。这一会议的召开，标志着不结盟运动已经作为一股独立的国际力量出现在世界舞台上。这次会议召开后，1964年10月在开罗举行的第二次不结盟国家首脑会议，通过了《和平和国际合作纲领》；1970年9月在卢萨卡举行的第三次不结盟国家首脑会议，通过了《关于不结盟和经济发展宣言》，把锋芒直接指向“超级大国”，并把斗争由政治领域转向经济领域；1973年9月在阿尔及尔举行的第四次不结盟国家首脑会议，第一次提出了“反对霸权”的口号。以后每次不结盟国家首脑会议都会根据新的国际政治经济形势提出它们的诉求和方针。因此，不结盟运动诞生后，影响越来越大，参加不结盟运动的国家也越来越多，到70年代中期已经有95个成员国，到80年代达到101个，到1995年第十一次首脑会议时，成员国已经达到113个，占世界国家总数的三分之二，在国际政治中成为一股重要的力量。中国从1992年第十次首脑会议起，作为观察员参与它们的活动。事实上，不结盟运动反映了冷战格局下，在民族独立和解放运动大潮中，第三股国际力量的兴起。

第四件大事，是非洲的觉醒。从20世纪50年代中后期到60年代末期，民族独立运动以暴风骤雨之势席卷整个非洲大陆。1955年万隆会议胜利召开，1956年埃及人民收回了苏伊士运河，以及阿尔及利亚和北非各国民族独立斗争的发展，促进了非洲特别是撒哈拉以南广大非洲国家争取民族独立的斗争。首先是撒哈拉以南的黄金海岸（加纳），在万隆会议的鼓舞下奋起斗争，在 1956 年 7 月迫使英国同意它具有自治领地位；1957 年 3 月 6 日宣布在英联邦内独立，并将国名由黄金海岸改为加纳；1960 年 7 月 1 日，再次正式取消自治领地位，宣布成为英联邦内一个独立的共和国。在撒哈拉以南的法属殖民地几内亚，也在 1958 年 10 月 2 日宣布独立，成立共和国。到 1960 年，撒哈拉以南就有 17 个国家取得了政治独立，因此这一年被人们称为“非洲年”。从 1961 年到 1968 年，非洲又有 15 个国家赢得民族独立。到 60 年代末，非洲已经有 41 个独立国家，非洲大陆的政治版图发生了历史性巨变，长期统治非洲的英、法、比建立的殖民体系完全崩溃了。到 70 年代，葡萄牙在非洲的殖民体系也随之崩溃。1975 年，莫桑比克、佛得角、圣多美和普林西比、安哥拉先后宣告独立。经过这么一个民族独立大潮的洗礼，伴随着 1980 年津巴布韦和 1990 年纳米比亚宣布独立，整个非洲完成了非殖民化的历史任务。

第五件大事，是古巴革命的胜利和加勒比地区风暴。在争取民族独立和人民解放的斗争中，拉丁美洲和亚洲、非洲一样，为摆脱美国的控制进行了艰苦卓绝的斗争。其中，最突出的是 1959 年古巴革命的胜利。但是，美国对古巴实行了长期的经济封锁，还断绝了与古巴的外交关系。1961 年 4 月 17 日，美国中央情报局还组织雇佣军入侵古巴，但在著名的“吉隆滩战役”中雇佣军全军覆没，古巴人民依靠自己的力量捍卫了新生的人民政权。随后，古巴宣布进入社会主义革命阶段。古巴革命的胜利，最大的意义是打破了美国对自己后院“一统天下”的局面，鼓励了拉美人民反对外国帝国主义和本国独裁统治的斗争。1964 年，巴拿马人民为收复巴拿马运河的主权，同美国进行了反复较量，最后迫使美国在 1977 年同巴拿马政府签订了关于运河的新条约，废除了 1903 年的条约，取消了美国永久占领巴拿马运河区的特权。加勒比地区的牙买加、特立尼达和多巴哥、圭亚那、巴巴多斯都是在 20 世纪 60 年代独立的。进入 70 年代后，在民族独立浪潮中还诞生了巴哈马、格林纳达、苏里南等一批新国家。加勒比地区风暴，是这个时代民族独立风起云涌发展新特点的鲜明体现。

第六件大事，是“三个世界”理论的形成。在民族独立和解放运动推动下，亚非拉一大批民族独立国家诞生，特别是在 1955 年万隆会议、1961 年贝尔格莱德不结盟国家首脑会议影响下，一股既不属于以美国为首的西方国家、又不属于以苏联为首的东方国家的世界力量崛起。它们把自己称为“第三世界”。1973 年 9 月，在阿尔及尔举行的第四次不结盟国家首脑会议上，“第三世界”这个概念被写进了会议通过的《政治宣言》中。据有关专家考证，“第三世界”这个概念最早是由法国的人口统计学家和经济学家阿尔弗雷德·索维在他 1952 年一篇题为《三个世界，一个星球》的文章中提出的。他指出，在两个对抗的世界，即资本主义世界和共产主义世界外，还有一个第三世界。他当时是借用法国大革命前的“第三等级”即一股“被忽略、待开发、具有革命潜力的力量”来描述“第三世界”的。[①] 不结盟国家把自己定义为“第三世界”，则表明自己已经是独立于美苏两大集团力量之外的第三种国际力量，而不是一股“被忽略、待开发、具有革命潜力的力量”。随着这个概念越来越被国际社会所重视，其内涵的研究也引起更多人的关注。起初人们把不发达国家称为“第三世界”，后来由于人们认为“不发达”一词带有贬义而用“发展中”来取代。这样，“第三世界”和“发展中国家”这两个概念在国际政治中成为可以同等意义上使用的概念。后来，随着两极对峙的冷战格局结束，“第三世界”这个概念就完全被“发展中国家”这个概念所取代。但是，在 20 世纪 70 年代，这个概念不仅在国际社会成为一个炫目的新概念，而且在众多政治家和学者的研究中成为一种国际政治的重要新理论。

特别是，毛泽东把他创造性地提出的“中间地带”理论，同战后民族独立和解放运动中出现的新兴国家及其组成的“第三世界”新情况结合起来，提出了科学的“三个世界”理论。1974 年 2 月 22 日，毛泽东在会见赞比亚总统卡翁达时说：“我看美国、苏联是第一世界。中间派，日本、欧洲、澳大利亚、加拿大是第二世界。咱们是第三世界……第三

---

① 徐天新，梁志明．世界通史（当代卷）．北京：人民出版社，2001：299-301.

世界人口很多。亚洲除了日本，都是第三世界。整个非洲都是第三世界。拉丁美洲也是第三世界”[①]。同年2月25日，他会见阿尔及利亚革命委员会主席布迈丁时再次强调：“中国属于第三世界。因为政治、经济、各方面，中国不能跟富国、大国比，只能跟一些比较穷的国家在一起”[②]。1974年3月25日，毛泽东在会见坦桑尼亚总统尼雷尔时，还说过：“他们（两个超级大国）现在有点怕第三世界”[③]。毛泽东关于“三个世界”的论述，和国际上的“第三世界”概念相比，主要有两个特点：其一，不以集团政治划线。不结盟国家在提出“第三世界”时，指的是以美国为首的西方集团和以苏联为首的东方集团之外的第三种国际力量，毛泽东则根据他的“中间地带”理论把西欧、日本同美国加以区别，把东欧同苏联加以区别，强调“第一世界”就是美国和苏联，而不是美国为首的西方集团和苏联为首的东方集团。其二，把不以意识形态划线贯彻始终。不结盟国家提出的“第三世界”，包括南斯拉夫这样的社会主义国家、印度这样的资本主义国家、埃及这样的民族主义国家，已经不以意识形态划线了，毛泽东把这一做法作为观察当今世界的一项重要原则，不以意识形态而以国家发展程度，即国家的穷富为基本标准，并附之以政治等其他标准来划线，把亚（除日本）非拉统一划为“第三世界”，尤其强调“中国属于第三世界”。后来，我们又进一步把全部“发展中国家”，包括“亚非拉发展中国家和其他地区的发展中国家”，都划为“第三世界”[④]。根据毛泽东的“三个世界”理论，我们形成了依靠第三世界，团结第二世界，主要同两个超级大国展开斗争的“一条线”外交战略，并在这一外交战略指导下依靠和团结联合国的绝大多数会员国，恢复了中国在联合国的合法席位。1974年4月10日，在联合国大会第六届特别会议上，邓小平代表中国政府所作的大会发言系统地阐述了毛泽东的“三个世界”战略思想。后来，在《关于建国以

①② 中共中央文献研究室．建国以来毛泽东文稿：第13册．北京：中央文献出版社，1998：379.

③ 同①383.

④ 邓小平．邓小平文集（一九四九——一九七四年）：下卷．北京：人民出版社，2014：346.

来党的若干历史问题的决议》中，也充分肯定了毛泽东的这一重要思想理论成果。毛泽东的“三个世界”战略思想，包括他的“第三世界”理论，是用马克思主义国际政治理论（包括列宁的帝国主义理论、殖民地和民族解放理论）研究战后国际关系变动最新情况得出的最新结论，反映了战后50年代中后期到70年代时代大潮变动的新特点，也是毛泽东晚年的重要思想理论成果。而这一理论完整形成并在联合国大会上向全世界展示之后，获得了国际社会的广泛认同，也是战后民族独立和解放运动日益高涨、深入发展，并最终成为一股强大的时代性世界力量的最好归结。

关于1956年到1978年中国共产党所处时代的重要特点，邓小平1974年4月10日在联合国大会第六届特别会议上的发言，代表中国共产党和中国政府作了最权威的概括和总结。他说：“在‘天下大乱’的形势下，世界上各种政治力量经过长期的较量和斗争，发生了急剧的分化和改组。一系列亚非拉国家纷纷取得独立，在国际事务中起着愈来愈大的作用。在战后一个时期内曾经存在的社会主义阵营，因为出现了社会帝国主义，现已不复存在。由于资本主义发展不平衡的规律，西方帝国主义集团，也已四分五裂。从国际关系的变化看，现在的世界实际上存在着互相联系又互相矛盾着的三个方面，三个世界。”① “无数事实说明，一切过高估计两霸力量，过低估计人民力量的观点，都是没有根据的。真正有力量的不是一两个超级大国，而是团结起来敢于斗争、敢于胜利的第三世界和各国人民。”② 在民族独立和解放运动、发展中国家即“第三世界”的问题上，中共中央和苏共中央的争论证明了中国共产党在复杂的国际形势中能够清醒地认识时代变动特点，而中国能够在这个时期“反华大合唱”的艰难局面下既坚持独立自主的原则又广交朋友，既维护国家主权又努力发展自己（包括研制“两弹一星”、重返联合国等），也是因为中国共产党能够顺应这样的时代大潮。

---

① 邓小平．邓小平文集（一九四九——一九七四年）：下卷．北京：人民出版社，2014：346.

② 同①349.

第三，后发现代化潮流兴起。

回眸20世纪50年代中叶到70年代的时代变动特点，同战后到50年代中期之前相比，民族独立和解放运动这股强劲的时代潮流，滚滚向前发展，最后形成了一批发展中国家，它们成为国际社会的第三种力量、“第三世界”。这批发展中国家，在国际政治经济舞台上呈现出崭新的时代特点。这个特点，简单地说，就是“两个摆脱”。一是摆脱控制。这些从过去的殖民统治中解放出来的民族主义国家，同中国这样的社会主义国家一样，十分珍惜民族独立的尊严和国家的主权，努力在美苏两个超级大国的争夺中摆脱它们的控制。二是摆脱贫穷。这些在民族独立后建立起来的新兴国家，十分重视改善本国人民的生活，千方百计发展民族经济，开始摆脱贫穷落后的现代化进军。无论是亚洲、非洲，还是拉丁美洲，发展中国家在20世纪60年代、70年代都努力发展经济，启动了强有力的现代化进程。特别是，拉美和亚洲一些地区的经济快速发展，成为这一时期全球经济发展的一个亮点。

发展中国家的现代化建设，是相对于早期工业化国家的现代化而言，并有发展中国家的特点，在现代化研究中被称为“后发现代化”。后发现代化又被称为“发展主义”“发展研究”。

最典型的，是拉丁美洲国家在20世纪60年代末70年代初以后，进入了以发展民族经济为中心的后发现代化历史阶段。巴西从60年代中期以后，尤其是1968年到1974年间，国内生产总值年平均增长率达到10%以上，创造了前所未有的高增长的“经济奇迹”，成为当年世界上经济发展最快的国家之一。同时，墨西哥经济也经历了相对快速的增长，从1950年至1973年，墨西哥实际人均国内生产总值以每年3.1%的速度增长；制造业部门占国内生产总值的比重从21.5%扩展至29.4%，使墨西哥从以生产农业和初级产品为主的农业国变成一个拥有较完整工业生产体系的新兴工业国。到70年代末，巴西、墨西哥、阿根廷三国的经济占整个拉美国家国内生产总值的三分之二，加上智利后达到四分之三以上。

与此同时，拉丁美洲国家的发展研究也引人注目。尽管拉美各国特别是巴西、墨西哥、阿根廷等大国的发展道路和发展模式并不完全一样，而且在这些国家经常发生军事政变和政治变动，经济政策也相应地经常变化，但总的来讲，在二战后特别是50年代中期到70年代末，拉美国家提出的依附理论（the Dependency Theory）以及根据这一理论采取的政策影响很大。这一理论注意到，帝国主义国家所殖民的广大亚非拉国家先后获得了政治上的独立，建立了拥有独立主权的民族国家，但这些国家要么不发达，要么在经济上依然附属于西方发达国家。对于世界经济格局中这种现状的经济学解释，形成了以“依附”为主题的理论。这一理论由阿根廷学者劳尔·普雷维什在20世纪六七十年代提出，认为广大发展中国家与发达国家之间是一种依附与被依附、被剥削与剥削的关系。在世界经济领域中，存在着“中心”和“外围”的结构，即认为拉美国家落后的根源是“中心”（资本主义工业大国）与“外围”（发展中国家）之间的经济不平等，是美国等“中心”国家对“外围”的霸权和剥削。这一理论吸收了马克思主义政治经济学的内容，认为“中心”资本主义国家的资本有机构成高，工资水平接近劳动力再生产的成本；相反，在“外围”发展中国家中，资本有机构成低，工资水平往往也低，难以满足劳动力的再生产成本。在“外围”发展中国家中，工人的工资只能养活他自己而不能养活他的家庭，家庭的其他成员还要靠劳动维持自己的生存。这个理论认为，“外围”发展中国家的“不发达”是由处于“中心”的资本主义生产关系的固有矛盾引起的。这一理论一出现，就引起了人们高度的关注，同时也引出了一系列的争论，并在争论中形成了各种各样的发展理论、各种各样的后发现代化理论。可以说，它已经成为当代西方发展经济学理论流派中一种激进的学说。

根据这种理论，拉美国家采取了一系列有利于拉美国家发展的经济发展战略和经济社会政策。其要点包括推行“进口替代”战略以促进本国工业化，制定发展规划以加强国家干预，实行地区经济一体化并改革国际经济秩序，执行出口多样化方针并积极利用外资，推进土地改革和吸收剩余劳动力等。在这样的国家发展战略和经济政策激励下，拉美国家从20世纪50年代到70年代末，国民经济年平均增长率为5.5%；国内生产总值从 1960 年的 694 亿美元增加到 1979 年的 5 993 亿美元；人均国民生产总值从 1960 年的 340 美元增加到 1979 年的 1 500 多美元。在这一阶段，拉美经济的发展速度不仅超过了亚非发展中国家，而且超过了除日本以外的西方发达国家。

但是，在发展中国家走向现代化的历程中，一直面临着一系列的两难命题。在拉美经济快速发展中，这些国家常常遇到“进口替代”与“出口导向”、市场主导与政府干预、自由开放与自主发展、民主政治与社会稳定等一系列两难问题。特别是，到人均国内生产总值 3 000 美元左右，就会出现经济增长回落或长期停滞，陷入所谓“中等收入陷阱”。这些国家既无法在工资方面与低收入国家竞争，又无法在尖端技术研制方面与富裕国家竞争。拉美国家从 20 世纪 80 年代开始，遇到这样的问题而又没有找到破解这一难题的正确道路，进入了十多年的停滞期。许多学者和政治家注意到，拉美经济由繁荣走向停滞，西方向它们推销的新自由主义起了很坏的作用。

我们在这里讨论 20 世纪 50 年代中期到 70 年代末在发展中国家兴起的后发现代化，目的不是要研究拉美或亚洲“四小龙”在这个时期的发展经验。对于这个问题，许多经济学家、政治学家、社会学家特别是长期从事现代化和后发现代化研究的学者，已经有大量的研究成果。我们在这里谈论这个问题，谈的也仅仅是一些皮毛。之所以要谈论这个问题，主要是考察中国共产党在这一时期的决策和这样的时代潮流有什么关系。

应该讲，我们党在 1956 年以后领导中国社会主义建设的时候，对拉丁美洲和亚非各个国家在民族独立后探索现代化建设的具体情况不那么了解。在党的文献中讲到过民族独立后第三世界国家人民的任务是发展民族经济和民族文化，但对于他们怎么发展民族经济和民族文化的情况了解不多。

同样，我们应该认识到，中国共产党在进入社会主义前后长期重视经济建设，特别重视工业化和现代化，虽然是从中国的历史和现实需要出发提出来的，但同样反映了时代大潮的要求。这是因为，“落后要挨打”是中华民族近代以来最痛之处。因此，在中国这样一个经济文化落后的半殖民地半封建社会领导革命，始终有一个目标：把一个落后的农业国转变为先进的工业国，在中国实现工业化和现代化。在中国革命的胜利越来越临近的时候，这个愿望越发强烈。只要读一读党的七届二中全会文件，特别是毛泽东在这次全会上的重要讲话就可以体会到这一点。为了实现这一目标，中国共产党又面临着如何协调好生产力革命和社会革命之间的复杂关系和矛盾的问题。因为，没有生产力革命，没有工业化，就没有进行社会主义革命、建立社会主义制度的物质基础；而不进行社会革命，不改变生产关系，不解放人民群众，就不可能实现工业化。正是基于这样的考虑，中国共产党把这两个革命结合起来，制定了以工业化为“主体”，以对农业、手工业和资本主义工商业的社会主义改造为“两翼”的过渡时期总路线。这个我们已经在前面讲了。但是，实际上，在社会主义改造推进的过程中，社会革命的速度快于工业化的速度。我们有了建立社会主义制度所需要的一定的工业化基础，但这个基础还很单薄。因此，毛泽东在宣布我们国家进入社会主义社会的党的八大预备会上，振聋发聩地提出中国会被“开除球籍”的问题。他说：“过去人家看我们不起是有理由的。因为你没有什么贡献，钢一年只有几十万吨，还拿在日本人手里。”“我们现在也还不多，但是搞起一点来了，今年是四百多万吨……美国建国只有一百八十年，它的钢在六十年前也只有四百万吨，我们比它落后六十年。假如我们再有五十年、六十年，就完全应该赶过它。这是一种责任。你有那么多人，你有那么一块大地方，资源那么丰富，又听说搞了社会主义，据说是有优越性，结果你搞了五六十年还不能超过美国，你像个什么样子呢？那就要从地球上开除你的球籍！”[①] 所以，我们党在当时确立了要把我国建成一个具有现代工业、现代农业和现代科学文化的社会主义国家的目标，确立了要走“中国工业化道路”的思想；后来，在1958年还领导了“大跃进”和人民公社化运动，急于推进工业化和现代化，犯了错误。如果放眼看

---

① 毛泽东．毛泽东文集：第7卷．北京：人民出版社，1999：88-89．

世界，看民族独立后的发展中国家，几乎各国都在极力发展自己的工业化和现代化，其中，有成功的，也有不成功的，成功的也走了不少弯路。因此，如果中国共产党能够在工业化和现代化进程中不犯“大跃进”和人民公社化运动中那些错误，当然是最好的，犯了也应该是可以理解的。

经过对“大跃进”和人民公社化运动中经验和教训的初步总结，毛泽东在读书学习苏联社会主义建设经验的时候，建议在我们的奋斗目标中加上了“国防现代化”。后来，党中央又根据中国的实际，把“农业现代化”列于“工业现代化”之前。在此基础上，党和政府形成了“四个现代化”的战略思想。在1964年底到1965年初召开的第三届全国人民代表大会通过的政府工作报告中，正式宣布了这一奋斗目标。在“文化大革命”期间召开的第四届全国人民代表大会上，又重申了这个奋斗目标。应该讲，毛泽东表达的这种追赶发达国家的心愿，党和政府提出的“四个现代化”目标，同所有的民族独立后的发展中国家是一样的，反映了时代大潮的要求，无可厚非。我们的问题，主要是没有毫不动摇地把现代化建设作为中心工作贯彻始终，经济建设常常受到急于求成的主观愿望和“以阶级斗争为纲”等脱离实际的指导思想的冲击。

回顾总结1956年到1978年中国共产党所处的时代背景，确实要比其他历史时间段要复杂得多。我们经历了世界社会主义运动分化的全过程，但这不是时代大潮的结果，而是时代逆流造成的恶果。我们同时经历了民族独立运动风起云涌和发展中国家成为“第三世界”的全过程，有幸的是，我们顺应和把握了这一时代大潮的要求，为中国在困难的历史条件下坚持推进社会主义建设事业创造了良好的国际环境。我们也经历了民族独立后的发展中国家致力于发展民族经济、实现后发现代化的历史时期，一方面，我们在现代化实践中犯过这样或那样的错误，错过了一个非常有利的现代化时机；另一方面，由于我们提出的“四个现代化”战略思想符合时代潮流的要求，为后来的改革开放和社会主义现代化建设做了重要的思想理论准备。

（六）1978 年至今：中国共产党在和平与发展的时代主题下和改革大潮中

中国社会主义历史，经过 1956 年到 1978 年的大起大落，特别是在犯过 10 年“文化大革命”的严重错误之后，步入正轨。在以邓小平为主要代表的中国共产党人的领导和推动下，以 1978 年底党的十一届三中全会为标志，中国发生了伟大的历史性转折，进入了社会主义现代化建设和改革开放新时期。现代化建设是这一时期始终不变的中心工作，改革是这一时期最鲜明的特点。经过 30 多年改革开放，中国成为世界第二大经济体。这一奇迹震撼世界。

这是当代中国人最熟悉的一段历史，因为我们亲身经历了这段历史。需要思考的是，中国改革开放发生在什么样的时代背景下？这段历史巨变和我们所处的时代有什么关系？

毫无疑问，这样的历史性变革和历史性进步，是在和平与发展的时代主题之下发生的。我们已经知道，第二次世界大战一结束，世界就出现了东西方两极对立的“冷战”格局。我们也已经知道，1960 年 5 月 27 日，在毛泽东同蒙哥马利讨论国际局势时，毛泽东认为国际社会现在既不是热战，也不是和平共处，而是第三种状况，是“冷战共处”。在他的心目中，这种“冷战共处”实际上是一种过渡形态的国际格局，其发展趋势有两种可能性。这就是他所说的：有可能转为热战，也有可能转为和平共处。那么，哪一种可能性大呢？毛泽东没有给出明确的答案，而是强调要做工作，促使形势向和平共处的方向发展。他在同蒙哥马利交谈中认为，美国制造紧张局势，就制造了更多反对美国的“绞索”（毛泽东用了“绞索”这个词，说美国的军队和军事基地到哪里，就被那里的人民套上“绞索”捆起来）；希望英国、法国强大起来，有更大的发言权，使美国等有所约束；在台湾问题上，我们不要同美国用战争解决问题；中国将来强大了也不会侵略别人，如果侵略别人就会被赶走，如果我们占人家一寸土地，我们就是侵略者。把他所有的话贯通起来，就是一句话：对未来，寄希望于通过斗争实现和平。也就是说，“冷战共处”的两种可能性，寄希望于转向和平共处这种可能性。到70年代末80年代初，毛泽东的这一分析逐渐被国际局势的变动证明了。邓小平根据国际形势的变动，特别是美国在越南战争中受挫的情况，在70年代末得出了世界大战可以延缓的结论；到80年代，根据有资格打世界大战的美苏两家全球战略部署都受挫这一新情况，得出“和平和发展”已经取代“战争和革命”的新结论。正是由于时代主题发生了如此深刻的、有利于我们集中精力搞建设的大变动，我们党才有条件制定以经济建设为中心、以坚持四项基本原则和坚持改革开放为两个基本点的基本路线，即“一个中心、两个基本点”的基本路线。

同时，这样的历史性变革和历史性进步，是和世界范围内出现的改革大潮相适应的。我们注意到，20世纪70年代世界经济呈现出“几家欢乐几家愁”的复杂局面，到70年代末80年代初，各个国家纷纷进行改革。80年代，全世界包括不同社会制度和发展类型的国家，都经历着社会政治体制特别是经济结构的调整和变革。这股改革大潮，伴随着世界范围的和平、发展、合作、共赢的时代潮流，在世界各国此起彼伏，不断向前发展。因此，学者们都说，80年代是一个改革的时代。

但是，我们也要注意到，改革之路非常艰辛，并不是一改革就能够很快完全改变面貌。从20世纪80年代以来，在世界范围出现了这样一个全新的改革局面，即不改革不行、改革不对路也不行、改革成功了还会大起大落，还要继续进行新的改革。

首先，西方发达国家自70年代以来，普遍进行了大幅度的政策调整和新一轮改革。西方国家特别是西欧国家经历了第二次世界大战，经济遭受严重挫折。战后，它们总结了30年代经济危机特别是自由放任市场经济的教训，实行了凯恩斯主义。经济学家凯恩斯认为，生产和就业的水平决定于总需求的水平，而总需求是整个经济系统里对商品和服务需求的总量。因此，战后西欧国家大多反对自由放任，主张国家干预，提高社会福利，刺激总需求。这样，很快就恢复了战后经济，又缓和了社会矛盾，迎来了西方国家十多年的繁荣发展。但是，到 20 世纪 70—80 年代，在世界石油危机的推动下，加上英美内部的结构性问题，美欧各国出现了高通胀、高失业的滞胀。比如，美国通胀率高达 13.5%、失业率达 7.2%，而经济增长率为一0.2%。同时，美国经济也存在税率过高、限制进入、价格管制等诸多结构性问题。英国在 1970—1973 年，物价年均上涨率从 3.1%提高为 6.2%，经济增长率从 2.3%降为 1.8%，固定资本投资增长率从 4.5%降为 1.3%；到 70 年代末，国内生产总值出现了负增长，通货膨胀率高达 10%，陷入了严重滞胀。同时，英国也面临国企过多、工会力量庞大、政府干预过度等结构性问题。凯恩斯主义刺激总需求的思想，面对新情况束手无策，因为扩张型政策会加速通胀，紧缩货币又会导致失业，无论哪种措施都很难解决经济本身存在的结构性问题。在这个时候，以“里根经济学”和“撒切尔主义”为代表的新自由主义，被奉为治理经济的新“药方”。1981 年，里根就任美国总统后，认为“政府不能解决问题，因为政府本身就是问题”。他大力推进政府减税，同时减少政府干预，缩减政府开支，紧缩货币供给，这样，美国经济回归繁荣，但同时也提高了美国的赤字率，增加了政府债务。撒切尔夫人 1979 年上任英国首相后，首先紧缩货币以控制通胀，同时强推国企私有化、减税、废除物价管制等改革措施，减少政府对经济的干预。经过实行这样的改革措施，英国控制了恶性通胀，经济触底反弹。但好景不长，2008 年美国爆发以次贷危机引发的金融危机，危及整个世界经济。欧洲在国际金融危机爆发后，又先后出现了政府债务危机、大批中东难民涌入和乌克兰危机等问题，国民经济雪上加霜，一蹶不振。近几年，在应对国际金融危机的过程中，西欧各国制订了一系列新的改革计划，正在付诸实施。日本经济在 60 年代到 70 年代，经过 20 年快速发展后，从 80 年代开始经历了“失去的十年”，主要是由于 80 年代末的过度投资所造成的资产膨胀，以及证券及房地产市场的泡沫化，最终导致经济瓦解。从小泉首相开始，实行所谓“新世纪维新”的改革，特别是 2002 年后在外国需求上升的拉动下，日本经济出现了起色。但在 2008 年国际金融危机的冲击下，日本经济又陷入了衰退。所谓“安倍经济学”，就是在这样的大背景下出现的。

其次，发展中国家经历60年代民族独立高潮、70年代经济发展，到80年代遇到极大的经济困难，不得不踏上艰难的改革之路。最典型的是拉丁美洲国家。它们在70年代进入经济发展的快车道，70年代末80年代初遇到困难和挫折。1982年8月，墨西哥第一个宣布延缓偿还债务。紧接着，巴西、阿根廷、委内瑞拉、智利等国也相继推迟偿还债务，债务危机迅速蔓延到拉美十多个国家。这场债务危机影响之大，是许多人始料未及的。它导致拉美国家投资萎缩、生产停滞、经济增长率呈负数，实际人均国民收入降至1977年的水平，通货膨胀加剧，社会问题骤生。1982年债务危机后，在债权国和国际货币基金组织的压力之下，拉美大多数国家不得不调整发展战略，巴西、墨西哥、阿根廷、智利等拉美国家开始了大规模的经济改革。它们的主要措施，是实施私有化、市场化、自由化、国际化的新自由主义发展模式。这些政策的实施缓解了经济危机，但又带来许多新问题，特别是财富分配严重不均、对外资过度依赖，加上取消社会福利，使社会矛盾进一步加剧。拉美国家的80年代被称为“失去的十年”。在这样的背景下，委内瑞拉的“查韦斯主义”兴起了。查韦斯1999年首次执政，将国家石油公司收归国有，采取外汇和价格管制，大幅增加社会民生领域投入，建立包容平等、消灭贫富悬殊的“21世纪社会主义”。查韦斯执政14年后，96%的委内瑞拉国内居民拥有干净的饮用水，84%的居民享受养老金，赤贫人口大幅下降至不足5%，基尼系数从1999年的0.486下降到2014年的0.382。在2004年至2013年间，拉美无论在经济增长还是社会发展方面都表现卓越，因此这一时期被一些分析人士称为拉美的“繁荣十年”。然而，这种繁荣在2013年后因世界石油价格持续走低和国际经济大环境普遍不好而中止。自2014年开始，拉美经济增长率大幅下降，投资严重缩水，贫困率停留在2012年的水平。拉美北部地区情况稍好，2014年平均增长率为2.6%，其中墨西哥2014年经济增长2.1%。经济放缓最严重的国家主要集中在南美，该区域2014年平均经济增长率仅为0.6%，而墨西哥和中美洲地区平均增长率为2.5%。现在，拉美国家正在寻找新的改革出路。

从 80 年代初起，其他国家（地区）包括中东、非洲国家的经济改革也开始启动。90 年代以来，印度、巴基斯坦、斯里兰卡等南亚主要国家开始或加速经济改革，重点是扩大市场经济的作用、积极发展外向型经济。与此同时，在 70 年代经济快速发展的韩国、新加坡、中国香港、中国台湾即“亚洲四小龙”，也开始了新的改革。它们都是在 60 年代靠出口主导型加劳动密集型经济模式发展起来的，但它们同时都面临着面积小、资源匮乏的发展瓶颈。进入 80 年代后，它们和中国大陆的改革开放紧密联系在一起，依靠中国市场进一步发展经济。但是，1997 年爆发亚洲金融危机后，不少国家陷入衰退，暴露出它们经济结构中存在的问题。它们和东盟国家按照国际货币基金组织提出的要求以及世界银行的方案进行改革，刚有新的气象，又遭遇国际金融危机的冲击。现在，它们同其他国家或地区一样，都面临着重大的挑战。

在 80 年代改革大潮中，苏联、东欧国家的改革由于和社会制度的更替相联系，引发了更多的关注和更大的争议。20 世纪 50 年代中期开始，东欧一些国家就先后进行了社会主义建设道路的探索和改革。最早启动改革的，是南斯拉夫。从 50 年代到 70 年代，针对苏联那种过度集权的政治经济体制，南斯拉夫探索过工人自治制和社会自治制的改革。1974 年 5 月，南斯拉夫开始了进一步完善自治制度的改革。但 1980 年铁托逝世后，党内没有形成坚强的领导核心，南斯拉夫逐渐陷入了严重的经济政治危机。1956 年，波兰开始了扩大企业自主权和政治民主化的进程。匈牙利等东欧其他国家也先后开始了对高度集中管理体制的改革或改组。由于东欧国家的改革，既有来自苏联的压力，又面临着美国等西方国家推销的“民主”“自由”“多党制”等价值观和政治主张的诱惑，不能独立自主地寻找符合本国实际的改革道路，因此，到 70 年代和 80 年代，东欧国家迷失了改革的方向和目标。捷克斯洛伐克、民主德国、保加利亚、罗马尼亚、阿尔巴尼亚更是在改革中犹豫徘徊。80 年代末 90 年代初，东欧各国先后放弃了共产党领导的社会主义制度。在苏联体制的出生地，赫鲁晓夫担任苏共中央总书记和苏联部长会议主席期间，也开始对传统经济政治体制的改革。勃列日涅夫取代赫鲁晓夫后，苏联从1965年开始推行“计划工作和经济刺激新体制”的经济政治改革。苏联改革时快时慢、时进时退，一直到戈尔巴乔夫上台后，先是在1985年到1988年间在“加速战略”下重点推行经济体制的改革，然后从1986年提出“公开性”，1988年6月后提出“人道的民主的社会主义”，把改革的重点转向“根本改革政治体制”，并在1990年宣布实行多党制。结果，加剧了社会的全面危机，丧失了苏共对整个社会的驾驭和控制能力，并最终导致苏联解体。苏东剧变是20世纪一项重大的世界历史事件，既意味着两极对峙的“冷战”格局结束了，又标志着世界社会主义运动遭受严重挫折并走向低潮。

其他社会主义国家也先后走上了改革之路。越南的经济体制改革在70年代末80年代初就起步，并于1986年后宣布进入实质性的革新开放时期，激发了社会的活力。与此同时，越南在政治体制改革中也作了可贵的探索。古巴在美国的敌视政策和经济封锁下发展经济和社会福利，取得令人敬佩的成就，在1991年底也开始探索以改革求发展的新路，并于2015年和美国重新建立外交关系。1993年12月，朝鲜开始了经济结构调整；2002年，正式启动经济改革，迈开了较大的改革步伐。

综上所述，20世纪80年代以来，除了中东等局部地区仍在燃烧战火，和平与发展的时代主题给各个国家带来了改革和发展的极好机遇，几乎世界上所有的国家都卷入了改革大潮。但并不是所有国家的改革都取得了预料中的成功。究其原因，除了改革中有没有一个坚强而又能干的领导核心外，还由于这一改革大潮同这一时期日新月异的新科技革命尤其是信息化潮流、迅猛发展的经济全球化潮流、扑面而来的“第三波民主潮”相联系，具有多元推进的鲜明而又复杂的特点。由此决定了，在改革中能否适应并驾驭这一复杂局面，特别是能否把新科技革命尤其是信息化潮流、经济全球化潮流、“第三波民主潮”有机结合起来，并驾驭好这些时代大潮，是各个国家改革能否取得成功的关键。

中国是幸运的！从改革的第一天起，中国政府就在邓小平等老一辈革命家的掌舵下，既作出了以经济建设为中心的改革决策，又确定了坚持社会主义道路、坚持人民民主专政、坚持党的领导、坚持马列主义毛泽东思想这“四项基本原则”，并明确地把这些要点确立为“动摇不得”的基本路线。邓小平的后继者能够始终坚持这样的基本路线，并能够在改革开放中始终注意处理好经济体制改革、政治体制改革、文化体制改革、社会体制改革、生态文明制度改革和党的建设制度改革之间的关系，始终注意处理好改革、发展、稳定之间的关系。因此，中国在这样的时代大潮中，不仅没有像拉美国家那样找不到方向，也没有像苏联、东欧国家那样在改革中改向，还创造了令世界瞩目的成就。

TRENDS OF THE TIMES

The Historical Role of the Communist Party of China

二

能够顺应时代大潮的中国共产党

二　能够顺应时代大潮的中国共产党

在时代大潮和中国共产党的关系中，中国共产党是一个理性行为体，它既生存于自己所处的客观环境，又要推动这个环境朝着理性的方向发展，这就要求中国共产党既能够理性地认识自己所处的时代特点，又能够理性地顺应时代大潮。

（一）从习近平的论述讲起

“一个国家能不能富强，一个民族能不能振兴，最重要的就是看这个国家、这个民族能不能顺应时代潮流，掌握历史前进的主动权。”[①] 这是习近平 2016 年 1 月 18 日在中共中央党校举办的省部级主要领导干部学习贯彻党的十八届五中全会精神专题研讨班上的重要讲话。

就在这次重要讲话中，习近平以经济全球化为例，阐明了中国兴衰和时代大潮的关系，阐明了中国共产党顺应时代大潮和中国发展的关系。

首先，习近平指出马克思主义对于经济全球化早就已经有深刻的认识。习近平说，经济全球化是我们谋划发展所要面对的时代潮流。“经济全球化”这一概念虽然是冷战结束以后才流行起来的，但这样的发展趋势并不是什么新东西。早在 19 世纪，马克思、恩格斯在《德意志意识形态》《共产党宣言》《1857—1858 年经济学手稿》《资本论》等著作中就详细论述了世界贸易、世界市场、世界历史等问题。《共产党宣言》指出：“资产阶级，由于开拓了世界市场，使一切国家的生产和消费都成为世界性的了。”[②] 马克思、恩格斯的这些洞见和论述，深刻揭示了经济全球化的本质、逻辑、过程，奠定了我们今天认识经济全球化的理论基础。

其次，习近平分析了经济全球化的发展历程。习近平说，经济全球化大致经历了三个阶段：一是殖民扩张和世界市场形成阶段。西方国家靠巧取豪夺、强权占领、殖民扩张，到第一次世界大战前基本完成了对世界的瓜分，世界各地区各民族都被卷入资本主义世界体系之中。二是两个平行世界市场阶段。第二次世界大战结束后，一批社会主义国家诞

---

① 习近平．在省部级主要领导干部学习贯彻党的十八届五中全会精神专题研讨班上的讲话．人民日报，2016-05-10.

② 马克思，恩格斯．马克思恩格斯选集：第 1 卷．3 版．北京：人民出版社，2012：404.

生，殖民地半殖民地国家纷纷独立，世界形成社会主义和资本主义两大阵营，在经济上则形成了两个平行的市场。三是经济全球化阶段。随着冷战结束，两大阵营对立局面不复存在，两个平行的市场随之不复存在，各国相互依存大幅加强，经济全球化快速发展演化。

最后，习近平阐述了中国在经济全球化大潮中和世界之间复杂的关系。他说，与之相对应，我国同世界的关系也经历了三个阶段：一是从闭关锁国到半殖民地半封建阶段。中国先是在鸦片战争之前隔绝于世界市场和工业化大潮，接着在鸦片战争及以后的数次列强侵略战争中屡战屡败，成为积贫积弱的国家。二是“一边倒”和封闭半封闭阶段。新中国成立后，我们在向苏联“一边倒”和相对封闭的环境中艰辛探索社会主义建设之路，在“文化大革命”中基本与世界隔绝。三是全方位对外开放阶段。改革开放以来，我们充分运用经济全球化带来的机遇，不断扩大对外开放，实现了我国同世界关系的历史性变革。我们注意到，他讲的这三个阶段，其中第二个和第三个阶段都是我们中国共产党领导的历史发展阶段，但在是否参与经济全球化的问题上，态度和方针政策大相径庭。

那么，我们积极参与经济全球化的结果是什么呢？习近平在系统论述中国与经济全球化关系的时候，告诉了我们：同时代大潮相隔绝，我们就落后；而积极参与经济全球化后，情况就从根本上改变了。他说：“20 年前甚至 15 年前，经济全球化的主要推手是美国等西方国家，今天反而是我们被认为是世界上推动贸易和投资自由化便利化的最大旗手，积极主动同西方国家形形色色的保护主义作斗争。”

因此，他的结论是：“实践告诉我们，要发展壮大，必须主动顺应经济全球化潮流，坚持对外开放，充分运用人类社会创造的先进科学技术成果和有益管理经验。”“这说明，只要主动顺应世界发展潮流，不但能发展壮大自己，而且可以引领世界发展潮流。”[1]

---

① 习近平．在省部级主要领导干部学习贯彻党的十八届五中全会精神专题研讨班上的讲话．人民日报，2016-05-10.

我们注意到，习近平的论述讲的是中国共产党对待经济全球化的认识过程，实质是中国共产党对待时代大潮的态度。中国共产党之所以能够保持党的先进性，就在于这个党能够顺应时代潮流，而中国共产党做到这一点是付出了代价的，但中国共产党最大的特点是能够从历史经验中完善和提升自己，从而在纷繁复杂的社会大变动中主动顺应时代大潮。

我们同时注意到，在习近平所得出的这个结论中，出现了“顺应”和“引领”这两个关键词，而要“引领世界发展潮流”，就要首先“顺应世界发展潮流”。这就是我们在研究时代大潮和中国共产党的关系时，要关注和讨论的问题。

那么，什么叫“顺应”呢？什么叫“顺应时代潮流”呢？

“大江东去，浪淘尽，千古风流人物。”纵览历史，凡能够顺应时代潮流者，一般都采取四个步骤：

一是观潮。如果事不关己，高高挂起，惯看秋风残月而不为世事所动，这样的人是不会关心天下大事的，也谈不上“顺应时代潮流”的。要顺应时代潮流，首先要有观察时代潮流的前提。前面我们已经引用青年毛泽东在《湘江评论》上写下的激扬文字：“洞庭湖的闸门动了，且开了！浩浩荡荡的新思潮业已奔腾澎湃于湘江两岸了！顺他的生。逆他的死。”[①]他以湘江潮来比喻浩浩荡荡的世界大潮，这就是他对世界大潮的观察。

二是识潮。人世间，潮起潮落，有高潮，有低潮；有滚滚向前的激流，有铺天盖地而来的逆流，还有前进与倒退交汇的回流，纷繁复杂。在许多情况下，人们往往“不识庐山真面目，只缘身在此山中”；有时又可能如“似曾相识燕归来”；还会出现另一种情况，如同“萧瑟秋风今又是，换了人间”[②]。因此，要顺应时代潮流，就要在种种潮流中识别什么是世界发展进步的潮流，这是顺应时代潮流的基础。

三是顺潮。对规律，要顺从；对时代潮流，同样要顺从。面对时代潮流，是漠视还是正视，是抗拒还是顺从，这是一个科学的问题，更是

---

① 中共中央文献研究室，中共湖南省委《毛泽东早期文稿》编辑组．毛泽东早期文稿．长沙：湖南出版社，1990：294．

② 中共中央文献研究室．毛泽东诗词集．北京：中央文献出版社，1996：92．

一个政治问题。因为时代潮流的本质是社会发展规律的表现，对待时代潮流的态度实际上是对待社会发展规律的立场和态度问题。当然，对各种人也不能一概而论，有的时候有的朋友并不是要抗拒时代潮流，而是因各种因素而感到不舒服、不习惯，不懂得去顺从，这里有一个心态调整的问题。正如毛泽东当年写给柳亚子的诗词中所劝导的："牢骚太盛防肠断，风物长宜放眼量。"① 毛泽东讲的就是心态调整问题。科学态度问题也好，政治立场问题也好，心态调整问题也好，各种问题归结起来，还是一个词：顺从。这是顺应时代潮流的关键。

四是适潮。顺从不等于"适应"，只有"适应"了时代潮流，才算真正顺应了时代潮流。这是因为，"顺从"是建立在"势之所然"认识基础上的，即认为天下大势就是如此，或认为形势逼人不得不如此，而"适应"则是建立在"势之所以然"认识基础上的，即认为天下大势发展到今天不是偶然的，是历史的必然。可以这样说，对时代潮流的适应，实质上体现的是人的主观能动性同事物的客观规律性的辩证统一。也就是说，当人们认识到时代潮流体现的是客观规律性时，就能够充分发挥主观能动性去自觉地适应这种规律性，并用以对客观世界进行改造。这样顺应时代潮流，意味着人们在纷繁复杂的社会变动面前已经达到"随心所欲不逾矩"的程度，即主观在客观面前既能够自由发挥，又能够自觉符合客观并自觉约束自己。这种主观和客观的高度一致，是顺应时代潮流的最高境界。

人不是无思想无追求的动物，人在世界上生存和发展是要追求较高境界的。面对滚滚而来的时代大潮，能不能认识，敢不敢应对，是不是适应，无论对个人来说，还是对政党来说，都需要一种比较高的境界。第一种境界是能够"到中流击水，浪遏飞舟"②，第二种境界是能够"不管风吹浪打，胜似闲庭信步"③，第三种境界是能够"待到山花烂漫时，她在丛中笑"④。也就是说，我们不仅要能够直面时代大潮，还要在遇到

① 中共中央文献研究室．毛泽东诗词集．北京：中央文献出版社，1996：79.

② 同①7.

③ 同①95.

④ 同①129.

狂风恶浪挑战时保持清醒乐观，当然，更高级、更完美的境界就是要像梅花一样绽放在悬崖百丈冰前，但不与群花争春。古往今来，一个成功的人，一个成功的党，都应有这样三种高境界。

总之，所谓“顺应”或“顺应时代潮流”，就是要在用心观察、认真识别的前提下和基础上，能够顺从时代潮流、适应时代潮流。中国共产党95年的历史证明，这个党的最大优点，就是能够在纷繁复杂的国内外形势中，用心观察和识别时代潮流，能够在自己曲折发展的道路上顺从并适应时代潮流，不断开拓进取，不断与时俱进。

（二）为什么“顺之则昌，逆之则亡”？

顺应，是我们对时代大潮首先应取的正确态度和行为准则。正如中国民主革命的先行者孙中山先生说过的：世界潮流，浩浩荡荡，顺之则昌，逆之则亡。孙中山的这句名言，在中国有着极大的影响，是近代以来中国多少志士仁人都懂得的道理和对自己的要求。中国共产党也以此名言激励自己、鞭策自己，在纷繁复杂的国内外形势面前，顺应世界发展时代潮流。

那么，为什么在世界潮流面前，“顺之则昌，逆之则亡”呢？

首先，这是因为，任何一个阶级、政党和历史人物的历史地位和历史命运，都要经受时代潮流的冲刷和检验。自古以来，历史发展的过程，从来都是大浪淘沙的过程。时代大潮总是最权威的考官，评判各个时代的历史事件和历史人物，给出它们的历史定位。以孙中山和袁世凯这两个同时代的历史人物来说：辛亥革命后，孙中山把临时大总统的位置让给了手握兵权又能逼清帝退位的袁世凯，目的是在中国实行共和制，但是袁世凯违背时代潮流，做起了皇帝梦，结果倒行逆施，众叛亲离，最后被时代抛弃，一命呜呼。而孙中山则顺应时代潮流，反对复辟倒退，坚持民主革命理想，在晚年还提出了“联俄、联共、扶助农工”的新三民主义。在中国近代史上，孙中山和袁世凯在中国民主革命潮流面前，分别成为“顺之则昌”和“逆之则亡”的代表。

顺便考证一下“世界潮流，浩浩荡荡。顺之则昌，逆之则亡”这句名言的由来。大家都知道这句名言是孙中山说的，因为有孙中山的题词为证。那么，孙中山是在什么时候说的呢？史家和网上有各种考证。其中有一说：1916 年 9 月 15 日（农历八月十八日），孙中山专程到浙江海宁观赏了号称“壮观天下无”的钱江涌潮。当时正值袁世凯窃国阴谋破产，全国恢复共和政体之后。孙中山于日理万机之余，应海宁地方人士之邀，欣然前来观潮。经历了讨袁运动后，孙先生借观潮题词“世界潮流，浩浩荡荡。顺之则昌，逆之则亡”，告诫世人要顺应历史潮流，维护共和，也表现了对讨袁结果的欢欣。

对于孙中山有没有到海宁观潮，曾经有人表示怀疑，现在则都认为没有疑义了。因为 1916 年 9 月 16 日的上海《民国日报》和 9 月 17 日的上海《申报》对孙中山这次观潮都有记载和报道。但在这次观潮中，孙中山先生有没有题下这句名言则无法求证。据浙江省有关考证者发表的《名人与钱塘江孙中山先生海宁观潮纪实》介绍：1916 年 9 月 15 日（农历八月十八日），孙中山先生曾由上海专程到海宁，观赏了“壮观天下无”的钱江涌潮。当时，正值袁世凯窃国阴谋破产，全国恢复共和政体之后。据当时接待孙中山的一名老同盟会会员回忆，这天上午，孙中山偕同夫人宋庆龄等六七人乘沪杭线头班快车，到达周王庙站下车后，坐轿子到达海宁县盐官，在海神庙左侧的海宁县立商科职业学校休息。孙中山视察了学校，随即由县署设宴，在商校进餐。午饭后，宾主一道步出南门，到钱塘江边，沿海塘过观潮亭经占鳌塔，登上新落成的“三到亭”（今“天风海涛亭”）。大家一边游览风景，一边等候潮来。过一小时余，潮来如万马奔腾，排山倒海，孙中山叹为奇观，赞赏不已。潮水过后，即在亭上摄影留念。地方上请孙中山题词留念，孙含笑应允。这天，当地民众听说孙中山来海宁，倾城而出，孙中山行踪所至之处，路人如潮涌上，以争睹孙的风采。事后，孙中山寄来了“猛进如潮”的题词书法件。由此可见，孙中山观潮后确实有题词，但不是“世界潮流，浩浩荡荡。顺之则昌，逆之则亡”，而是“猛进如潮”。

经过这样的考证，并没有考出“世界潮流，浩浩荡荡。顺之则昌，逆之则亡”这句名言的出处①，但从这句名言流传的故事中，我们已经可以了解当年孙中山是多么得人心、多么受人敬仰，究其原因，就是因为孙中山能够在复杂而又艰难的条件下，顺应时代发展的进步潮流。这就生动地说明了，任何一个阶级、政党和历史人物，其历史地位和历史命运都要经受时代潮流的冲刷和检验。正如毛泽东说过的：“现在的世界潮流，民主是主流，反民主的反动只是一股逆流。目前反动的逆流企图压倒民族独立和人民民主的主流，但反动的逆流终究不会变为主流。”②

其次，这是因为，时代和时代潮流在历史发展中代表先进性的坐标和方位，对于任何人来说，是否顺应时代潮流就是是否具有先进性的标识。人们常说：“形势逼人，不进则退。”顺应时代大潮，就能够保持先进性。顺应潮流，崇尚先进，贯穿于人类发展的历史长河。历史是公平的，每一个阶级、每一个政党、每一个人都可以在历史的舞台上表演。同时，历史又是十分无情的，任何一个阶级、政党，任何一个个人，不管当年是名人、伟人还是无名氏，他们是先进者，还是后进者、落伍者，最后都会经过大浪淘沙，在时代大潮面前显现原形。这是因为，先进性的要求反映着时代进步的方向，代表着人类的未来。在国际共产主义运动中，在共产主义者同盟形成过程中，受到工人群众欢迎的思想家和领袖人物有马克思，还有蒲鲁东、魏特林、巴枯宁，他们个个有一套能够吸引工人群众的主张和理论。蒲鲁东的小资产阶级的社会主义，魏特林的“真正的社会主义”，尤其是巴枯宁激进的无政府主义，都有自己的众多“粉丝”，包括马克思高度赞扬的巴黎公社的工人阶级领导成员中，也有一大批巴枯宁主义者。那么，究竟谁是工人阶级根本利益的正确代表者？是马克思，还是蒲鲁东、魏特林、巴枯宁？究竟谁能够带

① 作者手头有一篇张勋复辟后孙中山先生的演讲，其中讲到“共和！是普天之下民众的选择，是世界的潮流，世界潮流，浩浩荡荡，顺之则昌，逆之则亡！我孙文相信，我们这样个中华民族啊，它一定会实现共和的，我坚信这一点！”由于此文尚需考证，没有引用。

② 毛泽东．毛泽东选集：第3卷．2版．北京：人民出版社，1991：1103.

领工人阶级在反对资本的斗争中赢得未来？究竟谁先进谁落后？经过一场又一场斗争的严峻考验，经过一次又一次时代大潮的激流冲刷，最后，马克思主义以自己的无比科学性和先进性，战胜了工人运动中的各个流派，成为工人阶级信得过、用得上的指导思想。由此可见，先进的思想、先进的事物不管遇到多么强大的对手，都能够以时代和时代潮流为坐标，在引领时代发展中获得强大的生命力，推动人类社会的进步。

当然，先进性不是一成不变的，不同时代有不同的要求；曾经的先进，如果跟不上时代前进的步伐，也会被时代进步的潮流所淘汰。在国际共产主义运动中，考茨基是恩格斯很信任的理论家，曾经协助恩格斯整理马克思的遗著《资本论》。但是，当自由竞争的资本主义发展到垄断资本主义的时候，帝国主义时代来临，考茨基却没有能够跟上这一时代大潮。因此，当第二国际中以伯恩施坦为代表的修正主义冒头的时候，以“正统”自居的考茨基回答不了修正主义提出的新问题，也回击不了修正主义宣布马克思主义已经“过时”的挑战，甚至在一些重大原则问题上同修正主义同流合污，成为修正主义又一方面的代表人物。倒是一个没有见过马克思和恩格斯的年轻人，通过对垄断资本主义基本特征的深入研究，既实事求是地指出时代确实变了，又以充分的根据指出：马克思主义不仅没有“过时”，反而因为帝国主义时代的到来，马克思、恩格斯期盼的无产阶级社会革命和无产阶级专政就要成为现实了。他从新的时代出发，用新的素材、新的思想丰富和发展了马克思主义。这个年轻人，就是既反对伯恩施坦修正主义，又反对考茨基“中派”立场的列宁。后来的实践证明，是列宁，而不是考茨基或伯恩施坦，把马克思主义的科学社会主义变成了社会现实。这些历史人物的故事，都说明了一点：凡是能够和时代大潮与时俱进的，能够在历史转折之际走在时代前列的，就是先进的。这就是为什么在浩浩荡荡的世界潮流面前“顺之则昌，逆之则亡”的道理。

最后，这是因为，在社会大发展的关键时刻谁能够掌握历史前进的主动性，谁就能够主动顺应并驾驭好时代大潮，谁就能够立于时代大潮的潮头。我们讲，时代大潮是历史最权威的考官，时代大潮是历史发展先进性的坐标，并不是说在历史演变和社会变迁的过程中，人完全是被动的。浩浩荡荡的时代大潮，确实对人的形势判断能力、战略把握能力和复杂局面驾驭能力形成最大的考验，但这也从另一方面证明了人在时代大潮面前是可以有所作为的，而不是无能为力、无所作为的。人的作为，首先就体现在人在时代大潮面前能不能“主动”顺应，或者说，人能不能在顺应时代大潮的时候发挥“历史主动性”。纵观历史，有的时候代表社会发展方向的先进的一方也会遭遇挫折甚至失败，并非它们逆历史潮流而动，而是它们没有能够在时代大潮面前发挥自己的历史主动性，顺应并把握和驾驭好时代大潮。

“历史主动性”是马克思提出的重要概念。在《共产党宣言》《法兰西内战》等著作中，马克思把“历史主动性”看作先进的工人阶级在革命中表现出来的进取精神。列宁也十分重视群众在革命中表现出来的这种敢于把握机遇的革命精神。特别是在革命的转折关头，有没有历史主动性，往往关系到革命党能不能顺应时代潮流、把握历史机遇。这在中国共产党的历史上多次得到证明。

我们都知道，在中国共产党 95 年奋斗历史上，有过辉煌的胜利，也有过惨痛的失败。1927 年，在轰轰烈烈的大革命洪流中，北伐军打到上海。国共合作下的北伐战争取得如此成功，让共产党和其领导的工人群众感觉到北洋军阀政府即将垮台，大革命胜利即将来临。但是，帝国主义在华势力公然煽动国民党的军事领袖、北伐军总司令蒋介石“迅速而果断地行动起来”，“使长江以南的区域免于沦入共产党之手”。蒋介石经过密谋，决定在共产党影响最大的上海一举打垮共产党，在 4 月 12 日向共产党和其领导的上海工人纠察队举起了屠刀，发动了中国近现代史上有名的四一二反革命政变。在当时的历史条件下，蒋介石的决定是逆历史潮流而动的，因此，从那一天开始，蒋介石被列入“反动派”的行列。那么，怎么看待共产党在这一决定大革命前途命运关键时刻的作为呢？党中央后来曾经总结过，党之所以在蒋介石背叛革命的时候处于被动的地位，同党的领导机关当时犯了右倾机会主义的错误和共产国际的错误指导有关。毛泽东指出："这时的党终究还是幼年的党"[①]，"自愿地放弃对于农民群众、城市小资产阶级和中等资产阶级的领导权，尤其是放弃对于武装力量的领导权"[②]。也就是说，在这一关键时刻，共产党由于年幼，且缺乏经验，没有能够掌握历史前进的主动性。

如果说1927年时的中国共产党没有能够在革命的转折关头掌握历史前进的主动性，那么，1946年时的中国共产党就十分成熟了，能够在比1927年更复杂的形势下掌握历史前进的主动性。1946年春季，中国革命出现了非常复杂的形势：一方面，国民党在美国的支持下破坏重庆谈判达成的停战协定，频频动作，准备全面扩大内战，共产党期待的"和平民主建设新阶段"已经没有可能性；另一方面，自丘吉尔在美国富尔顿发表"铁幕"演说后，东西方之间拉开了"冷战"序幕，有人担心"第三次世界大战即将爆发"，有人担心美、英、法同苏联达成某种妥协，而苏联又担心中国革命会导致美国出兵干涉，从而把它卷进去，引发新的世界大战，由此对中国革命持消极态度。在这种复杂形势下，毛泽东在1946年4月为党中央起草了一个内部文件《关于目前国际形势的几点估计》（这个文件当时只在中共中央部分领导同志中传阅；1947年12月，在中共中央会议上印发了这个文件，后来全文收入中共中央1948年1月发出的《关于一九四七年十二月中央会议决议事项的通知》）。在这个文件中，毛泽东首先回答了第三次世界大战会不会打的问题，他指出，世界反动力量确在准备，战争的危险存在着，但是世界人民的民主力量超过世界反动力量，必须和必能克服战争危险；同时回答了美、英、法同苏联会不会达成某种妥协的问题，他认为，美、英、法同苏联的关系不是或者妥协或者破裂的问题，而是或者较早或者较迟妥协的问题；最后回答了在美、英、法同苏联达成某种妥协的情况下，我们怎么办，特别是在国民党全面发动内战的情况下，我们要不要顶住

① 毛泽东．毛泽东选集：第2卷．2版．北京：人民出版社，1991：610．

② 毛泽东．毛泽东选集：第4卷．2版．北京：人民出版社，1991：1257-1258．

苏联的压力还击国民党，他强调“这种妥协，并不要求资本主义世界各国人民随之实行国内的妥协。各国人民仍将按照不同情况进行不同斗争。反动势力对于人民的民主势力的原则，是能够消灭者一定消灭之，暂时不能消灭者准备将来消灭之。针对这种情况，人民的民主势力对于反动势力，亦应采取同样的原则”①。因此，到1946年6月26日，国民党不顾全国人民的强烈反对，悍然进攻解放区，全面内战爆发时，我们已经从思想上、政治上、军事上做好了全面的准备。从毛泽东起草的《关于目前国际形势的几点估计》这个文件中，我们看到了和1927年完全不同的中国共产党，看到了一个在复杂的国内外形势下始终掌握历史主动性的中国共产党。最后，中国共产党在浩浩荡荡的人民民主大潮中，通过三年解放战争，打败了国民党反动派，建立了人民当家作主的新中国。

总之，“顺之则昌”，就是在顺应时代大潮的时候能够掌握历史主动性，始终保持先进性，即使遇到再大的挑战也能够取得成功；“逆之则亡”，就是逆时代大潮而动的逆流，即使一时强大，最终也逃脱不了失败的命运。这是什么？这就是马克思主义的历史唯物主义所讲的社会发展规律，就是历史的辩证法。中国共产党能够在中国这样一个半殖民地半封建的国家领导革命取得胜利，能够在一个经济文化落后的国家顺利实现从新民主主义到社会主义的过渡，能够在复杂的国内外形势下开辟出一条中国特色社会主义道路，就在于中国共产党能够在顺应时代潮流的时候掌握历史主动性，始终保持先进性。

（三）“问苍茫大地，谁主沉浮？”

为了更深入地理解这个问题，需要我们再深入研究和讨论一下人与时代潮流的关系。

① 毛泽东．毛泽东选集：第4卷．2版．北京：人民出版社，1991：1185.

青年毛泽东曾经豪放地写道："问苍茫大地，谁主沉浮？"[①] 延安时期的毛泽东以中华民族的宏大历史为据回答："数风流人物，还看今朝。"[②] 在人民已经当家作主的社会主义时期，毛泽东进一步以人民群众改天换地的生动现实明确指出："六亿神州尽舜尧"[③]。

我们可以从这些诗句中认识到，人民群众是时代的英雄，是时代进步的动力。那么，人民群众和时代究竟是什么关系呢？确实，我们讨论了什么叫"顺应"，什么叫"顺应时代潮流"，我们又进一步讨论了为什么在时代潮流面前"顺之则昌，逆之则亡"，其中，已经说到人的历史主动性在顺应时代潮流中具有极其重要的作用。要进一步搞清楚这个问题，就要进一步认识时代和时代潮流同人和人的活动究竟是什么关系。

我们可以先思考一个问题：我们用大江大河的潮流来比喻时代发展进程和时代发展趋势，那么，是不是可以说时代潮流像一江春水向东流的江河一样，是我们人之外的一种外在的自然物？不是的！时代潮流同自然界的江河不一样，是人参与其中的历史活动，或者说，是我们每一个人参与其中的历史潮流。如果是这样的话，人与时代是什么关系呢？人在时代中能不能有作为、如何有作为呢？

要搞清楚这个问题，有必要引用一下恩格斯对社会发展史和社会发展规律的论述。

恩格斯说：在哲学社会科学中，我们的任务，"就是要发现那些作为支配规律在人类社会的历史上起作用的一般运动规律"。"但是，社会发展史却有一点是和自然发展史根本不相同的。""在社会历史领域内进行活动的，是具有意识的、经过思虑或凭激情行动的、追求某种目的的人；任何事情的发生都不是没有自觉的意图，没有预期的目的的。但是，不管这个差别对历史研究，尤其是对各个时代和各个事变的历史研究如何重要，它丝毫不能改变这样一个事实：历史进程是受内在的一般规律支配的。"[④] 也

---

① 中共中央文献研究室．毛泽东诗词集．北京：中央文献出版社，1996：6.

② 同①69.

③ 同①105.

④ 马克思，恩格斯．马克思恩格斯文集：第4卷．北京：人民出版社，2009：301，302.

就是说，社会是由人组成的，社会历史活动是人的活动，而人是有思想、有激情的，他们参与社会历史活动是有目的和意图的。但是，行动的目的是有预期的，而行动实际产生的结果并不是预期的。这是什么原因呢？恩格斯说，这就要去探究那些隐藏在历史人物的动机背后并且构成历史的真正的最后动力的动力。

恩格斯接着分析说，自工业革命以来，人们已经注意到土地贵族、资产阶级、无产阶级这三大阶级的斗争和它们的利益冲突是现代历史的动力。但是，这些阶级又是怎样产生的呢？恩格斯说，初看起来，是由于政治原因或暴力掠夺引起的，深入的研究告诉我们，其背后还有经济原因，特别是资产阶级和无产阶级这两个阶级纯粹是由于经济原因即由生产方式发生变化而产生的。因此，恩格斯得出了一个结论："在现代历史中，国家的意志总的说来是由市民社会的不断变化的需要，是由某个阶级的优势地位，归根到底，是由生产力和交换关系的发展决定的"①。这个结论，是马克思主义的历史唯物主义的基本结论，是我们研究时代问题的科学指南。

按照历史唯物主义的基本原理，我们自己创造着我们的历史，但是社会也好，社会历史活动也好，并不是由组成社会的人和参与社会历史活动的人及其意志可以任意支配的，归根到底起决定性作用的是经济原因。与此同时，各种人的意志都会在其中发挥作用，但最终的结果总是从许多单个的意志的相互冲突中产生出来的。恩格斯形象地说，这好比是一个"平行四边形"，一种意志和力量是一条边，另一种意志和力量是另一条边，最后的结果是"平行四边形"的"对角线"。也就是说，各个人的意志虽然都达不到自己的愿望，但它们会融合为一个总的平均数、一个总的合力。这个问题在恩格斯 1890 年 9 月 21—22 日致约瑟夫·布洛赫的信中讲得很清楚。②

列宁把历史唯物主义的这些基本观点应用到对时代的分析中，如同

---

① 马克思，恩格斯．马克思恩格斯文集：第 4 卷．北京：人民出版社，2009：306.

② 马克思，恩格斯．马克思恩格斯文集：第 10 卷．北京：人民出版社，2009：592-593.

我们前面已经引用过的，他说：“**哪一个阶级**是这个或那个时代的中心，决定着时代的主要内容、时代发展的主要方向、时代的历史背景的主要特点等等。只有在这个基础上，即首先考虑到各个‘时代’的不同的基本特征（而不是个别国家的个别历史事件），我们才能够正确地制定自己的策略；只有了解了某一时代的基本特征，才能在这一基础上去考虑这个国家或那个国家的更具体的特点。”① 也就是说，社会中各个阶级都在发挥着自己的作用，但居于社会历史活动中心的阶级，在推动社会历史进程中会在社会“合力”下发挥更大的作用，由此而决定时代的基本特征。

根据历史唯物主义的这些道理，我们可以获得一些基本的认识：第一，时代是人的时代，时代潮流也是人的活动形成的历史洪流，而不是人和人的活动之外还有一个独立存在的时代或时代潮流。第二，人在时代中不是无所作为的，但任何人及其意志都不可能支配时代和时代潮流，而只是在推动历史发展的“合力”中有所贡献。第三，由前面的认识决定了，我们所讲的“顺应时代潮流”也好，我们所分析的“观潮”“识潮”“顺潮”“适潮”也好，实际上，讲的就是我们应该怎么正确地认识自己，怎么正确地认识自己所参与的社会历史活动，怎么使自己的活动在整个社会历史活动中合乎社会发展规律，发挥更大的历史主动性。第四，更重要的是，要关注社会生产力的发展要求，特别是先进生产力的发展趋势，要重视同先进社会生产力相联系的阶级和社会力量在时代进步的社会发展潮流中的作用。第五，总之，代表先进生产力发展要求的阶级和政党可以像马克思、恩格斯和列宁说的那样，按照社会发展规律的要求，充分发挥自己的历史主动性，顺应和引领时代潮流的发展。

这在中国共产党 95 年历史的一些重大事件中，体现得十分充分。

在中国革命中形成的统一战线、武装斗争、党的建设这“三大法宝”，是中国革命经验的总结，也是中国革命所处的时代的产物，是这

---

① 列宁．列宁专题文集·论资本主义．北京：人民出版社，2009：91-92.

个时代各种力量“合力”的结果。

第一，关于统一战线。这是中国共产党在革命中形成的“三大法宝”中排名第一的法宝。这个法宝是怎么形成的？正是帝国主义时代中国半殖民地半封建社会的特点，决定了中国社会极其复杂的阶级状况，由此决定了中国共产党在领导革命的过程中可以团结和联合一切反帝反封建的革命力量，形成统一战线。

毛泽东在对中国社会进行阶级分析的时候，特别是在对中国农村各个阶级进行分析的时候，深刻而又全面地指出：在中国，不仅有同社会化的工业生产力相联系的无产阶级和资产阶级，资产阶级中又有国际资产阶级附庸的官僚买办资产阶级，还有虽然剥削无产阶级但又受到帝国主义和封建主义打击和压迫的民族资产阶级；在中国，不仅有同小商品生产相联系的小资产阶级，小资产阶级中也因生活条件好坏有其右翼、中立者和左翼三部分人；在中国农村，不仅有自己不劳动，而是靠剥削农民实行封建主义统治的地主阶级，还有面广量大的同自然经济和半自然经济小生产相联系的农民阶级；在中国农村，农民阶级虽然都参加劳动，但他们有的有一部分生产资料，有的有较少的生产资料，有的只有极少的生产资料，有的连一点生产资料也没有，有的谋生手段主要不是靠劳动，有的谋生手段全靠劳动，有的谋生手段靠出卖一部分劳动，有的谋生手段完全靠出卖劳动，因此，农民中有相当于农村资产阶级的富农，有中农，有被称为半无产阶级的贫农，还有被称为农村无产阶级的雇农。可以看出，在中国社会历史性的社会变动中，阶级状况多么复杂！而且，那么多的阶级，肯定都要表达自己的意志，都想发挥自己的作用。帝国主义及其附庸官僚买办资产阶级和地主阶级会拉拢动摇不定的民族资产阶级甚至小资产阶级的右翼，是中国社会变动的“平行四边形”中的一条边；无产阶级是反帝反封建的领导力量，但它虽然代表中国先进的工业生产力，却又数量不多，要赢得反帝反封建的胜利就要团结和联合一切可以团结的力量，特别是人口众多的农民阶级，还要争取和团结民族资产阶级，形成最广泛的统一战线，这也是中国社会变动的“平行四边形”中的一条边。这两条边力量的消长会形成不同的“平行四边形”，而不同的“平行四边形”的“对角线”即历史事变的结果就会朝不同的边倾斜。因此，中国共产党只有巩固和发展统一战线，才能使中国的社会变动朝着有利于无产阶级和广大人民的方向发展。

毛泽东在1939年10月4日发表的《〈共产党人〉发刊词》中是这样说的：

我们党的历史，从1921年第一次全国代表大会那个时候起，到现在，已经整整18年了。18年中，党经历了许多伟大的斗争。党员、党的干部、党的组织，在这些伟大斗争中，锻炼了自己。他们经历过伟大的革命胜利，也经历过严重的革命失败。同资产阶级建立过民族统一战线，又由于这种统一战线的破裂，同大资产阶级及其同盟者进行过严重的武装斗争。最近3年，则又处于同资产阶级建立民族统一战线的时期中。中国革命和中国共产党的发展道路，是在这样同中国资产阶级的复杂关联中走过的。这是一个历史的特点，殖民地半殖民地革命过程中的特点，而为任何资本主义国家的革命史中所没有的。[①]

毛泽东还分析说，18年中，中国无产阶级同中国资产阶级和其他阶级的统一战线，是在三种不同的情况、三个不同的阶段中间发展着的，这就是1924年至1927年第一次大革命的阶段、1927年至1937年土地革命战争的阶段和今天的抗日战争的阶段。三个阶段的历史，证明了下列的规律：（1）由于中国最大的压迫是民族压迫，在一定的时期中，一定的程度上，中国民族资产阶级是能够参加反帝国主义和反封建军阀的斗争的。因此，无产阶级在这种一定的时期内，应该同民族资产阶级建立统一战线，并尽可能地保持之。（2）又由于中国民族资产阶级在经济上、政治上的软弱性，在另一种历史环境下，它就会动摇变节。因此，中国革命统一战线的内容不能始终一致，而是要发生变化的。在某一时期有民族资产阶级参加在内，而在另一时期则民族资产阶级并不参加在内。（3）中国的带买办性的大资产阶级，是直接为帝国主义服务并为它们所豢养的阶级。因此，中国的带买办性的大资产阶级历来都是革命的

① 毛泽东. 毛泽东选集：第2卷. 2版. 北京：人民出版社，1991：603-604.

对象。但是，由于中国的带买办性的大资产阶级的各个集团是以不同的帝国主义为背景的，在各个帝国主义间的矛盾尖锐化的时候，在革命的锋芒主要地是反对某一个帝国主义的时候，属于别的帝国主义系统的大资产阶级集团也可能在一定程度上和一定时期内参加反对某一个帝国主义的斗争。在这种一定的时期内，中国无产阶级为了削弱敌人和加强自己的后备力量，可以同这样的大资产阶级集团建立可能的统一战线，并在有利于革命的一定条件下尽可能地保持之。(4) 在买办性的大资产阶级参加统一战线并和无产阶级一道向共同敌人进行斗争的时候，它仍然是很反动的，它坚决地反对无产阶级及其政党在思想上、政治上、组织上的发展，而要加以限制，而要采取欺骗、诱惑、“溶解”和打击等等破坏政策，并以这些政策作为它投降敌人和分裂统一战线的准备。(5) 无产阶级的坚固的同盟者是农民。(6) 城市小资产阶级也是可靠的同盟者。这些规律的正确性，不但在第一次大革命时期和土地革命时期证明了，而且在目前的抗日战争中也在证明着。因此，无产阶级的政党在同资产阶级（尤其是大资产阶级）组织统一战线的问题上，必须实行坚决的、严肃的两条战线斗争。一方面，要反对忽视资产阶级在一定时期中一定程度上参加革命斗争的可能性的错误。这种错误，把中国的资产阶级和资本主义国家的资产阶级看作一样，因而忽视同资产阶级建立统一战线并尽可能保持这个统一战线的政策，这就是“左”倾关门主义。另一方面，则要反对把无产阶级和资产阶级的纲领、政策、思想、实践等等看作一样的东西，忽视它们之间的原则差别的错误。这种错误，忽视资产阶级（尤其是大资产阶级）不但在极力影响小资产阶级和农民，而且还在极力影响无产阶级和共产党，力求消灭无产阶级和共产党在思想上、政治上、组织上的独立性，力求把无产阶级和共产党变成资产阶级及其政党的尾巴，力求使革命果实归于资产阶级的一群一党的事实；忽视资产阶级（尤其是大资产阶级）一到革命同他们一群一党的私利相冲突时，他们就实行叛变革命的事实。如果忽视了这一方面，这就是右倾机会主义。过去陈独秀右倾机会主义的特点，就是引导无产阶级适合资产阶级一群一党的私利，这也就是第一次大革命失败的主观原因。中国资产阶级在资产阶级民主革命中的这种二重性，对于中国共产党的政治路线和党的建设的影响是非常之大的，不了解中国资产阶级的这种二重性，就不能了解中国共产党的政治路线和党的建设。中国共产党的政治路线的重要一部分，就是同资产阶级联合又同它斗争的政治路线。中国共产党的党的建设的重要一部分，就是在同资产阶级联合又同它斗争的中间发展起来和锻炼出来的。这里所谓联合，就是同资产阶级的统一战线。所谓斗争，在同资产阶级联合时，就是在思想上、政治上、组织上的"和平"的"不流血"的斗争；而在被迫着同资产阶级分裂时，就转变为武装斗争。如果我们党不知道在一定时期中同资产阶级联合，党就不能前进，革命就不能发展；如果我们党不知道在联合资产阶级时又同资产阶级进行坚决的、严肃的"和平"斗争，党在思想上、政治上、组织上就会瓦解，革命就会失败；又如果我们党在被迫着同资产阶级分裂时不同资产阶级进行坚决的、严肃的武装斗争，同样党也就会瓦解，革命也就会失败。所有这些，都是在过去 18 年的历史中证明了的。[①]

第二，关于武装斗争。这是中国共产党在中国革命中形成的"三大法宝"中的重要法宝。这个法宝，同样是在帝国主义时代中国半殖民地半封建的社会历史条件下形成的。如前所说，在中国社会变动的"平行四边形"中，帝国主义及其附庸官僚买办资产阶级和封建主义是一条边，这条边就是我们所说的"反动派"或"敌人"；中国共产党领导的各个阶级阶层的人民大众是另一条边，这条边就是"人民"。统一战线是中国共产党团结最大多数人民群众的法宝，武装斗争则是中国共产党对付敌人的法宝。

这是什么原因呢？这是因为，中国革命的对象帝国主义和封建主义及其依靠的反动统治阶级极其残暴，不仅手中拿着屠刀，而且总是灭绝人性地向人民开刀，因此在中国没有西方那种议会政治的条件，无产阶级领导的人民大众只能用武装的革命反对武装的反革命。这是中国革命

---

① 毛泽东. 毛泽东选集：第 2 卷. 2 版. 北京：人民出版社，1991：606-609.

的一大特点。但是，对于这样的道理，中国共产党并不是一开始就认识到了的。中国共产党成立后，最早投入开展的是工人运动、农民运动等民众运动。后来，党懂得了革命武装的重要性，也只是帮助国民党办黄埔军校，作为北伐军的重要力量参加了北伐战争。是蒋介石发动的四一二反革命政变用血淋淋的事实教育了中国共产党，中国共产党才在1927年8月1日举行了南昌起义，打响了武装反抗反动统治的第一枪。对于中国共产党来讲，从民众运动转向武装斗争是一次历史性的转折，再从以城市为中心的武装斗争转向以农村包围城市的武装斗争是另一次历史性转折。经过这两次历史性转折，中国共产党才真正掌握了这一法宝。

毛泽东在1939年10月4日发表的《〈共产党人〉发刊词》中是这样说的：

由于中国是半殖民地半封建的国家，政治、经济、文化各方面发展不平衡的国家，半封建经济占优势而又土地广大的国家，这就不但规定了中国现阶段革命的性质是资产阶级民主革命的性质，革命的主要对象是帝国主义和封建主义，基本的革命的动力是无产阶级、农民阶级和城市小资产阶级，而在一定的时期中，一定的程度上，还有民族资产阶级的参加，并且规定了中国革命斗争的主要形式是武装斗争。我们党的历史，可以说就是武装斗争的历史。斯大林同志说过："在中国，是武装的革命反对武装的反革命。这是中国革命的特点之一，也是中国革命的优点之一。"这是说得非常之对的。这一特点，这一半殖民地的中国的特点，也是各个资本主义国家的共产党领导的革命史中所没有的，或是同那些国家不相同的。①

毛泽东还分析说：中国共产党的武装斗争，就是在无产阶级领导之下的农民战争。它的历史，也可以分为三个阶段。第一阶段，是参加北伐战争。这时，我们党虽已开始懂得武装斗争的重要性，但还没有彻底了解其重要性，还没有了解武装斗争是中国革命的主要斗争形式。第二阶段，是土地革命战争。这时，我们党已经建立了独立的武装队伍，已

---

① 毛泽东．毛泽东选集：第2卷．2版．北京：人民出版社，1991：604.

经学会了独立的战争艺术，已经建立了人民政权和根据地。我们党已经能够把武装斗争这个主要斗争形式同其他许多的必要的斗争形式直接或间接地配合起来，就是说，把武装斗争同工人的斗争，同农民的斗争（这是主要的），同青年的、妇女的、一切人民的斗争，同政权的斗争，同经济战线上的斗争、锄奸战线上的斗争、思想战线上的斗争，等等斗争形式，在全国范围内或者直接地或者间接地配合起来。而这种武装斗争，就是在无产阶级领导之下的农民土地革命斗争。第三个阶段，就是现在的抗日战争阶段。在这个阶段中，我们能够运用过去第一阶段中尤其是第二阶段中的武装斗争的经验，能够运用武装斗争形式和其他各种必要的斗争形式互相配合的经验。到目前为止，我们党的政治路线和党的建设，是密切地联系于这一斗争形式的。离开了武装斗争，离开了游击战争，就不能了解我们的政治路线，也就不能了解我们的党的建设。我们的政治路线的重要一部分就是武装斗争。18年来，我们党是逐步学会了并坚持了武装斗争。我们懂得，在中国，离开了武装斗争，就没有无产阶级的地位，就没有人民的地位，就没有共产党的地位，就没有革命的胜利。18年来，我们党的发展、巩固和布尔什维克化，是在革命战争中进行的，没有武装斗争，就不会有今天的共产党。毛泽东还说："这个拿血换来的经验，全党同志都不要忘记。"①

第三，关于党的建设。这是中国共产党在中国革命中形成的"三大法宝"中据以掌握统一战线和武装斗争这两大法宝的法宝。我们已经反复讲到，在中国社会变动的"平行四边形"中，哪一条边的力量强，作为历史事变结果的"对角线"就会向哪一条边倾斜。这个"平行四边形"的边长问题即各个方面的力量消长问题，是决定社会历史变动方向的关键因素。要让中国社会变动朝着有利于人民大众的方向发展，就要在亿万人民群众中形成一个强有力的领导核心。实践告诉我们，这个核心就是中国共产党。这样，就把中国共产党的自身建设问题凸显出来了。所以，毛泽东把党的建设同统一战线、武装斗争一起，统称为"三

① 毛泽东．毛泽东选集：第2卷．2版．北京：人民出版社，1991：609-610．

大法宝”。

毛泽东在1939年10月4日发表的《〈共产党人〉发刊词》中是这样说的：

中国革命有两个基本特点：一是无产阶级同资产阶级建立或被迫分裂革命的民族统一战线，二是主要的革命形式是武装斗争。正是由于这些基本特点，我们党的建设过程，我们党的布尔什维克化的过程，就处在特殊的情况中。党的失败和胜利，党的后退和前进，党的缩小和扩大，党的发展和巩固，都不能不联系于党同资产阶级的关系和党同武装斗争的关系。当我们党的政治路线是正确地处理同资产阶级建立统一战线或被迫着分裂统一战线的问题时，我们党的发展、巩固和布尔什维克化就前进一步；而如果是不正确地处理同资产阶级的关系时，我们党的发展、巩固和布尔什维克化就会要后退一步。同样，当我们党正确地处理革命武装斗争问题时，我们党的发展、巩固和布尔什维克化就前进一步；而如果是不正确地处理这个问题时，那么，我们党的发展、巩固和布尔什维克化也就会要后退一步。18年来，党的建设过程，党的布尔什维克化的过程，是这样同党的政治路线密切地联系着，是这样同党对于统一战线问题、武装斗争问题之正确处理或不正确处理密切地联系着的。这一论断，很明显地，已经被18年党的历史所证明了。倒转来说，党更加布尔什维克化，党就能、党也才能更正确地处理党的政治路线，更正确地处理关于统一战线问题和武装斗争问题。这一论断，也是很明显地被18年来的党的历史所证明了。①

毛泽东还说，当前时机中的特点，一方面，是抗日民族统一战线中的投降危险、分裂危险和倒退危险日益发展着；另一方面，是我们党已经走出了狭隘的圈子，变成了全国性的大党。而党的任务是动员群众克服投降危险、分裂危险和倒退危险，并准备对付可能的突然事变，使党和革命不在可能的突然事变中遭受出乎意料的损失。在这种时机，加强党的建设就更为必要了。毛泽东还特别强调，我们党的建设的目标是：

① 毛泽东. 毛泽东选集：第2卷. 2版. 北京：人民出版社，1991：604，605.

建设一个全国范围的、广大群众性的、思想上政治上组织上完全巩固的布尔什维克化的中国共产党。为了中国革命的胜利，迫切地需要建设这样一个党，建设这样一个党的主观客观条件也已经大体具备，这件伟大的工程也正在进行之中。①

他回顾了党的建设的过程，和统一战线、武装斗争一样，同样有三个阶段的特点。第一阶段是党的幼年时期。在这个阶段的初期和中期，党的路线是正确的，党员群众和党的干部的革命积极性是非常之高的，因此获得了第一次大革命的胜利。然而这时的党终究还是幼年的党，是在统一战线、武装斗争和党的建设三个基本问题上都没有经验的党，是对于中国的历史状况和社会状况、中国革命的特点、中国革命的规律都懂得不多的党，是对于马克思列宁主义的理论和中国革命的实践还没有完整的、统一的了解的党。因此，党的领导机关中占统治地位的成分，在这一阶段的末期，在这一阶段的紧要关头中，没有能够领导全党巩固革命的胜利，受了资产阶级的欺骗，而使革命遭到失败。在这一阶段中，党的组织是发展了，但是没有巩固，没有能够使党员、党的干部在思想上、政治上坚定起来。新党员非常之多，但是没有给予必要的马克思列宁主义的教育。工作经验也不少，但是不能够很好地总结起来。党内混入了大批的投机分子，但是没有清洗出去。党处于敌人和同盟者的阴谋诡计的包围中，但是没有警觉性。党内涌出了很多的活动分子，但是没有来得及造成党的中坚骨干。党的手里有了一批革命武装，但是不能掌握住。所有这些情形，都是由于没有经验，缺乏深刻的革命认识，还不善于将马克思列宁主义的理论和中国革命的实践相结合。这就是党的建设的第一阶段。第二阶段，即土地革命战争的阶段。由于有了第一阶段的经验，由于对于中国的历史状况和社会状况、中国革命的特点、中国革命的规律的进一步的了解，由于我们的干部更多地领会了马克思列宁主义的理论，更多地学会了将马克思列宁主义的理论和中国革命的实践相结合，我们党就能够进行了胜利的十年土地革命斗争。资产阶级

---

① 毛泽东．毛泽东选集：第2卷．2版．北京：人民出版社，1991：602.

虽然叛变了，但是党能够紧紧地依靠着农民。党的组织不但重新发展了，而且得到了巩固。敌人虽然天天在暗害我们的党，但是党驱逐了暗害分子。大批干部重新在党内涌出，而且变成了党的中心骨干。党开辟了人民政权的道路，因此也就学会了治国安民的艺术。党创造了坚强的武装部队，因此也就学会了战争的艺术。所有这些，都是党的重大进步和重大成功。然而，一部分同志曾在这个伟大斗争中跌下了或跌下过机会主义的泥坑，这仍然是因为他们不去虚心领会过去的经验，对于中国的历史状况和社会状况、中国革命的特点、中国革命的规律不了解，对于马克思列宁主义的理论和中国革命的实践没有统一的理解而来的。因此，党的领导机关的一部分人，没有能够在这一整个阶段中掌握住正确的政治路线和组织路线。党和革命在一个时期遭受过李立三同志“左”倾机会主义的危害，而在另一个时期，又遭受过革命战争中的“左”倾机会主义和白区工作中的“左”倾机会主义的危害。只在到了遵义会议以后，党才彻底地走上了布尔什维克化的道路，奠定了后来战胜张国焘右倾机会主义和建立抗日民族统一战线的基础。这就是党的发展过程的第二个阶段。党的发展过程的第三个阶段，就是抗日民族统一战线的阶段。这个阶段，已经过去了 3 年，这 3 年的斗争，是有非常伟大的意义的。党凭借着过去两个革命阶段中的经验，凭借着党的组织力量和武装力量，凭借着党在全国人民中间的很高的政治信仰，凭借着党对于马克思列宁主义的理论和中国革命的实践之更加深入的更加统一的理解，就不但建立了抗日民族统一战线，而且进行了伟大的抗日战争。党的组织已经从狭小的圈子中走了出来，变成了全国性的大党。党的武装力量，也在同日寇的斗争中重新壮大起来和进一步坚强起来了。党在全国人民中的影响，更加扩大了。这些都是伟大的成功。然而，大批的新党员还没有受到教育，很多的新组织还没有巩固，他们同老党员和老组织之间，还存在着很大的区别。大批的新党员、新干部还没有足够的革命经验。他们对于中国的历史状况和社会状况、中国革命的特点、中国革命的规律还不懂得或懂得不多。他们对于马克思列宁主义的理论和中国革命的实践之完全的统一的理解，还相去甚远。在过去发展党的组织的工作中，虽然中央着重地提出了“大胆发展而又不让一个坏分子侵入”的口号，但实际上是混进了许多投机分子和敌人的暗害分子。统一战线虽然建立了并坚持了3年之久，可是资产阶级特别是大资产阶级却时时刻刻在企图破坏我们的党，大资产阶级投降派和顽固派所指挥的严重的摩擦斗争在全国进行着，反共之声喧嚣不已。大资产阶级投降派和顽固派，并想以此作为投降日本帝国主义、分裂统一战线和拉了中国向后倒退的准备。大资产阶级在思想上企图“溶解”共产主义，在政治上、组织上企图取消共产党，取消边区，取消党的武装力量。在这种情况之下，我们的任务，无疑是克服这种投降、分裂和倒退的危险，尽可能地保持民族统一战线，保持国共合作，而争取继续抗日、继续团结和继续进步；同时，准备对付可能的突然事变，使党和革命不在可能的突然事变中遭受意外的损失。为达此目的，就要巩固党的组织，巩固党的武装力量，并动员全国人民，进行反投降、反分裂、反倒退的坚决的斗争。这种任务的完成，依靠全党的努力，依靠全体党员、党的干部、党的各地各级组织实行不屈不挠再接再厉的斗争。①

毛泽东的结论是：18年的经验告诉我们，统一战线和武装斗争是战胜敌人的两个基本武器。统一战线，是实行武装斗争的统一战线。而党的组织，则是掌握统一战线和武装斗争这两个武器以实行对敌冲锋陷阵的英勇战士。这就是三者的相互关系。②

我们在这里之所以几乎全文引用了毛泽东的《〈共产党人〉发刊词》，不仅是为了原汁原味地学习毛泽东关于“三大法宝”的思想，而且是为了更好地从“三大法宝”思想的形成和发展过程中，懂得在时代大潮变动中，特别是在革命与反动、进步与落后等各种力量的较量中，中国共产党人经历了一个从幼年到成熟的成长过程，但是中国共产党人能够在实践中学习完善自己，学会用历史唯物主义所揭示的社会发展规律驾驭好大局，所以中国共产党能够领导人民顺应时代潮流、引领时代

---

① 毛泽东. 毛泽东选集：第2卷. 2版. 北京：人民出版社，1991：610-613.

② 同①613.

潮流。

“问苍茫大地，谁主沉浮?”一个成熟了的中国共产党，一定能够领导人民在中国社会大变动中顺应时代大潮“主沉浮”！这就是结论，而且这已经是历史的结论。

（四）“国情”和“时代”

既然代表先进生产力发展要求的阶级和政党可以按照社会发展规律的要求，充分发挥它们的历史主动性，顺应和引领时代潮流的发展，那么，中国共产党在中国社会如此纷繁复杂的历史大变动中，怎样做才能够领导人民顺应时代大潮“主沉浮”呢？这是我们需要进一步讨论和研究的重大课题。

实事求是，是中国共产党的思想路线。毛泽东之所以能够领导党制定出正确的战略和策略，之所以能够创建马克思主义中国化的科学理论，就在于他能够始终坚持实事求是的思想路线。比如，毛泽东在构建新民主主义理论的时候，曾经明确地告诉我们，他的方法就是先搞清楚中国的国情，然后以此为根据搞清楚中国革命的对象、中国革命的任务、中国革命的动力、中国革命的性质、中国革命的前途和转变，形成新民主主义革命的总路线。他说，“认清中国的国情，乃是认清一切革命问题的基本的根据”①。这样的认识论和方法论，贯穿的就是实事求是的思想路线。实事求是的思想路线始终坚持“一切从实际出发”这一辩证唯物主义的基本原则。毛泽东在这里讲的“根据”，就是实事求是思想路线中的“实事”即“实际”，这是我们在错综复杂的社会大变动和历史大事件中分析问题和解决问题的出发点。

那么，什么是实事求是的“实事”呢？什么是“一切从实际出发”的“实际”呢？什么是分析和解决问题的“根据”呢？长期以来，我们

① 毛泽东．毛泽东选集：第2卷．2版．北京：人民出版社，1991：633.

不少同志都认为，“实事”“实际”“根据”就是我们面对的现实或国情现实。这样的解释或界定对不对呢？应该讲，是不全面的。“实事”“实际”“根据”是从历史发展过来的现实，是历史和现实的统一，而且是一定时代条件下的现实。

比如，在《论持久战》这篇著名的演讲中，毛泽东首先讲了“问题的提起”，即为什么要在这里讨论持久战的问题。然后，就进入正题，讨论了“抗日战争为什么是持久战？最后胜利为什么是中国的呢？根据在什么地方呢？”这一章的标题就是“问题的根据”。他说：“中日战争不是任何别的战争，乃是半殖民地半封建的中国和帝国主义的日本之间在二十世纪三十年代进行的一个决死的战争。全部问题的根据就在这里。”[①] 接着，他就以此为据对中日双方各自的基本特点，包括优点和弱点进行了全面的分析，最后有说服力地得出了亡国论是不对的，速胜论也是不对的，抗日战争必定是持久战的结论。《论持久战》的逻辑就是毛泽东认识论和方法论的逻辑。学习毛泽东的认识论和方法论，《论持久战》是最好的代表作。

在《论持久战》的逻辑里，我们注意到，逻辑运演的起点，即毛泽东所说的“问题的根据”，是由三个基本元素组成的。第一个元素是“中日战争”，这是他研究的对象；第二个元素是“半殖民地半封建的中国和帝国主义的日本”，这是研究对象的基本国情；第三个元素是“二十世纪三十年代”，这是研究对象所处的时代。也就是说，在毛泽东哲学思想特别是他的认识论和方法论中，“实事”“实际”“根据”指的不只是从历史发展到今天的现实的“国情”这一元素，而且包括“时代”这一重要元素。事实上，国情是一定时代条件下的国情，离开时代讲国情，很难把国情讲清楚。

我们在这里研究中国共产党是怎样带领中国人民顺应时代潮流，赢得革命胜利的，中国共产党的经验就是实事求是，就是把“国情”和“时代”联系起来，深入搞清楚我们所面对的现实及其所处的时代，并

① 毛泽东．毛泽东选集：第2卷．2版．北京：人民出版社，1991：447．

以此为逻辑起点，形成能够适应时代潮流的战略和策略、理论和路线。

我们都知道，新民主主义理论是毛泽东在领导中国革命过程中形成的马克思主义中国化的最重要的思想理论成果。其主要代表作，一是毛泽东 1939 年 12 月和几个同志合写的《中国革命和中国共产党》，二是毛泽东 1940 年 1 月写的《新民主主义论》。我们不妨以这两篇代表作为案例，探讨毛泽东思维方法的逻辑起点，看一看毛泽东是怎样把“国情”和“时代”联系起来，作为分析问题的根据，作出顺应时代潮流的科学决策的。

案例 1

在《中国革命和中国共产党》中，毛泽东在分析近代中国的基本国情时，劈头就指出：中国过去 3 000 年来的社会是封建社会，那么，中国现在的社会是否还是完全的封建社会呢？不是，中国已经变化了。自从 1840 年的鸦片战争以后，中国一步一步地变成了一个半殖民地半封建的社会。自从 1931 年九一八事变日本帝国主义武装侵略中国以后，中国又变成了一个殖民地、半殖民地和半封建的社会。这是因为，19 世纪中叶，由于外国资本主义的侵入，这个社会的内部发生了重大的变化。

毛泽东通过历史的、客观的科学分析指出，中国封建社会内的商品经济的发展，已经孕育着资本主义的萌芽，如果没有外国资本主义的影响，中国也将缓慢地发展到资本主义社会。外国资本主义的侵入，促进了这种发展。外国资本主义对于中国的社会经济起了很大的分解作用，一方面，破坏了中国自给自足的自然经济的基础，破坏了城市的手工业和农民的家庭手工业；另一方面，则促进了中国城乡商品经济的发展。与此同时，他强调指出，帝国主义列强侵入中国的目的，决不是要把封建的中国变成资本主义的中国。帝国主义列强的目的和这相反，它们是要把中国变成它们的半殖民地和殖民地。

他全面、深入、细致地分析说，帝国主义列强为了这个目的，曾经对中国采用了并且还正在继续地采用着如同下面所说的一切军事的、政治的、经济的和文化的压迫手段，使中国一步一步地变成了半殖民地和殖民地：

（1）向中国举行多次的侵略战争，例如1840年的英国鸦片战争，1857年的英法联军战争，1883—1885年的中法战争，1894年的中日战争，1900年的八国联军战争。用战争打败了中国之后，帝国主义列强不但占领了中国周围的许多原由中国保护的国家，而且抢去了或"租借"去了中国的一部分领土。例如日本占领了台湾和澎湖列岛，"租借"了旅顺，英国占领了香港，法国"租借"了广州湾。割地之外，又索去了巨大的赔款。这样，就大大地打击了中国这个庞大的封建帝国。

（2）帝国主义列强强迫中国订立了许多不平等条约，根据这些不平等条约，取得了在中国驻扎海军和陆军的权利，取得了领事裁判权，并把全中国划分为几个帝国主义国家的势力范围。

（3）帝国主义列强根据不平等条约，控制了中国一切重要的通商口岸，并把许多通商口岸划出一部分土地作为它们直接管理的租界。它们控制了中国的海关和对外贸易，控制了中国的交通事业（海上的、陆上的、内河的和空中的）。因此它们便能够大量地推销它们的商品，把中国变成它们的工业品的市场，同时又使中国的农业生产服从于帝国主义的需要。

（4）帝国主义列强还在中国经营了许多轻工业和重工业的企业，以便直接利用中国的原料和廉价的劳动力，并以此对中国的民族工业进行直接的经济压迫，直接地阻碍中国生产力的发展。

（5）帝国主义列强经过借款给中国政府，并在中国开设银行，垄断了中国的金融和财政。因此，它们就不但在商品竞争上压倒了中国的民族资本主义，而且在金融上、财政上扼住了中国的咽喉。

（6）帝国主义列强从中国的通商都市直至穷乡僻壤，造成了一个买办的和商业高利贷的剥削网，造成了为帝国主义服务的买办阶级和商业高利贷阶级，以便利其剥削广大的中国农民和其他人民大众。

（7）于买办阶级之外，帝国主义列强又使中国的封建地主阶级变为它们统治中国的支柱。它们"首先和以前的社会制度的统治阶级——封建地主、商业和高利贷资产阶级联合起来，以反对占大多数的人民。帝国主义到处致力于保持资本主义前期的一切剥削形式（特别是在乡村），并使之永久化，而这些形式则是它的反动的同盟者生存的基础”。“帝国主义及其在中国的全部财政军事的势力，乃是一种支持、鼓舞、栽培、保存封建残余及其全部官僚军阀上层建筑的力量。”

（8）为了造成中国军阀混战和镇压中国人民，帝国主义列强供给中国反动政府以大量的军火和大批的军事顾问。

（9）帝国主义列强在所有上述这些办法之外，对于麻醉中国人民的精神的一个方面，也不放松，这就是它们的文化侵略政策。传教，办医院，办学校，办报纸和吸引留学生等，就是这个侵略政策的实施。其目的，在于造就服从它们的知识干部和愚弄广大的中国人民。

（10）从 1931 年“九一八”以后，日本帝国主义的大举进攻，更使已经变成半殖民地的中国的一大块土地沦为日本的殖民地。

上述这些情形，就是帝国主义侵入中国以后的新的变化的又一个方面，就是把一个封建的中国变为一个半封建、半殖民地和殖民地的中国的血迹斑斑的图画。

由此可以明白，帝国主义列强侵略中国，在一方面促使中国封建社会解体，促使中国发生了资本主义因素，把一个封建社会变成了一个半封建的社会；但是在另一方面，它们又残酷地统治了中国，把一个独立的中国变成了一个半殖民地和殖民地的中国。

将这两个方面的情形综合起来说，我们这个殖民地、半殖民地、半封建的社会，有如下几个特点：

（1）封建时代的自给自足的自然经济基础是被破坏了；但是，封建剥削制度的根基——地主阶级对农民的剥削，不但依旧保持着，而且同买办资本和高利贷资本的剥削结合在一起，在中国的社会经济生活中，占着显然的优势。

（2）民族资本主义有了某些发展，并在中国政治的、文化的生活中起了颇大的作用；但是，它没有成为中国社会经济的主要形式，它的力量是很软弱的，它的大部分是对于外国帝国主义和国内封建主义都有或多或少的联系的。

(3) 皇帝和贵族的专制政权是被推翻了，代之而起的先是地主阶级的军阀官僚的统治，接着是地主阶级和大资产阶级联盟的专政。在沦陷区，则是日本帝国主义及其傀儡的统治。

(4) 帝国主义不但操纵了中国的财政和经济的命脉，并且操纵了中国的政治和军事的力量。在沦陷区，则一切被日本帝国主义所独占。

(5) 由于中国是在许多帝国主义国家的统治或半统治之下，由于中国实际上处于长期的不统一状态，又由于中国的土地广大，中国的经济、政治和文化的发展，表现出极端的不平衡。

(6) 由于帝国主义和封建主义的双重压迫，特别是由于日本帝国主义的大举进攻，中国的广大人民，尤其是农民，日益贫困化以至大批地破产，他们过着饥寒交迫的和毫无政治权利的生活。中国人民的贫困和不自由的程度，是世界所少见的。

这些就是殖民地、半殖民地、半封建的中国社会的特点。[①]

通过这样有说服力的科学分析，毛泽东揭示了近代中国的社会主要矛盾。他说："帝国主义和中华民族的矛盾，封建主义和人民大众的矛盾，这些就是近代中国社会的主要的矛盾。当然还有别的矛盾，例如资产阶级和无产阶级的矛盾，反动统治阶级内部的矛盾。而帝国主义和中华民族的矛盾，乃是各种矛盾中的最主要的矛盾。这些矛盾的斗争及其尖锐化，就不能不造成日益发展的革命运动。伟大的近代和现代的中国革命，是在这些基本矛盾的基础之上发生和发展起来的。"[②]

我们可以注意到，毛泽东在这里分析的中国基本国情，处处都联系着世界资本主义对中国的侵略和掠夺，联系着帝国主义时代殖民地半殖民地国家的复杂矛盾。把"国情"和"时代"有机地联系起来，就是毛泽东分析问题、解决问题的逻辑起点。

有了这样实事求是的逻辑起点，就可以形成顺应时代潮流的科学决

---

① 毛泽东．毛泽东选集：第2卷．2版．北京：人民出版社，1991：626-631．

② 同①631．

策。正是由于中国革命是在这样的基本国情下发生的革命，因此，中国革命包括了资产阶级民主性质的革命和无产阶级社会主义性质的革命这样两重任务，民主革命是社会主义革命的必要准备，社会主义革命是民主革命的必然趋势；因此，中国的资产阶级民主革命是无产阶级领导的而不是资产阶级领导的民主革命，是新式的资产阶级民主革命即新民主主义革命，前途是社会主义而不是资本主义。当中国共产党搞清楚了这一切，不就能够在纷繁复杂的时代变动面前，顺应时代潮流，应对各种挑战了吗?

案例 2

如果说《中国革命和中国共产党》系统论述了中国革命是新民主主义革命，那么，毛泽东的《新民主主义论》进一步论述了新民主主义革命建立的新中国是一个什么样的新中国。

在《新民主主义论》中，毛泽东的全部思考和分析也是从“中国向何处去”这个问题讲起的。他的回答是，“我们要建立一个新中国”。这是一个什么样的新中国呢？他说：“我们不但要把一个政治上受压迫、经济上受剥削的中国，变为一个政治上自由和经济上繁荣的中国，而且要把一个被旧文化统治因而愚昧落后的中国，变为一个被新文化统治因而文明先进的中国。一句话，我们要建立一个新中国。”①

什么叫“新”? 什么叫“旧”? 毛泽东以“中国的历史特点”为题，作了科学的分析。他说：自周秦以来，中国是一个封建社会，其政治是封建的政治，其经济是封建的经济。而为这种政治和经济之反映的占统治地位的文化，则是封建的文化。自外国资本主义侵略中国，中国社会又逐渐地生长了资本主义因素以来，中国已逐渐地变成了一个殖民地、半殖民地、半封建的社会。现在的中国，在日本占领区，是殖民地社会；在国民党统治区，基本上也还是一个半殖民地社会；而不论在日本占领区和国民党统治区，都是封建半封建制度占优势的社会。这就是现

① 毛泽东．毛泽东选集：第2卷．2版．北京：人民出版社，1991：663.

时中国社会的性质，这就是现时中国的国情。作为统治的东西来说，这种社会的政治是殖民地、半殖民地、半封建的政治，其经济是殖民地、半殖民地、半封建的经济，而为这种政治和经济之反映的占统治地位的文化，则是殖民地、半殖民地、半封建的文化。

毛泽东说，这些统治的政治、经济和文化形态，就是我们革命的对象。我们要革除的，就是这种殖民地、半殖民地、半封建的旧政治、旧经济和那为这种旧政治、旧经济服务的旧文化。而我们要建立起来的，则是与此相反的东西，乃是中华民族的新政治、新经济和新文化。

那么，什么是中华民族的新政治、新经济？又什么是中华民族的新文化呢？

毛泽东说，中国革命的历史进程，必须分为两步，其第一步是民主主义的革命，其第二步是社会主义的革命，这是性质不同的两个革命过程。而所谓民主主义，现在已不是旧范畴的民主主义，已不是旧民主主义，而是新范畴的民主主义，而是新民主主义。

他由此断言，所谓中华民族的新政治，就是新民主主义的政治；所谓中华民族的新经济，就是新民主主义的经济；所谓中华民族的新文化，就是新民主主义的文化。①

也就是说，毛泽东明确地指出了，我们在新民主主义革命中建立的新中国是实行新民主主义政治、经济和文化的新中国。他说："这就是现时中国革命的历史特点。在中国从事革命的一切党派，一切人们，谁不懂得这个历史特点，谁就不能指导这个革命和进行这个革命到胜利，谁就会被人民抛弃，变为向隅而泣的可怜虫。"②

这里，一个新的问题又发生了：为什么中国的民主革命"现在已不是旧范畴的民主主义，已不是旧民主主义，而是新范畴的民主主义，而是新民主主义"③呢？为什么我们要建立的新中国是实行新民主主义的政治、经济和文化的新中国呢？

---

①　毛泽东．毛泽东选集：第2卷．2版．北京：人民出版社，1991：664-665．

②③　同①665．

毛泽东在回答这个问题的时候，把对国情的历史考察和时代分析紧密联系起来，说：这是因为中国革命已经是世界无产阶级社会主义革命的一部分。他说，中国的民主主义已不是一般的民主主义，而是中国式的、特殊的、新式的民主主义，即新民主主义，这个历史特点并不是从鸦片战争以来就有了的，而是在后来，在第一次帝国主义世界大战和俄国十月革命之后才形成的。

他指出，第一次帝国主义世界大战和第一次胜利的社会主义十月革命，改变了整个世界历史的方向，划分了整个世界历史的时代。在这以前，中国资产阶级民主主义革命，是属于旧的世界资产阶级民主主义革命的范畴之内的，是属于旧的世界资产阶级民主主义革命的一部分。在这以后，中国资产阶级民主主义革命，却改变为属于新的资产阶级民主主义革命的范畴，而在革命的阵线上说来，则属于世界无产阶级社会主义革命的一部分了。他还说，这种革命，是彻底打击帝国主义的，因此它不为帝国主义所容许，而为帝国主义所反对。但是它却为社会主义所容许，而为社会主义的国家和社会主义的国际无产阶级所援助。①

毛泽东通过上述分析，得出了这样的结论："这是一个绝大的变化，这是自有世界历史和中国历史以来无可比拟的大变化。"②

由此可见，毛泽东的新民主主义理论，包括新民主主义革命理论和新民主主义社会理论，是建立在综合分析了中国的历史、时代变化及其形成的国情基本特点基础之上的科学理论。这就是为什么中国共产党在那么特殊而又复杂的国度，能够顺应时代潮流而不随波逐流或逆流而动的根本原因。

通过对毛泽东的《中国革命和中国共产党》《新民主主义论》这两部经典著作逻辑起点的分析，不仅可以使我们对实事求是思想路线的认识具体化、形象化，而且可以使我们更深切地了解到中国共产党在自己95年奋斗的历史上，为什么能够在一次又一次时代潮流甚至时代主题的

---

① 毛泽东. 毛泽东选集：第2卷. 2版. 北京：人民出版社，1991：666-668.
② 同①669.

变动中保持清醒、与时俱进，就在于中国共产党能够把“国情”的分析和“时代”的认识紧密联系起来，发挥历史主动性，顺应世界前进的时代大潮。

（五）世界眼光和历史思维

我们已经明白了，只要按照实事求是的思想路线，把“国情”和“时代”联系起来，深入研究我们所面对的现实及其所处的时代，就可以以此为逻辑起点，形成能够适应时代潮流变动的战略和策略、理论和路线。这就要求我们的党和党的干部具有务实精神以及与此相联系的世界眼光和历史思维等基本素质。

关于顺应时代潮流所需要的实事求是思想路线及其务实精神，我们在讨论“国情”和“时代”关系问题时，已经做了比较多的论述。这里，着重谈一谈“世界眼光”和“历史思维”这两个极其重要的素质。如果说“世界眼光”强调的是一种横向拓展全面看问题的思维方式，那么，“历史思维”强调的就是一种纵向延伸全面看问题的思维方式。立足现实，一横一纵全面展开，就能够认识时代潮流背后的社会发展规律及其大趋势，就能够在时代潮流面前冷静“观潮”、清醒“识潮”、果断“顺潮”、自如“适潮”，顺应时代潮流。

1. 坚持世界眼光，是中国共产党对党员干部提出的基本素质要求

前面引用过的大量事实已经告诉我们，即使是在农村领导革命那样艰苦的环境中，中国共产党及其领袖也那么重视国际形势和时代特点的分析，具有宽广的国际视野。在领导社会主义改造和社会主义建设过程中，中国共产党在做重大决策的同时，总是不忘仔细分析国际形势和时代特点。老同志都记得，在过去通信条件没有今天这样发达的年代，领导作报告时大家最喜欢听的就是国际形势部分的内容，而领导的报告一般也是先讲国际形势，后讲国内形势，再讲上级的精神和当前要做

的工作。就是到电影院看电影，在影片放映之前也总要先放一到两部新闻纪录片，让大家可以了解到许多世界大事和国内新事。也就是说，在过去相当长的时间里，尽管西方国家对我们实行封锁，我们同外界处于被隔绝的情况，但是中国共产党及其党员干部仍然十分关心天下大事。

党的十一届三中全会以来，具有世界眼光逐渐成为中国共产党的一种素质。经过“文化大革命”，我们更深切地懂得了封闭要落后、落后要挨打的道理。中国改革开放的总设计师邓小平，更是以宽广的世界眼光，抓住世界范围新科技革命日新月异发展和世界大战一时还打不起来的机遇，做出了对内改革和对外开放的战略决策，带领全党全国人民聚精会神搞建设、一心一意谋发展。1983 年 10 月 1 日，他通过给北京景山学校的题词，给全党全国人民提出了“面向现代化，面向世界，面向未来”[①] 的号召。中国从建立深圳等四个经济特区、打开对外开放的“窗口”开始，到沿海沿江开放，一步一步走上了全面对外开放的道路。凡是经历过改革开放前后变化的人，都有这样的切身体会：过去天天喊“世界革命”，但我们没有走出国门一步；今天没有讲“世界革命”，我们不仅走出了国门，而且可以很体面地站在国际舞台上发出中国的声音，可以很体面地在世界各国留学，可以很体面地到世界各地做生意，可以很体面地到国外投资。[②] 这种情况是过去无法想象的。

需要指出的是，自改革开放以来，中国共产党在党员干部中培育世界眼光，第一是为了吸取历史教训，推进现代化建设，赶上时代；第二是为了更好地适应经济全球化的时代潮流，扩大中国的对外开放。

关于第一点，我们只要读一读江泽民 2000 年 6 月 9 日在全国党校工作会议上的讲话，就可以体会到了。

---

① 邓小平．邓小平文选：第 3 卷．北京：人民出版社，1993：35．

② 有一个材料告诉我们，从 1978 年搞改革开放以来，中国出现了三次移民潮：改革开放至 20 世纪中后期的技工移民潮，90 年代至 21 世纪初期的留学移民潮，21 世纪初至今的投资移民潮。中国海外移民已达 450 万人，移民人数居世界第一。按这个数字来计算，改革开放 30 多年间平均每年的移民人数在 15 万左右。

在那个重要讲话中，江泽民明确提出："要大力拓宽中青年领导干部的视野，使他们善于观察世界大势和正确把握时代要求。"① 他讲到，历史上，不看世界发展的大势，故步自封，作茧自缚，导致国家和民族衰亡的例子比比皆是。例如，清朝从 1644 年到 1911 年共延续 268 年。从 1662 年到 1795 年是史称的"康乾盛世"。在这个时期，中国的经济水平在世界上是领先的。乾隆末年，中国经济总量居世界第一位，人口占世界三分之一，对外贸易长期出超。也正是在这一时期，西方发生了工业革命，科学技术和生产力快速发展。但是，当时的清朝统治者却不看这个世界的大变化，夜郎自大，闭关自守，拒绝学习先进的科学技术；最后，在短短一百多年的时间里，就大大落后于西方国家，直至在西方列强的坚船利炮面前不堪一击。他讲完了这段历史，感慨地说："这个历史教训刻骨铭心啊!"接着，他在分析了当前中青年干部的基本情况后，对党校教育提出了这样的要求："党校在培训中青年领导干部时，要使他们对当代世界经济、政治、科技、法制、军事等有较深刻的了解和把握，努力培育他们的世界眼光，使他们不断增强对世界的了解和分析判断能力。这一点十分重要。"② 江泽民以"康乾盛世"这一清朝政府"落日的辉煌"为教训，阐明了"世界眼光"对一个国家的命运有多么重要，从而要求把培养"世界眼光"作为中国共产党干部教育特别是中青年领导干部教育的重要任务。这足以说明改革开放以来的中国共产党已经是一个具有世界眼光的共产党。

关于第二点，我们只要了解中国共产党为参与经济全球化、加入世界贸易组织所开展的艰巨工作，就可以体会到了。

20 世纪 90 年代，在国际经济领域出现了一个引人关注的经济全球化趋势。一个重要的标志，就是跨国公司成为世界经济的主要载体。到 1997 年，跨国公司已经有 53 000 多家，它们控制了全世界生产的 40％、贸易的 50％～60％、技术贸易的 60％～70％、对外直接投资的 70％、

① 江泽民．江泽民文选：第 3 卷．北京：人民出版社，2006：47.

② 同①48.

技术专利的80%。这样，就形成了商品、技术、信息特别是资本在全球范围内的自由流动和配置，包括发达国家和发展中国家在内的各国经济你中有我、我中有你的相互交织局面。之所以会出现这样一种经济全球化的局面：一是由于世界局势总体上趋向缓和，各个国家都把发展经济作为首要任务，积极走向国际市场，相互协调和竞争不断加强；二是以信息技术、生命科技为主要标志的新科技革命有力地推进了世界经济的发展，空前加深了各个国家的经济联系；三是全球和地区贸易和投资自由化进程加快，特别是国际金融市场加速扩展，金融工具不断创新，资金交易的规模和速度前所未有。

面对这样一种经济全球化趋势，中国应该怎么办？这一问题严峻地摆到了中国共产党的面前。当时，在国内理论界有两种根本对立的意见。一种观点认为，中国应该关注经济全球化并参与经济全球化。当时，中国的改革开放正在向深度展开。一方面，生产力大发展，国内市场已经不能完全满足，十分需要更大的世界市场；另一方面，生产力要上新台阶，迫切需要大量的新技术和更多的资金。与此同时，中国在经济管理等方面也需要进一步同世界接轨。与此对立的观点认为，中国决不能参与经济全球化，因为经济全球化是由发达国家首先推动起来并由它们主导的，至今国际政治经济旧秩序还没有根本改变；在经济全球化下，南北之间的差距和矛盾越来越大，尤其是1997年亚洲金融危机证明，发展中国家在经济全球化下难以维护自己国家的经济安全。

以江泽民同志为核心的党的第三代中央领导集体充分听取了各种不同的观点，经过深思熟虑，认为经济全球化对我国的发展有利也有弊。一方面，它有利于我们吸引外资，弥补国内建设资金的不足；有利于我们引进先进技术设备，实现技术发展的跨越；有利于我们学习先进管理经验，培养高素质管理人才；有利于我们发挥比较优势，开拓国际市场。另一方面，也要看到，我国经济总体素质还不高，国际竞争能力还比较弱，经济全球化不可避免地会给我们带来不利的因素和风险；国际金融自由化的发展也会加大我国的金融风险。权衡利弊得失，党中央做出了一个重大的决定，即既参与经济全球化，又趋利避害。

江泽民当年是这样说的："经济全球化作为世界经济发展的客观趋势，是不以人们的意志为转移的，任何国家也回避不了。当今世界是一个开放的世界，谁也不可能孤立于世界之外去发展自己的经济。我们要坚定不移地实行对外开放政策，适应经济全球化趋势，积极参与国际经济合作和竞争，充分利用经济全球化带来的各种有利条件和机遇。不能看到有风险、有不利因素，就因噎废食，不敢参与进去。同时，又要对经济全球化带来的风险保持清醒的认识，坚持独立自主，加强防范工作，增强抵御和化解能力，以切实维护我国的经济安全，更好地发展壮大自己。"[①] 与此同时，江泽民也指出，世界多极化和经济全球化的趋势都在发展，还会出现许多新情况和问题，比如，知识经济正在兴起，并初见端倪。对于已经出现的情况和问题，我们也不能说完全看清楚了，研究透了，所以必须进一步密切注视和深入研究。目的是要把握机遇，急起直追，力争使我国在21世纪的国家竞争中处于更加主动的地位。

积极参与经济全球化的具体步骤，就是加入世界贸易组织。这一工作是一项极其艰巨的工作，在1995年11月就已经启动。先同美国进行了10轮双边磋商，然后于1996年3月在日内瓦同世贸组织和它的成员进行双边磋商。到1997年11月为止，同世贸组织绝大多数成员基本结束了双边市场准入谈判。但是，同美国的谈判最为艰巨，我们可以看一下下面这张时间表：

国家主席江泽民在1997年10月应邀访美期间，和克林顿总统发表的联合声明中重申加快中国"入世"谈判。

1998年6月17日，江泽民接受美国记者采访时，提出中国"入世"三原则：（1）世贸组织没有中国参加是不完整的。（2）中国毫无疑问要作为一个发展中国家加入世贸组织。（3）中国的"入世"是以权利和义务的平衡为原则的。

1998年11月16日，江泽民和美国副总统戈尔在APEC吉隆坡会议上会晤时，双方都表示希望在1999年早些时候结束中美双边谈判。

---

① 江泽民．江泽民文选：第2卷．北京：人民出版社，2006：201.

1999 年 3 月 3 日，中美高级贸易代表团就降低关税，进一步敞开农业、电信、金融和保险市场，谈判至深夜。

3 月 15 日，朱镕基总理在中外记者招待会上说："中国进行复关和入世谈判已经 13 年，黑头发都谈成了白头发，该结束这个谈判了。现在存在这种机遇。第一，世贸组织成员已经知道没有中国的参加，世贸组织就没有代表性，就是忽视了中国这个潜在的最大市场。第二，中国改革开放的深入和经验的积累，使我们对加入世贸组织可能带来的问题提高了监管能力和承受能力。因此，中国准备为加入世贸组织作出最大的让步。"

4 月 13 日，克林顿与朱镕基通过电话达成一致：双方应进行紧张的谈判，来解决中美关于中国加入世贸组织会谈中的遗留问题。

9 月 11 日，江泽民与克林顿会晤时说，中方对加入世贸组织一直持积极态度，中国加入世贸组织不仅是中国经济发展和改革开放的需要，也是建立一个完整开放的国际贸易体系的需要，我们希望谈判能在平等互利的基础上进行，争取早日达成协议。克林顿表示，美国支持中国尽早加入世贸组织，希望尽快地结束同中国的谈判，希望双方能为此进一步努力。这样，11 月 15 日，中美双方就中国加入世贸组织达成协议。这意味着中国与美国就此正式结束双边谈判。①

2001 年 6 月 14 日，中美就中国加入世界贸易组织所遗留的问题怎么解决也达成了全面的共识。

9 月 12 日至 17 日，世贸组织中国工作组第 18 次会议在日内瓦举行，此次会议通过了中国加入世贸组织多边文件，提交总理事会审议。会议宣布结束中国工作组的工作。

11 月 10 日，在多哈召开的世贸组织第四次部长级会议上，审议并表决中国加入世贸组织。

11 月 11 日，中国外经贸部部长石广生在多哈签署了《中华人民共和国加入世界贸易组织议定书》。议定书规定了中国作为世贸组织成员

---

① www.people.com.cn/item/shimao/ziliao/1711.html.

的权利和义务。

11 月 20 日，世贸组织总干事迈克尔·穆尔致函世贸组织成员，宣布中国政府已于 2001 年 11 月 11 日接受《中华人民共和国加入世界贸易组织议定书》，这个议定书将于 12 月 11 日生效，中国于 12 月 11 日成为世贸组织第 143 个正式成员。

这张“时间表”给我们许多启发。第一，我们作出参与经济全球化的决定不容易，我们要跨进世贸组织的大门、参与到经济全球化中去也不容易。前一个“不容易”是“知”的不容易，后一个“不容易”是“行”的不容易。第二，从中我们可以注意到，在参与经济全球化、加入世贸组织的问题上，中国共产党能够立足中国的改革发展，以世界眼光来处理这一极其复杂的问题，从而顺应了时代潮流。

最后的实践证明，中国在参与经济全球化后，赢得了 10 年快速发展的机遇，迅速成为世界第二大经济体。同时，由于我们有防范风险的思想准备和“趋利避害”的对策，在参与经济全球化过程中，不仅没有发生当时最担心的经济安全问题，还在国际金融危机发生后进入二十国集团，参与了全球经济治理。现在回过头来想一想，如果当年我们的党中央没有宽广的世界眼光，不能勇敢地抓住经济全球化的机遇，我们就有可能被时代大潮甩出全球经济大格局，就没有今天引人注目的国际经济地位和国内广大人民群众的幸福生活。

所以，有没有世界眼光，对于中国共产党这样一个大党、中国这样一个大国来讲，意义多么重大！由此可见，世界眼光和务实精神是一致的，都是党的实事求是思想路线的体现和要求。

2. 坚持历史思维，是中国共产党对党员干部提出的又一个基本素质要求

中国共产党不仅有宽广的世界眼光，而且有深刻的历史思维。从毛泽东开始，到邓小平、江泽民、胡锦涛，一直到今天的习近平，中国共产党及其领袖在面对时代潮流的考验时，都善于从历史中学习驾驭复杂局面的能力。

现在，全党正在学习习近平的治国理政新理念新思想新战略。这里，我们就着重研究一下习近平的历史思维。

习近平的历史思维是和世界眼光联系在一起的。他说过："世界潮流，浩浩荡荡，顺之则昌，逆之则亡。纵观世界历史，依靠武力对外侵略扩张最终都是要失败的。这就是历史规律。"① 他在治国理政过程中，十分重视对当今世界大变局的观察和研究，同时又善于把世界的变动和历史规律联系起来，用这样一种世界眼光处理我们遇到的各种国内外复杂问题。中国大局和世界大局，这两个大局是习近平治国理政的重要出发点。至于他关于"和平、发展、合作、共赢的时代潮流""利益共同体""命运共同体"等论述，关于他提出的构建新型大国关系的主张，坚持亲、诚、惠、容的周边外交理念，树立亚洲安全观，坚持理性、协调、并进的核安全观，等等，更是体现了他的世界眼光。

那么，习近平的历史思维有哪些特点呢？这些特点是怎样形成的呢？

首先，我们要认识到，习近平的历史思维是马克思主义的历史思维。习近平十分重视学习马克思主义哲学，不仅重视学习辩证唯物主义，而且重视学习历史唯物主义。事实上，他在组织政治局集体学习时，先学的就是历史唯物主义。他的历史思维贯通着历史唯物主义。他对中国传统文化包括对孔子的分析和评价，坚持的是历史唯物主义；他对近代以来中华民族复兴历史的分析和评价，坚持的是历史唯物主义；他对中国共产党的历史包括对毛泽东的分析和评价，坚持的是历史唯物主义；他对改革开放以来的历史包括对改革开放前后历史的分析和评价，坚持的是历史唯物主义。坚持历史唯物主义，是习近平历史思维最大的特点。

其次，习近平的历史思维是揭示和反映历史规律的科学思维。马克思主义的思维方式，就是实事求是的思维方式，它能够揭示反映事物发展的内在规律，并用这种规律性认识作为行动向导。习近平爱好

① 习近平．习近平谈治国理政．北京：外文出版社，2014：248.

历史，不是为历史而历史，而是把人文和科学融于一体，注重于从历史中修养人生，从历史中认识规律，并从人的素养提高和历史规律的把握中，认识中国今天和未来的发展趋势，作出治国理政的明智决策。

最后，习近平的历史思维是党中央以史为鉴治国理政的科学方法论。比如，他曾经说过："中国人民对战争和动荡带来的苦难有着刻骨铭心的记忆，对和平有着孜孜不倦的追求。"[①] "纵观世界历史，依靠武力对外侵略扩张最终都是要失败的。这就是历史规律。"[②] 中国将坚定不移走和平发展道路，并且希望世界各国共同走和平发展道路，让和平的阳光永远普照人类生活的星球。以史为鉴，是中国史学的重要特点，习近平的历史思维继承和弘扬了这一传统和特点。因此，习近平的历史思维是以马克思主义为指导的，以认识和改造世界为己任的，融科学与人文于一体的，并应用于党中央治国理政的辩证的历史的思维方式。

同时，我们要认识到，习近平的历史思维跟他对历史的认知特别是他的大历史观有密切的关系。

习近平是怎么看历史的呢？他的历史观有什么特点呢？在他关于历史的论述中，有八个重要论述十分醒目。

其一，"我们从哪里来？我们走向何方？中国到了今天，我无时无刻不提醒自己，要有这样一种历史感"[③]。这是习近平 2015 年 11 月 3 日在会见第二届"读懂中国"国际会议外方代表时说的。当时，他从天安门广场上的人民英雄纪念碑一组反映中国近现代史的浮雕讲起，指出我们提出中国梦，"它的最大公约数就是中华民族伟大复兴"[④]。习近平总是把我们已经做过的事、正在做的事、将要做的事，作为一个历史整体来考虑。2014 年 5 月 4 日，他在北京大学同师生进行座谈时说过："一

① 习近平. 习近平谈治国理政. 北京：外文出版社，2014：333.

② 同①248.

③ 习近平谈文化自信. 人民日报（海外版），2016-07-13.

④ 杜尚泽. 阔步走在中华民族伟大复兴的历史征程上. 人民日报，2016-01-05.

个民族、一个国家，必须知道自己是谁，是从哪里来的，要到哪里去，想明白了、想对了，就要坚定不移朝着目标前进。”[①] 他一再强调：“中国的今天是从中国的昨天和前天发展而来的。要治理好今天的中国，需要对我国历史和传统文化有深入了解，也需要对我国古代治国理政的探索和智慧进行积极总结。”[②] 把现在的事同历史的逻辑发展联系起来，并对未来的发展做合理的预测，这样把历史看作一个整体和过程的研究和观点，称为大历史观。用这样一种大历史观来治国理政，是习近平思维方式的重要特点，也是他治国理政的重要特点。

其二，“历史就是历史，历史不能任意选择”[③]。这是 2013 年习近平在纪念毛泽东诞辰 120 周年座谈会上讲的。这一论断，强调的是历史的客观性。历史是客观的，是谁也不能任意选择和任意打扮、任意篡改的。什么叫历史？历史这一概念有两层含义：一是客观意义上的历史，即世界万事万物的时间存在方式。大到宇宙、生物、人类，中到民族、国家、政党，小到家庭和我们身边的各种事物，都有其时间存在方式，都有历史。二是客观世界在主观中反映出来的历史，即人对世界万事万物的时间存在方式的反映和记述。我们读到的历史书上的历史，我们称为历史科学的历史，都是这一含义上的历史。这两层含义的历史，是辩证统一的，而不是分割的、独立的两类历史。第二层含义的历史，是一个研究过程、一个不断接近于第一层含义历史的研究过程。正是在这样的意义上，我们强调历史是客观的，而不能任意选择和打扮、篡改；同时又鼓励不断深化历史研究，鼓励历史研究中的百家争鸣。习近平的历史观，就是这样坚持历史客观性的辩证唯物主义历史观。

其三，“一个民族的历史是一个民族安身立命的基础”[④]。这一论断，

---

① 习近平．习近平谈治国理政．北京：外文出版社，2014：171．

② 习近平在中共中央政治局第十八次集体学习强调 牢记历史经验历史教训历史警示为国家治理能力现代化提供有益借鉴．人民日报，2014-10-14．

③④ 习近平．在纪念毛泽东同志诞辰 120 周年座谈会上的讲话．人民日报，2013-12-27．

是紧跟着上面这一论断讲的，强调的不仅是历史的客观性，而且关乎一个民族安身立命的基础。因此，我们更要敬畏历史、尊重历史，而不能随意丑化历史、糟蹋历史。历史虚无主义的要害，就是“否定老祖宗”“挖地基”，从根本上否定一个民族、一个国家、一个党。因此，学习和研究历史，不仅要懂得历史的客观性，而且要有历史的严肃性和庄重性。即使对历史问题开展百家争鸣，也要考虑“一个民族安身立命的基础”这样一个严肃的问题。

其四，“历史是一个民族、一个国家形成、发展及其盛衰兴亡的真实记录，是前人的‘百科全书’，即前人各种知识、经验和智慧的总汇”①。这里讲的“历史”，是反映和记录客观历史的历史学意义上的历史。这是习近平 2011 年在中共中央党校秋季学期开学典礼上说的。在那次讲话中，他还说过：“历史记述了前人积累的各种科学文化知识，记述了他们治理国家和社会的思想与智慧，记述了他们经历的成功和失败的经验与教训”②。这三个“记述”说明了历史学的科学性。习近平强调了两点：第一，作为科学的历史，必须是客观历史的真实记录；第二，历史科学不同于一般的科学，是“百科全书”，即前人各种知识、经验和智慧的总汇。这是迄今为止党和国家领导人对历史科学的最高评价。

其五，“历史是前人的实践和智慧之书”③。习近平在强调历史学是科学的同时，还强调历史和哲学一样，都跟“智慧”相关。2011 年他在中共中央党校秋季学期开学典礼上指出：“哲学是人类的智慧之学，历史是前人的实践和智慧之书。”习近平关于历史的这一看法，源自毛泽东的历史观。他说：“毛泽东同志在青年求学时期就曾说过：读史，是智慧的事。就是说：你要增加智慧吗？史书是不可不读的。”④ 我们知道，在人的认知体系中，技能、经验、知识、智慧等，智慧是最高的。在德国的一次演讲中，习近平还引用了德国文学家莱辛的名言：

①②③④　习近平．领导干部要读点历史．中共党史研究，2011（10）．

“历史不应该是记忆的负担，而应该是理智的启迪”[①]。把历史称为智慧之书，是理智的启迪，是对历史本质的深刻阐述。人们把哲学看作智慧学，就是强调哲学提供给人类的不仅是知识，而且是驾驭知识的智慧。但是，如果把哲学仅仅看作知识的科学体系，只是记诵原理，就会把哲学最重要的智慧学特点抹杀了。把哲学和历史结合起来学，把“智慧之学”和“前人的实践和智慧之书”结合起来学，从历史中获取启迪我们理智的智慧，就可以使我们成为一个不仅有知识还有智慧的人。

其六，“历史是最好的老师”[②]，“历史是最好的教科书”[③]，“中国共产党的历史是一部丰富生动的教科书”[④]。这三句话，第一句是习近平2014年3月28日在德国科尔伯基金会的演讲中讲的，第二句话是他2013年6月25日在中央政治局第七次集体学习时讲的，第三句话是他2010年7月21日在全国党史工作会议上讲的。这是从功能上来定义历史和党史，强调作为科学的历史是“教科书”。古人常讲“前事不忘，后事之师”，习近平也多次引用过这句话。2013年3月1日他在中共中央党校80周年校庆的讲话中，还说过：“学史可以看成败、鉴得失、知兴替；学诗可以情飞扬、志高昂、人灵秀；学伦理可以知廉耻、懂荣辱、辨是非。”[⑤] 他从史、诗、伦理的比较中，阐明历史是“看成败、鉴得失、知兴替”的教科书。这对于担负着治国理政使命的领导干部尤为重要。因此，习近平强调领导干部要把学习党史、国史作为“必修课”。他说：“这门功课不仅必修，而且必须修好。”

其七，“历史是最好的教科书，也是最好的清醒剂”[⑥]。这是习近平2014年7月7日在纪念全民族抗战爆发77周年时讲的话。他所说的

---

①② 习近平．在德国科尔伯基金会的演讲．人民日报，2014-03-30.

③ 习近平在中共中央政治局第七次集体学习时强调 在对历史的深入思考中更好走向未来 交出发展中国特色社会主义合格答卷．人民日报，2013-06-27.

④ 习近平．在全国党史工作会议上的讲话（摘要）．中共党史研究，2010（8）.

⑤ 习近平．习近平谈治国理政．北京：外文出版社，2014：406.

⑥ 习近平．在纪念全民族抗战爆发七十七周年仪式上的讲话．人民日报，2014-07-08.

“清醒剂”，指的就是历史不仅提供经验，还提供教训，这可以帮助人们在复杂的社会生活中尤其在治国理政中保持清醒。事实上，一个人也好，一个党也好，一个国家也好，不可能不犯错误，但是付出了学费必须有收获，不能重犯同类错误。这也是我们重视学习和研究历史的原因。把历史和党史定义为“清醒剂”，其意义就在这里。这显然也是从功能上定义历史和党史。

其八，“对我们共产党人来说，中国革命历史是最好的营养剂”①。这是2013年7月习近平在西柏坡讲的。这个论断，不仅仅进一步阐明了党史是丰富生动的教科书，阐明了学党史的重要性，而且更为重要的是，习近平提出了怎么全面认识中国共产党的历史这一基本问题。在一些人看来，我们党在历史上犯过这样那样的错误，能不能成为我们的“营养剂”，是一个问题。因此，我们解释说，即使是错误，也是宝贵的思想财富。习近平关于党史的论述中，也有这样的思想，但是更重要的是，他的党史观是大党史观，他主张一是把党史放到中华民族伟大复兴的历史中去认识和定义，二是把党史放到人民的探索和奋斗的历史中去认识和定义。他说过：“我们党领导的革命、建设、改革伟大实践，是一个接续奋斗的历史过程，是一项救国、兴国、强国，进而实现中华民族伟大复兴的完整事业。”② 也就是说，中国共产党人的历史就是为中华民族伟大复兴接续奋斗的历史，是救国、兴国、强国的历史。这样来定义党史，把党史放到中华民族伟大复兴的大历史中去考察，就可以更好地认识党史，包括能够更好地认识党的历史上的成就和失误。习近平还说过：“中国共产党的历史是中国近现代以来历史最为可歌可泣的篇章，学习中国近现代史要特别注意学习中国共产党的历史。历史在人民的探索和奋斗中造就了中国共产党，中国共产党领导人民又造就了新的历史辉煌。”③ 这样从人民的探索和奋斗史、从党与人民的关系来定义党史，并且突出“可歌可泣”四个字，可以更好地说明党史的性质。用这样的

① 党面临的“赶考”远未结束：习近平总书记再访西柏坡侧记. 人民日报，2013-07-14.

② 习近平. 在纪念毛泽东同志诞辰120周年座谈会上的讲话. 人民日报，2013-12-27.

③ 习近平. 领导干部要读点历史. 中共党史研究，2011 (10).

大党史观来看党史，就可以体会到它确实是“最好的营养剂”。

综上所述，习近平治国理政的实践和思想中有一个非常深沉的历史内涵和思想内涵。这就是他一再强调的：“历史、现实、未来是相通的。”这是一种从宏观到微观，把过去、现实和未来联系起来考察问题、作出决策的大历史观。在2016年哲学社会科学工作座谈会上，习近平明确指出：“观察当代中国哲学社会科学，需要有一个宽广的视角，需要放到世界和我国发展大历史中去看”[①]。这种大历史观，不仅是我们观察哲学社会科学发展史和认识哲学社会科学重要性的大视角，更是我们立足中国、借鉴国外，挖掘历史、把握当代，关怀人类、面向未来，建设中国特色社会主义的大视角和方法论。因此，学习和研究习近平的治国理政思想及其历史思维，必须注意到并深刻认识他的这一大历史观。

在我们了解了习近平的历史思维的特点及其大历史观后，又有两个问题：其一，为什么曲折而又复杂的历史能够同现代化的今天和明天打通？其二，这样做的意义在哪里？

在习近平的大历史观中，有一个特别醒目的思想，这就是：一个民族能够薪火相传，是因为在这个民族的历史进程中形成了最基本的文化基因。为什么曲折而又复杂的历史能够同现代化的今天和明天打通？习近平的“文化基因”说，就是他的大历史观的依据。

什么是习近平的“文化基因”说呢？

第一，他强调历史研究要研究中华民族最基本的文化基因。他明确地说过：“我们共产党人是坚定的马克思主义者，我们党的指导思想就是马克思列宁主义、毛泽东思想和中国特色社会主义理论体系。同时，我们不是历史虚无主义者，也不是文化虚无主义者，不能数典忘祖、妄自菲薄。中华传统文化源远流长、博大精深，中华民族形成和发展过程中产生的各种思想文化，记载了中华民族在长期奋斗中开展的精神活动、进行的理性思维、创造的文化成果，反映了中华民族的

---

① 习近平．在哲学社会科学工作座谈会上的讲话．人民日报，2016-05-19．

精神追求，其中最核心的内容已经成为中华民族最基本的文化基因”①。这段话是他在2014年中央政治局第十八次集体学习时说的。我们重视这一论述，首先可以帮助我们深入理解他的大历史观、大党史观，中国和中国共产党的历史、现实、未来之所以要作为一个整体来研究，其相互联系的逻辑中有一个最深沉的、最基本的文化基因；其次提醒我们研究历史和党史，要研究中华民族和中国共产党的精神追求，要研究中华民族和中国共产党的最基本的文化基因。我过去曾经讲过，党史研究有一个重要任务，是存史以传承立党之道。我认为，中国共产党能够长期存在并发展壮大有许多原因，其中最重要的是中国共产党有一个能够体现党的性质和宗旨、反映党的指导思想和思想作风、维系党的团结统一和前途命运的道统。现在，习近平更进一步用生命科学的术语“基因”来说明我们这个民族生存和发展的根源，更科学，也更鲜明。

第二，他强调文化基因就是中华民族最深沉的精神追求。什么是我们这个民族的文化基因？他在许多场合从多方面作过论述。比如在谈到两岸关系时，他说过：“近60多年来，两岸虽然尚未统一，但我们同属一个国家、同属一个民族从来没有改变，也不可能改变。因为我们的血脉里流动的都是中华民族的血，我们的精神上坚守的都是中华民族的魂。”② 又比如，2014年他在德国科尔伯基金会的演讲中说道：“一个民族最深沉的精神追求，一定要在其薪火相传的民族精神中来进行基因测序。有着5 000多年历史的中华文明，始终崇尚和平，和平、和睦、和谐的追求深深植根于中华民族的精神世界之中，深深溶化在中国人民的血脉之中。”③ 2014年5月4日在同北大师生座谈社会主义核心价值观时，他对文化基因问题有一个比较集中的概括。他说：“中华优秀传统文化已经成为中华民族的基因，植根在中国人内心，潜移默化影响着中

① 习近平主持中央政治局集体学习时强调 历史是最好的老师. 人民日报（海外版），2013-10-14.

② 习近平. 习近平谈治国理政. 北京：外文出版社，2014. 238.

③ 同②265.

国人的思想方式和行为方式。今天，我们提倡和弘扬社会主义核心价值观，必须从中汲取丰富营养，否则就不会有生命力和影响力。比如，中华文化强调'民惟邦本'、'天人合一'、'和而不同'，强调'天行健，君子以自强不息'、'大道之行也，天下为公'；强调'天下兴亡，匹夫有责'，主张以德治国、以文化人；强调'君子喻于义'、'君子坦荡荡'、'君子义以为质'；强调'言必信，行必果'、'人而无信，不知其可也'；强调'德不孤，必有邻'、'仁者爱人'、'与人为善'、'己所不欲，勿施于人'、'出入相友，守望相助'、'老吾老以及人之老，幼吾幼以及人之幼'、'扶贫济困'、'不患寡而患不均'，等等。"[①] 他认为，像这样的思想和理念，都包含着我们民族的文化基因，不仅有其鲜明的民族特色，而且有其永不褪色的时代价值。

第三，他强调马克思主义中国化理论和党史研究也要研究中华民族的文化基因。在学习研究习近平关于文化基因思想的时候，有一个问题是要思考和研究的。这就是在中国化马克思主义理论研究和中国共产党历史研究中，要不要重视中华民族文化基因的研究？我们注意到，2014年在庆祝人民政协成立65周年的讲话中，习近平在论述协商民主问题时，深刻地指出："协商民主是中国社会主义民主政治中独特的、独有的、独到的民主形式，它源自中华民族长期形成的天下为公、兼容并蓄、求同存异等优秀政治文化。"[②] 从文化基因来研究中国化马克思主义，研究中国共产党历史，不仅可以开拓理论和党史研究的新领域，而且可以深化理论和党史研究，并使人民群众更理解党的奋斗目标和方针政策。

那么，习近平强调"文化基因"有什么意义呢？

习近平重视历史，重视历史中贯通的"文化基因"，其重要目的，是为了在党内和全社会形成更基本、更深层、更持久的精神力量。这个力量，他叫作"文化自信"。

---

① 习近平．习近平谈治国理政．北京：外文出版社，2014：170.

② 习近平．在庆祝中国人民政治协商会议成立65周年大会上的讲话．人民日报，2014-09-22.

在哲学社会科学工作座谈会上，习近平强调：“我们说要坚定中国特色社会主义道路自信、理论自信、制度自信，说到底是要坚定文化自信”[①]。这一极其重要的思想，为我们深化中国特色社会主义研究，加快中国哲学社会科学发展，指出了明确的方向。

首先，这一重要思想揭示了中国特色社会主义道路自信、理论自信、制度自信和文化自信之间的深刻关系。党的十八大报告中，已经提出“文化自信”问题。[②] 近年来，习近平在地方调研视察过程中，多次强调要增强“文化自信”。理论界对此十分重视，认为这是党中央继提出道路、理论、制度“三个自信”后的第四个“自信”。这次习近平的讲话，阐明了这两者之间的关系，强调“文化自信是更基本、更深沉、更持久的力量”[③]，是比“三个自信”更深层次的“自信”。确实，中华民族伟大复兴也好，马克思主义中国化也好，中国特色社会主义也好，这样的追求，这样的理念，这样的思想，都是植根于中华优秀传统文化的土壤之中的。一个数典忘祖的人是不可能为中华民族伟大复兴奋斗的，一个不懂得中国文化深刻内涵的人是不可能懂得马克思主义中国化的，一个不知道中国文化历史追求和社会理想的人是不可能坚信中国特色社会主义道路、理论和制度的，一个缺乏文化自信的人是不可能把发展中国特色哲学社会科学视为自己的历史使命的。所以，发展中国特色哲学社会科学必须首先坚定中国的文化自信。

其次，这一重要思想也破解了这几年中国特色社会主义理论研究和中国哲学社会科学发展遇到的难题。改革开放以来，我国哲学社会科学获得了前所未有的发展条件，尤其是在马克思主义中国化的最新成果中国特色社会主义理论体系的学习、研究和宣传方面取得了开创性的成果。与此同时，我们工作中的不足和问题也逐渐显露出来。比如，马克思主义研究和中华优秀传统文化研究之间的交流和融通还不够，民族

---

① 习近平. 在哲学社会科学工作座谈会上的讲话. 人民日报，2016-05-19.

② 胡锦涛. 坚定不移沿着中国特色社会主义道路前进　为全面建成小康社会而奋斗. 北京：人民出版社，2012：34.

③ 同①.

性、原创性的哲学社会科学成果还不多，国际影响力更小。习近平曾经说过，在国际交流中，我们还处于有理说不出、说了传不开的境地，存在信息流进流出的“逆差”、中国真实面貌和西方主观印象的“反差”、软实力和硬实力的“落差”。[①] 仔细想想，这“三差”差就差在“无差”，即缺乏中国特色、中国风格、中国气派的学术思想和话语体系，研究方法、学术范畴和思想理念都以人家的为“圭臬”“准绳”。

最后，这一重要思想同时要求我们立时代之潮头、通古今之变化、发思想之先声。需要强调的是，坚定文化自信，并不是要排斥其他国家的学术研究成果。对此，习近平在哲学社会科学工作座谈会上讲得很清楚，我们决不能有任何误解。这是因为，马克思主义本身就是世界的、人类的。中国文化也是开放的。更重要的是，我们强调“文化自信”就是为了“赶上时代”。在思想文化工作中，习近平更是要求我们为“赶上时代”而奋斗。从 2014 年 10 月到 2016 年 5 月，党中央先后召开了文艺工作座谈会、党的新闻舆论工作座谈会、哲学社会科学工作座谈会，这三个座谈会相互联系，是一个整体，讲的都是思想文化工作。习近平在这三个座谈会上发表的三个讲话，凸显了一个基本思想：“中华民族有着强大的文化创造力。每到重大历史关头，文化都能感国运之变化、立时代之潮头、发时代之先声，为亿万人民、为伟大祖国鼓与呼”[②]。也就是说，党中央抓思想文化工作就是要在正确的政治方向指引下，把我们的工作同当今世界的时代大潮联系起来，发出中国的时代强音。比如在文艺工作座谈会上，习近平指出：“文艺是时代前进的号角，最能代表一个时代的风貌，最能引领一个时代的风气”[③]。在新闻舆论工作座谈会上，他也强调要用中国理论阐释中国实践，用中国实践升华中国理论，更加鲜明地展现中国思想，更加响亮地提出中国主张。在哲学社会科学工作座谈会上，他又一次强调：“一切有理想、有抱负的哲学社会科学工作者都应该立时代之潮头、通古今之变化、发

---

① 不断提高新闻舆论工作的能力和水平. 人民日报，2016-02-23.

②③ 习近平. 在文艺工作座谈会上的讲话. 人民日报，2015-10-15.

思想之先声，积极为党和人民述学立论、建言献策，担负起历史赋予的光荣使命”①。

总之，学习习近平在治国理政中凸显的基于大历史观的历史思维，就能够在传承中华民族的“文化基因”中更好地坚定我们的文化自信，以更基本、更深层、更持久的精神力量，增强我们对中国特色社会主义的道路自信、理论自信和制度自信，更好地顺应 21 世纪中国面临的时代大潮，开创中国特色社会主义的新局面。

说到这里，我们可以做一个简单的小结了。第一，在 20 世纪中叶以来错综复杂的中国社会历史变动中，中国共产党之所以能够在曲折而又艰辛的奋斗中始终保持党的先进性，创造一个又一个辉煌，就在于中国共产党能够顺应时代潮流。第二，中国共产党能够顺应时代潮流不是与生俱来的，而是经历了从幼年到成熟的成长过程，即使在成熟以后还经历了辉煌和挫折，但是中国共产党能够在付出代价后自觉吸取历史的经验教训，不断完善和提升自己。第三，中国共产党顺应时代潮流的最成功经验，是它掌握了一条实事求是的思想路线，从而使它能够科学把握“国情”和“时代”的关系，把求实精神和世界眼光、历史思维融为一体，在时代大潮中淋漓尽致地发挥自己的历史主动性，造福于中国人民和中华民族。

---

① 习近平. 在哲学社会科学工作座谈会上的讲话. 人民日报，2016-05-19.

三

善于把握时代大潮的中国共产党

三　善于把握时代大潮的中国共产党

中国共产党在 95 年发展历史进程中，经历了一个又一个历史转折点。每次转折都是考验，甚至要付出沉重的代价。但是，中国共产党在斗争中形成了一批具有马克思主义清醒认识和自觉的共产党人，经过长期锤炼，不仅能够顺应时代大潮，还能够把握时代大潮，而且总是能够在极其复杂的国内外形势下审时度势、总揽全局，找到党前进的正确方向，找到党正确发展的道路，始终保持党的先进性。

(一) 从大革命失败后的“高潮”和“低潮”之争谈起

中国共产党不仅能够顺应时代大潮，还能够把握时代大潮，这并非与生俱来，而是在付出了大量的代价后才学会的。只要回顾一下大革命失败后，党内关于革命形势是“高潮”还是“低潮”的几次争论，就可以看出。

1927年，轰轰烈烈的大革命由于以蒋介石为首的国民党反动派的背叛而失败。大批共产党人和工农群众被屠杀，中国共产党在自己的发展史上第一次遭受这样严重的挫折。中国共产党向何处去？中国向何处去？一道历史性大考题摆到了中国共产党的面前。

对于中国共产党来说，蒋介石背叛革命确实是灾难性的。据党的第六次全国代表大会的不完全统计，从1927年3月到1928年上半年，被杀害的共产党员和革命群众达31万多人，其中共产党员2.6万多人。许多共产党的领袖和著名活动家，像汪寿华、萧楚女、熊雄、陈延年、赵世炎、夏明翰、郭亮、罗亦农、向警予、陈乔年、周文雍等，都为了人民的解放事业献出了自己年轻的宝贵生命。拥有1 000万会员的各地农民协会大多被解散。与此同时，党的队伍中一些不坚定分子动摇悲观，脱离了共产党和共青团；一些叛徒无耻地出卖党组织和同志，给党造成了巨大的损失。据党史记载，根据1927年11月的统计，党员由大革命高潮时期的近6万人急剧减少到1万多人。当然，在如此严重的白色恐怖下，一些追求进步的人士，在革命最困难的时候加入党的队伍中来了，比如在国民革命军中担任领导职务的贺龙、叶剑英、彭德怀就是这个时候加入共产党的，老教育家徐特立、文学家郭沫若等也是在这个时候加入共产党的。尽管如此，总起来说，大革命失败后，中国革命由高潮转入低潮。虽然在大革命失败后，中国共产党英勇地领导了南昌起义、秋收起义、广州起义和各地大大小小多次武装起义，但是这些起义都失败了。从全局来说，革命形势处于低潮这一基本态势没有变。

毛泽东 1928 年 11 月 25 日给党中央的报告中，对此有生动的描述。他说："我们一年来转战各地，深感全国革命潮流的低落。""红军每到一地，群众冷冷清清，经过宣传之后，才慢慢地起来。和敌军打仗，不论哪一军都要硬打，没有什么敌军内部的倒戈或暴动。马日事变后招募'暴徒'最多的第六军，也是这样。我们深深感觉寂寞，我们时刻盼望这种寂寞生活的终了。"①

但是，也就在这种情况下，出于对国民党屠杀政策的愤怒，党内尤其在城市的共产党员中普遍存在着一种急躁拼命情绪，在共产国际及其代表罗米那兹的"左"倾观点指导下，党内发生了"左"倾盲动错误。1927 年 10 月下旬，爆发了李宗仁和唐生智之间的军阀混战。中共中央发出宣言，要把这种军阀战争变为劳动民众反对一切军阀地主豪绅资产阶级的战争。10 月底，中央临时政治局常委会议认为，当前的革命潮流是高涨的，中国革命的客观条件已经具备，党应当汇合各种暴动发展成为总暴动。这个时候，党的领导人幻想只要乘军阀混战之机发动暴动，就可以像俄国十月革命那样一举推翻国民党政权，建立全国苏维埃政权。11 月 9 日至 10 日，中共中央在上海召开临时政治局扩大会议，在瞿秋白主持下，通过了罗米那兹起草的《中国现状与共产党的任务决议案》以及组织问题、政治纪律问题等决议。会议不承认革命形势处于低潮，认为国民党新军阀的统治已经处于崩溃的边缘，现时全中国的状况是直接革命的形势；会议还提出了所谓"无间断的革命"，即要彻底解决民主革命的任务而急转直下地进入社会主义的道路；会议据此确定了实行全国武装暴动的总策略，并要求农村暴动同城市暴动相结合，而以城市暴动为中心及指导者，以形成城乡的武装总暴动，直到造成一省或几省的革命胜利的局面。这样一种建立在对形势错误判断基础上的错误决策，其后果是十分明显的。从 11 月中旬到 12 月中旬，一些地区强迫

① 毛泽东．毛泽东选集：第 1 卷．2 版．北京：人民出版社，1991：77，78．

工人罢工、农民暴动，很快就被镇压了；多数地方的暴动，根本没有发动起来。以瞿秋白为首的中共中央看到这种情况，连续发出通知，指示一些地区，如果条件不具备，就不要号召立刻暴动，并要求原来要在年关进行暴动的地区停止原计划。

这次“左”倾盲动错误触及一个基本问题，即如何把握当时的时代潮流和革命形势。因为从蒋介石背叛革命后党的力量遭到重大损失、国民党正在通过各种手段巩固它们的反动统治这一方面来讲，许多同志认为中国革命形势已经从高潮转向低潮；但从国民党政权建立后，新军阀之间的矛盾接连不断爆发，客观条件于我有利，特别是党内许多同志对蒋介石国民党的愤怒情绪及其带来的高昂斗志这一方面来看，许多同志认为革命形势依然处于高潮。党内一些同志在革命形势是“高潮”还是“低潮”的问题上，陷入了迷茫和困惑。

这个问题被带到了党的六大。1928 年 6 月 18 日到 7 月 11 日，党的六大在莫斯科召开。这是中国共产党历史上唯一一次在国外召开的党代表大会，也是唯一一次在斯大林和共产国际面对面直接指导下召开的党代表大会。会前的 6 月 12 日，斯大林会见了瞿秋白、苏兆征、李立三、向忠发、周恩来等中共领导人，对中国革命的性质和革命形势等问题作了正确的解释。他指出，中国革命是资产阶级民主革命，不是“不断革命”，也不是社会主义革命；现在的形势不是高潮，而是两个高潮之间的低潮。

有的回忆文章说，在座的中共领导人中有些不同意斯大林说的中国革命处于低潮的看法。据说，李立三曾当场问道：现在中国到处都有工人斗争和农民起义发生，这怎么是低潮呢？斯大林没有立即回答，而是取过一张纸，在上面画了几道波浪式的曲线，又在曲线最低谷处画了几朵浪花。斯大林把纸递给大家，说：“你们看，低潮时，也会溅起几朵浪花。”在当时中共领导人的心目中，斯大林是“最高权威”“世界革命导师”，这个生动而贴切的比喻，使多数与会者心悦诚服。斯大林的这些论述，为中共六大定了基调。6 月 14 日和 15 日，布哈林又以共产国际书记的名义召开了“政治座谈会”，与中共代表座谈各种问题，帮助中共领导层基本上统一了思想。[①]

六大对中国社会的阶级关系缺乏正确认识，否认存在中间营垒，把民族资产阶级当作危险敌人；把党的工作重心依然放在城市；在组织上片面强调党员成分无产阶级化；特别是对中国革命的长期性估计不足，即对革命低潮的长期性估计不足。这些不足，后来又导致党内出现了李立三“左”倾冒险主义错误，特别是出现了长达四年之久的王明“左”倾教条主义错误，给中国革命造成了严重的损失。而在这些错误发生的时候，总是都认为革命形势出现了新的“高潮”。

在延安整风期间，周恩来作为六大的重要参与者和大会的领导人之一，在回顾和总结六大的经验教训时也说过：

“关于对革命形势的估计问题，当时有过争论。中国代表曾争论到斯大林同志面前。斯大林同志说，现在的形势不是高潮，是低潮。李立三同志则说，现在还是高潮，因为各地还存在工人、农民的斗争。斯大林同志说，在低潮时也有几个浪花。”[②]

“对于革命高潮与低潮，有几个问题一直是模糊的：一、对革命高潮的客观条件与主观力量区分不清楚，不知道主观的群众运动对促成革命高潮到来的作用。所以后来对革命高潮的估计，往往强调有利的客观条件，而不知道主观力量薄弱是不能真正造成革命高潮的。二、没有把革命高潮与直接革命形势区分清楚，不知道革命高潮是说明起义的条件正在甚至已经成熟，但仍不是说全国可以马上到处起义。如一九三〇年农村革命形势是高潮，但不能马上到处起义。立三路线的失败就因为要到处起义。三、没有把局部的高潮与全面的高潮区分清楚。所以当时虽然肯定了是低潮，但并没有很清楚地去了解这个问题。正因为没有把这几个问题弄清楚，所以我们一九二八年十月回国后，对革命高潮问题还是空洞地争论浪潮与浪花的问题”[③]。

---

① 炎仲素. 纠正盲动错误，转移工作重心：中共六大在莫斯科召开. 环球时报，2002-10-07.

② 周恩来. 周恩来选集：上卷. 北京：人民出版社，1980：175.

③ 同②176-177.

这个问题，一直到遵义会议以后，在形成以毛泽东为核心的党的第一代中央领导集体后，才完全从思想上、理论上和实践上得到解决；一直到延安整风时，党的高级干部认真总结党的六大之前和之后的路线问题后，才真正从思想上、理论上和实践上达成共识。

我们在回顾这场争论的历史时，是不是可以有所感悟呢?

第一，这场争论告诉我们，要顺应时代潮流，必须正确把握时代潮流。参与这场争论的中国共产党领导人，从总体上讲，都是坚定的革命者。也就是说，他们不是不革命，更不是反革命。之所以强调这一点，是要说明他们都懂得中国革命是在帝国主义时代发生的，是这一时代不可逆转的时代潮流的产物。他们投身这一革命，甚至不惜牺牲自己的一切，足以说明他们是时代潮流的弄潮儿。但是，顺应时代潮流，献身革命，不等于就能够正确判断形势，就能够正确把握时代潮流。

第二，这场争论告诉我们，在历史转折关头能不能正确把握时代潮流，关系到党的事业的成败，绝非小事。而历史转折关头恰恰是能不能正确把握时代潮流的关键点。“到此处方显出英雄本色”。和中国共产党的早期领导人陈独秀、瞿秋白、李立三以及王明相比，毛泽东高明就高明在、成功就成功在他不仅能够顺应时代大潮，而且善于把握时代大潮。所以，研究和讨论能不能正确把握时代潮流，绝不是一个单纯的理论问题，而是关系到党的事业前途命运的重大政治问题。

第三，这场争论同时告诉我们，尽管能不能、善于不善于正确把握时代潮流的问题是一个重大的政治问题，但它同时又是一个方法论科学不科学的问题。这里，既要不为来势汹汹的逆流所吓倒，又要善于在错综复杂的社会历史大变动中，对各种经济的、政治的、文化的、社会的潮流包括社会思潮进行科学的分析，区分局部与全局、现象与本质、现状与趋势（现实性与可能性），在区分中正确把握好时代潮流。

把握时代潮流之“把握”，就其实质而言，就是要学会“区分”。

首先要区分局部与全局。在社会历史大变动的年代，时代潮流在发生和发展过程中常常呈现出非常复杂的情况，有的情况下局部变动了，而整体和全局尚未变动，有的情况下这个局部那个局部没有变动，但整体和全局已经发生了重大的变动。所以，正如毛泽东所说的："马克思主义者看问题，不但要看到部分，而且要看到全体。一个虾蟆坐在井里说：'天有一个井大。'这是不对的，因为天不止一个井大。如果它说：'天的某一部分有一个井大。'这是对的，因为合乎事实。"①

其次要区分现象与本质。时代潮流的本质是社会发展的规律，但在现实生活中表现出来的是各种各样的现象，包括各种各样的社会思潮。有的时候，在社会生活中除了体现规律的现象，还会有并不体现社会发展规律的假象。因此，要正确把握时代潮流，必须透过现象看本质，并区分真相与假象。毛泽东在《星星之火，可以燎原》这篇文章中，回答"红旗到底打得多久"这一尖锐问题时，论述了我们应该怎样在历史转折关头正确认识形势、把握时代潮流的问题。他深刻地指出："我们看事情必须要看它的实质，而把它的现象只看作入门的向导，一进了门就要抓住它的实质，这才是可靠的科学的分析方法。"②对革命力量要作这样的分析，对反革命力量也要用这种方法进行科学的估计。

最后要区分现状与趋势，即现实性与可能性。在社会历史大变动过程中，既要重视对现状的观察和研究，同时也要注意现状的发展趋势，而不被一叶障目而陷入盲目悲观或盲目乐观。毛泽东在革命形势处于低潮的时候，既强调"革命的主观力量确实大为削弱了"，又强调"它在中国的环境里不仅是具备了发展的可能性，简直是具备了发展的必然性"③。也就是说"星星之火，可以燎原"。与此同时，毛泽东也指出："马克思主义者不是算命先生，未来的发展和变化，只应该也只能说出个大的方向，不应该也不可能机械地规定时日。"④

有鉴于此，我们在前面研究讨论了为什么要顺应时代潮流、什么叫顺应时代潮流、怎么样顺应时代潮流的基础上，从这里开始研究讨论怎样正确把握时代潮流的问题。和前面的研究讨论不一样的是，这里，我

---

① 毛泽东．毛泽东选集：第1卷．2版．北京：人民出版社，1991：149.

②③ 同①99.

④ 同①106.

们着重以史实为根据，研究和讨论在历史转折关头中国共产党是怎样把握时代潮流的。

（二）重读毛泽东的《中国的红色政权为什么能够存在?》

我们要研究讨论的第一个问题是：以毛泽东为主要代表的中国共产党人在领导革命的时候，是怎样正确把握时代潮流，创造性地开辟出了农村包围城市、最后夺取全国政权这一独特的中国革命道路的。

稍微有点党史知识的人都知道，1927 年秋收起义失败后，毛泽东带领秋收起义的队伍上了井冈山。这一当时并不引人注目、后来彪炳史册的历史大事件，标志着毛泽东在中国革命的历史转折关头闯出了一条不同于俄国十月革命的道路，创造性地开辟了农村包围城市、最后夺取全国政权这一独特的革命道路。

于是，一个问题就来了——中国为什么会发生这样的事情？中国共产党为什么能够走出这条独特的革命道路？事实上，即使在当年已经跟随毛泽东上山的红军指战员中，也有人在思考这一问题，并且向毛泽东提出了一个比这两个问题更尖锐的问题："红旗到底打得多久?"

不是说在农村搞革命的毛泽东很"土"嘛？毛泽东是不是真的很"土"呢？那么，我们就来看一看毛泽东是怎么思考和回答这一问题的，他的思考和回答有些什么特点。

为此，我们不妨把时间拉回到那个年代，读一读那个年代的文章。

在《毛泽东选集》中，有三篇文章是关于这个问题的。一篇是 1928 年 10 月 5 日写的《中国的红色政权为什么能够存在?》。这篇文章原来是毛泽东为一个会议写的决议的一部分，原题是《政治问题和边界党的任务》。在编辑出版《毛泽东选集》时，毛泽东把它改为今天这个题目，显然是有所考虑的，显然是为了更好地阐明中国共产党在农村建立的红色政权为什么能够存在，即农村包围城市的道路为什么能够走得通。第二篇文章是1928年11月25日写的《井冈山的斗争》，这篇文章是毛泽东写给中共中央的报告。第三篇文章是1930年1月5日发表的《星星之火，可以燎原》。这是毛泽东当年写给林彪的一封信，用于答复林彪就红军前途究竟应该如何估计征求意见的一封信。毛泽东在这封信中批评了当时林彪以及党内一些同志对时局估量的一种悲观思想。1948年，林彪向中央提出，希望公开刊行这封信时不要提他的姓名。因此，在编辑出版《毛泽东选集》时，毛泽东把这封信改题为《星星之火，可以燎原》，并对指名批评林彪的地方作了修改。要了解毛泽东是怎样带领党走上农村包围城市这一独特革命道路的，这三篇文章不可不读；要了解毛泽东是怎么思考和分析这个问题，他的思想方法有什么特点，这三篇文章也不可不读。

这里，我们就以“重读毛泽东的《中国的红色政权为什么能够存在?》”为题，来说明毛泽东是怎么开辟农村包围城市这一独特革命道路的，进而说明毛泽东在纷繁复杂的时局中、在前人没有遇到过的问题上，是怎么把握时代潮流及其发展趋势的。为了说明毛泽东的原始思想，我们在关键观点和提法上尽量用他的原话。

首先，毛泽东指出，在1927年大革命失败、国民党南京政府建立后，中国的社会性质没有改变，中国革命依然是民主革命。也就是说，并不是像党内有些人所说的，中国资产阶级民主革命已经结束、资产阶级政权已经建立，共产党的任务是积聚力量，像俄国二月革命后的形势一样，准备第二次革命——无产阶级社会主义革命。毛泽东在《中国的红色政权为什么能够存在?》中劈头就说：“现在国民党新军阀的统治，依然是城市买办阶级和乡村豪绅阶级的统治，对外投降帝国主义，对内以新军阀代替旧军阀，对工农阶级的经济的剥削和政治的压迫比从前更加厉害。从广东出发的资产阶级民主革命，到半路被买办豪绅阶级篡夺了领导权，立即转向反革命路上，全国工农平民以至资产阶级，依然在反革命统治底下，没有得到丝毫政治上经济上的解放。”“中国迫切需要一个资产阶级的民主革命，这个革命必须由无产阶级领导才能完成。”①

---

① 毛泽东．毛泽东选集：第1卷．2版．北京：人民出版社，1991：47，48．

接着，毛泽东重点分析了中国的红色政权产生和存在的原因。希望大家在读下面这段论述的时候注意到，毛泽东在阐述我们为什么能够走出一条农村包围城市的道路时，主要是从中国所处的时代和时代特点讲的。他说："一国之内，在四围白色政权的包围中，有一小块或若干小块红色政权的区域长期地存在，这是世界各国从来没有的事。这种奇事的发生，有其独特的原因。而其存在和发展，亦必有相当的条件。第一，它的发生不能在任何帝国主义的国家，也不能在任何帝国主义直接统治的殖民地，必然是在帝国主义间接统治的经济落后的半殖民地的中国。因为这种奇怪现象必定伴着另外一件奇怪现象，那就是白色政权之间的战争。帝国主义和国内买办豪绅阶级支持着的各派新旧军阀，从民国元年以来，相互间进行着继续不断的战争，这是半殖民地中国的特征之一。不但全世界帝国主义国家没有一国有这种现象，就是帝国主义直接统治的殖民地也没有一处有这种现象，仅仅帝国主义间接统治的中国这样的国家才有这种现象。这种现象产生的原因有两种，即地方的农业经济（不是统一的资本主义经济）和帝国主义划分势力范围的分裂剥削政策。因为有了白色政权间的长期的分裂和战争，便给了一种条件，使一小块或若干小块的共产党领导的红色区域，能够在四围白色政权包围的中间发生和坚持下来。湘赣边界的割据，就是这许多小块中间的一小块。有些同志在困难和危急的时候，往往怀疑这样的红色政权的存在，而发生悲观的情绪。这是没有找出这种红色政权所以发生和存在的正确的解释的缘故。我们只须知道中国白色政权的分裂和战争是继续不断的，则红色政权的发生、存在并且日益发展，便是无疑的了。第二，中国红色政权首先发生和能够长期地存在的地方，不是那种并未经过民主革命影响的地方，例如四川、贵州、云南及北方各省，而是在一九二六和一九二七两年资产阶级民主革命过程中工农兵士群众曾经大大地起来过的地方，例如湖南、广东、湖北、江西等省。这些省份的许多地方，曾经有过很广大的工会和农民协会的组织，有过工农阶级对地方豪绅阶级和资产阶级的许多经济的政治的斗争。"① 除了

① 毛泽东．毛泽东选集：第1卷．2版．北京：人民出版社，1991：48-50.

这两个原因，毛泽东还讲了全国形势发展、红军的存在、党组织的有力量和政策不出错这三个原因。从中我们可以注意到，中国的红色政权这种“奇事”之所以能够发生和存在，有两个同时代相关的原因：一是在帝国主义时代一个半殖民地的中国，由于帝国主义实行的是“间接统治”，才会在四周白色政权的包围下出现一小块或若干小块红色政权的区域；二是在帝国主义时代一个半殖民地的中国，由于经济是地方的农业经济，而不是统一的资本主义经济，加上帝国主义又划分不同的势力范围进行分裂式的剥削政策，于是就有了白色政权间的长期的分裂和战争，便给了一小块或若干小块的共产党领导的红色区域存在的一种条件。

在《星星之火，可以燎原》中，毛泽东对于中国革命所处的时代以及由此带来的中国革命不同于俄国革命的特点，也做了全面的深刻的分析。他说：“如果认清了中国是一个许多帝国主义国家互相争夺的半殖民地，则一，就会明白全世界何以只有中国有这种统治阶级内部互相长期混战的怪事，而且何以混战一天激烈一天，一天扩大一天，何以始终不能有一个统一的政权。二，就会明白农民问题的严重性，因之，也就会明白农村起义何以有现在这样的全国规模的发展。三，就会明白工农民主政权这个口号的正确。四，就会明白相应于全世界只有中国有统治阶级内部长期混战的一件怪事而产生出来的另一件怪事，即红军和游击队的存在和发展，以及伴随着红军和游击队而来的，成长于四围白色政权中的小块红色区域的存在和发展（中国以外无此怪事）。五，也就会明白红军、游击队和红色区域的建立和发展，是半殖民地中国在无产阶级领导之下的农民斗争的最高形式，和半殖民地农民斗争发展的必然结果；并且无疑义地是促进全国革命高潮的最重要因素。六，也就会明白单纯的流动游击政策，不能完成促进全国革命高潮的任务，而朱德毛泽东式、方志敏式之有根据地的，有计划地建设政权的，深入土地革命的，扩大人民武装的路线是经由乡赤卫队、区赤卫大队、县赤卫总队、地方红军直至正规红军这样一套办法的，政权发展是波浪式地向前扩大的，等等的政策，无疑义地是正确的。”[1] 这里所说的“朱德毛泽东式、方志敏式之有根据地的，有计划地建设政权的，深入土地革命的，扩大人民武装的路线”，“政权发展是波浪式地向前扩大的”，即后来我们党常说的“农村包围城市，最后夺取全国政权”道路的最初表述。

毛泽东还说，如问中国革命高潮是否快要到来，只有详细地去察看引起革命高潮的各种矛盾是否真正向前发展了，才能作决定。既然国际上帝国主义相互之间、帝国主义和殖民地之间、帝国主义和它们本国的无产阶级之间的矛盾是发展了，帝国主义争夺中国的需要就更迫切了。帝国主义争夺中国一迫切，帝国主义和整个中国的矛盾，帝国主义者相互间的矛盾，就同时在中国境内发展起来，因此就造成中国各派反动统治者之间的一天天扩大、一天天激烈的混战，中国各派反动统治者之间的矛盾，就日益发展起来。伴随各派反动统治者之间的矛盾——军阀混战而来的，是赋税的加重，这样就会促令广大的负担赋税者和反动统治者之间的矛盾日益发展。伴随着帝国主义和中国民族工业的矛盾而来的，是中国民族工业得不到帝国主义的让步的事实，这就发展了中国资产阶级和中国工人阶级之间的矛盾，中国资本家从拼命压榨工人找出路，中国工人则给以抵抗。伴随着帝国主义的商品侵略、中国商业资本的剥蚀和政府的赋税加重等项情况，便使地主阶级和农民的矛盾更加深刻化，即地租和高利贷的剥削更加重了，农民则更加仇恨地主。因为外货的压迫、广大工农群众购买力的枯竭和政府赋税的加重，使得国货商人和独立生产者日益走上破产的道路。因为反动政府在粮饷不足的条件之下无限制地增加军队，并因此而使战争一天多于一天，使得士兵群众经常处在困苦的环境之中。因为国家的赋税加重，地主的租息加重和战祸的日广一日，造成了普遍于全国的灾荒和匪祸，使得广大的农民和城市贫民走上求生不得的道路。因为无钱开学，许多在学学生有失学之忧；因为生产落后，许多毕业学生无就业之望。如果我们认识了以上这些矛盾，就知道中国是处在怎样一种惶惶不可终日的局面之下，处在怎样一种混乱状态

---

① 毛泽东．毛泽东选集：第1卷．2版．北京：人民出版社，1991：98．

之下。就知道反帝反军阀反地主的革命高潮，是怎样不可避免，而且是很快会要到来。中国是全国都布满了干柴，很快就会燃成烈火。“星火燎原”的话，正是时局发展的适当的描写。只要看一看许多地方工人罢工、农民暴动、士兵哗变、学生罢课的发展，就知道这个“星星之火”，距“燎原”的时期，毫无疑义地是不远了。[①] 这是多么全面、生动而又深刻啊！

但是，当时共产国际的领导人对此是完全不懂也不理解的。周恩来在延安整风的时候讲到，在党的六大上，“布哈林对中国苏维埃、红军运动的估计是悲观的。他认为只能分散存在，如果集中，则会妨害老百姓利益，会把他们最后一只老母鸡吃掉，老百姓是不会满意的。他要高级干部离开红军，比方说，要调朱德、毛泽东同志去学习。所以我们回国后就指示要调朱德、毛泽东同志离开红军。朱德、毛泽东同志不同意。后来蒋桂战争起来了，我们觉得红军有可能发展，就作罢了，但没有认识到这种调动是错误的”[②]。

周恩来这段回忆，可以在共产国际的档案中得到佐证。布哈林在中共六大上作政治报告的结论时说：“我们觉得在一个农民区域中，若集聚了这么多不生产的群众、红军，虽然他们再红些，再数倍的红，但他们总是些活的人，需要饮食的。一个同志说，在乡里做工生活好些，因为乡中有鸡吃。那么，他们是农民之一个很大的负担了。农民在开始的时候，自然对待他们是很好的，看他们这样奋斗，杀了好多土豪劣绅，但是他们今天将我的最后的一个老母鸡吃了，第二天则这样喊的人要多些了，第三天这样喊的人更多些了，最后便会有人说：‘见了鬼！什么红军！还要我的米我的鸡给他吃。’或者说：‘红军是好的，但是难得维持他。他也不与城市发生关系，他又没有银行，又没有商品。’你们想想，到这时候便该知道是一个很大的问题了。我们以为到这个时候，农民一定要起来反对红军，虽然红军在开始是因为农民而反对了劣绅土豪的，事实上这样的情形已经开始表现过了。因此我们认为不要将红军聚

---

① 毛泽东．毛泽东选集：第 1 卷．2 版．北京：人民出版社，1991：100-102.

② 周恩来．周恩来选集：上卷．北京：人民出版社，1980：184.

到一个地方，最好将他分成几个部分，三部分，四部分，看当地的条件怎样。分聚到各地方，经相当的时间再转一个地方，到这个地方住一些时，杀一杀土豪劣绅，吃一吃饭，喝一喝鸡汤，再到另外一个地方。到另外的区域中，还是照样的杀土豪，吃鸡，过了相当时间之后再前进。当着他住在这一区域的时候，他可以变成农民的自卫军，来保护农民，来尽一个人民自卫军的作用，以后再继续前进，去进攻另一地方的地主，土豪，劣绅，于是在那里又可以吃一吃鸡而到别处去。这样也可以变成组织的连系，时去时来，都带着一定的任务。不然，便会像一个肥胖的大肚子的女人，坐到某一个地方，便在那里大吃大嚼个精光。”①

由此可见，我们平时常说的中国革命独特道路，是“从中国实际出发运用马克思主义基本原理找到的正确道路”这句话，是要解释的。这里讲的“中国实际”，不能只是简单地从“土”的方面去理解和解读，而要从“土洋结合”的视角去理解和解读。所谓“土”，就是中国的现实；所谓“洋”，就是中国所处的时代和面临的国际形势；所谓“土洋结合”，就是具有鲜明时代特点的中国现实。也就是说，这里讲的“中国实际”，指的是帝国主义时代条件下一个半殖民地中国的实际，指的是帝国主义对中国实行间接统治，而又有许多帝国主义在中国互相争夺，并导致中国统治阶级内部长期互相混战的半殖民地中国的实际。搞明白了这一根本特点，就可以知道：毛泽东领导我们党开辟的中国特色的革命道路是时代的产物，是以毛泽东为杰出代表的中国共产党人顺应时代潮流，又善于把握时代潮流的经典之作。

（三）国共两党的第二次握手和对国民党反共高潮的应对

我们要研究讨论的第二个问题是：在抗日战争全面爆发前，中国共

① 中共中央党史研究室第一研究部．共产国际、联共（布）与中国革命文献资料选辑（1927—1931）：第11卷：上．北京：中央文献出版社，2002：180.

产党是怎么审时度势，正确把握时代潮流，决定同国民党建立抗日民族统一战线的；在抗日战争全面开始后，中国共产党又是怎么面对国民党顽固派掀起的一波又一波的反共逆流，又联合又斗争，把握时代潮流而不为逆流动摇正确方向，坚持抗日民族统一战线的。

1. 正确把握时代潮流，实现国共第二次合作

熟悉党史的朋友，熟悉中国抗日战争史的朋友，都知道中国工农红军在国民党军队的围追堵截下，跋涉千山万水，长征到达陕北的时候，作出了一个令世人十分感动的重大决定，这就是同手中还拿着屠刀、屠刀上还流着共产党人鲜血的国民党第二次握手，建立抗日民族统一战线。正是有了这个统一战线，才有了全民族的抗战；正是有了这个统一战线，才打败了气势汹汹的日本军国主义；正是有了这个统一战线，才赢得了中国近代史上第一次对帝国主义战争的完全胜利，中国人民才扬眉吐气。中国共产党也就在那个时候，被大家称为“民族救星”。

现在需要研究讨论的是，中国共产党在当时为什么会作出这一决定中华民族历史命运的决策。许多人常说，这是因为中国共产党能够以民族大义为重。我们的教科书则更深刻地指出，这是因为以毛泽东为主要代表的中国共产党人清醒地认识到，在华北事变后，我们同蒋介石国民党的阶级矛盾已经下降为次要矛盾，中华民族同日本帝国主义的民族矛盾已经上升为主要矛盾。这些回答和解释对不对？对。但同时必须指出，这些回答和解释没有注意到当时的国际形势和这一形势下时代特点的新变化，而当年以毛泽东为主要代表的中国共产党人对此是有深刻思考和认识的。

我们可以读一读毛泽东 1935 年 12 月 27 日在瓦窑堡党的活动分子会议上所作的《论反对日本帝国主义的策略》这个报告。

需要说明的是，这之前在瓦窑堡召开的中共中央政治局会议是一次极其重要的会议。就在这次政治局会议上，党中央作出了建立抗日民族统一战线的历史性决策。毛泽东根据中共中央政治局决议，在瓦窑堡党的活动分子会议上作了《论反对日本帝国主义的策略》这个报告。

毛泽东在这个报告一开头就用明确的语言，指出："同志们！目前的政治形势已经发生了很大的变化。根据这种变化了的形势，我们的党已经规定了自己的任务。"

接着，毛泽东全面阐释了变化了的形势。他说："大家知道，差不多一百年以来，中国是好几个帝国主义国家共同支配的半殖民地的国家。由于中国人民对帝国主义的斗争和帝国主义国家相互间的斗争，中国还保存了一种半独立的地位。第一次世界大战曾经在一个时期内给了日本帝国主义以独霸中国的机会。但是中国人民反对日本帝国主义的斗争，以及其他帝国主义国家的干涉，使得经过那时的卖国头子袁世凯签了字的对日屈服投降的条约二十一条，不得不宣告无效。一九二二年美国召集的华盛顿九国会议签订了一个公约，又使中国回复到几个帝国主义国家共同支配的局面。但是没有很久，这种情况又起了变化。一九三一年九月十八日的事变，开始了变中国为日本殖民地的阶段。只是日本侵略的范围暂时还限于东北四省，就使人们觉得似乎日本帝国主义者不一定再前进了的样子。今天不同了，日本帝国主义者已经显示他们要向中国本部前进了，他们要占领全中国。现在是日本帝国主义要把整个中国从几个帝国主义国家都有份的半殖民地状态改变为日本独占的殖民地状态。最近的冀东事变和外交谈判，显示了这个方向，威胁到了全国人民的生存。这种情形，就给中国一切阶级和一切政治派别提出了'怎么办'的问题。反抗呢？还是投降呢？或者游移于两者之间呢？"①

这里，毛泽东讲的是日本帝国主义、美英法等帝国主义国家、中国这三方的矛盾（加上美英之间在远东利益上的矛盾，是四方矛盾）。其中，毛泽东讲的国际形势中有三句话是要作注释的。

第一句话是："第一次世界大战曾经在一个时期内给了日本帝国主义以独霸中国的机会。"这句话指的是，在第一次世界大战结束后的巴黎和会上，英法帝国主义支持日本帝国主义享有德国在华利益，美国开始时并不支持日本而支持中国，但最后妥协了，把德国在华的利益交给

① 毛泽东．毛泽东选集：第1卷．2版．北京：人民出版社，1991：142-143.

了日本。日本战后在中国对外贸易中的比重几乎占了一半，英国占了17.1%，美国占了16.7%。如同毛泽东所说的“第一次世界大战曾经在一个时期内给了日本帝国主义以独霸中国的机会”。

第二句话是：“一九二二年美国召集的华盛顿九国会议签订了一个公约，又使中国回复到几个帝国主义国家共同支配的局面。”这句话指的是，中日之间谁享有德国在华利益这一问题，并没有因为巴黎和会形成的“凡尔赛体系”而完结。中国人民不答应日本享有德国在华利益，美国也不甘心让中国和整个远东的利益被日本独占，特别是1920年巴拿马运河通航后，大大缩短了美国同远东之间的航程，美日争夺远东的态势形成。美国利用第一次世界大战后英日之间的矛盾日益增加等情况，极力拆散英日同盟，并通过“门户开放”政策向远东渗透。1921年11月12日，美国邀请英、法、日、意、中五国到美国华盛顿开会。葡萄牙、荷兰、比利时等国也要求参加。这个会议一直开到1922年2月6日，讨论各国如何平衡在太平洋和远东的利益，成为巴黎和会后又一次重要会议。在这之前，日本对美国的企图抱有戒心，并提出反对把中国问题列入会议议程。同时，日本担心如果拒绝赴会就会在外交上遭到孤立，因而接受了邀请。会议开到最后阶段，美、英、法、意、日、葡、比、荷、中九国经过激励的争论，签订了《九国关于中国事件应适用各原则及政策之条约》(《九国公约》)。美国出于同日本争夺远东利益的需要，支持了中国代表团的诉求，提出了尊重中国之主权与独立，给予中国机会以发展和维持一个有力而巩固的政府，各国在中国商务实业机会均等，不得利用中国现状谋取特别利益以致削减其他国家的权利等原则。根据这些原则，1922年2月4日，中日签订了《解决山东问题悬案条约》，规定日本应将德国在山东的旧租借地交还中国，中国应将该地全部开为商埠；原驻青岛、胶济铁路及其支线的日军应立即撤退；青岛海关归还中国；胶济铁路及其支线归还中国，但中国应照铁路产业的现值偿还日本，期限为15年；等等。也就是说，这个条约修正了《凡尔赛和约》关于山东的决议，中国收回了山东主权和胶济铁路权利，日本不情愿地放弃了它的部分权利，美国则得到了它在巴黎和会上没有得到的利益。这就是毛泽东所说的“一九二二年美国召集的华盛顿九国会议签订了一个公约，又使中国回复到几个帝国主义国家共同支配的局面”。

第三句话是：“现在是日本帝国主义要把整个中国从几个帝国主义国家都有份的半殖民地状态改变为日本独占的殖民地状态。”华盛顿体系的形成，虽然标志着第一次世界大战后新的世界秩序形成了，但日本与美、英之间的矛盾也深化了。日本考虑到自己是资源小国，要同西方列强抗衡、征服世界，必须先征服中国，而要征服中国又必须先征服中国的东北和蒙古。它早在 1927 年召开的“东方会议”上就形成了这样充满野心的“东方政策”。1929 年资本主义国家经济危机爆发后，日本认为机会来了，经过精心策划，在 1931 年发动了九一八事变，占领了中国东北。为掩饰其侵略野心，造成它没有违反《九国公约》的假象，日本又将清朝末代皇帝溥仪从天津偷偷送到东北，在国际联盟调查团抵达东北之前成立伪满洲国，把它对东北的占领说成满蒙政权脱离中国的“独立”。而美英起先对其采取的是纵容侵略的绥靖政策，一直到发现对自身利益造成威胁的事实后，态度才有所强硬。但是，日本由于国内政治已经迅速法西斯化，于 1933 年 3 月退出第一次世界大战后建立的国际联盟，又于 1934 年宣布废止《华盛顿条约》，和美英公开翻脸。1935 年，它进一步利用中国华北的地方实力派和南京国民党政府的矛盾，策动华北五省实行自治、脱离中央，制造了华北事变。其野心和目的在华北事变中已经昭然若揭，就是要侵略和占领整个中国，为北上对付苏联、南下和美英争夺太平洋以及整个远东利益的大战略服务。正如毛泽东当年预见的：“现在是日本帝国主义要把整个中国从几个帝国主义国家都有份的半殖民地状态改变为日本独占的殖民地状态。”

需要注意的是，毛泽东当年对中国即将到来的全国抗日战争所处的时代问题有一个大判断，这就是他在《论反对日本帝国主义的策略》中讲的：“中国的和世界的局面都是临在战争和革命的新时期了”，“时局的特点，是新的民族革命高潮的到来，中国处在新的全国大革命的前夜，这是现时革命形势的特点”[1]。

这样的局面，这样的态势，给中华民族出了一个大考题。这就是毛泽东所强调的：“这种情形，就给中国一切阶级和一切政治派别提出了‘怎么办’的问题。反抗呢？还是投降呢？或者游移于两者之间呢？”

所以，中共中央在瓦窑堡会议上强调民族矛盾已经上升为主要矛盾，全民族要建立抗日民族统一战线，是在全面分析了国际形势和时代变动的特点之后，作出的历史性决策。

这个决策，涉及三个根本性问题：第一，应对日本军国主义咄咄逼人的侵略野心，是等待美英等国和第一次世界大战后建立的国际联盟来协调解决，是希望同日本改善关系来解决，还是依靠自己的抗争来解决；第二，在经济军事实力强大的日本侵略者面前，是“招收广大的人马，好把敌人包围而消灭之”，还是“依靠单兵独马，去同强大的敌人打硬仗”，即要不要组织起广泛的抗日民族统一战线；第三，如果依靠全民族的力量来对抗日本帝国主义的侵略，国共两党能不能重新携手呢？

关于第一个问题，在九一八事变发生后，国民党政府就寄希望于国际联盟的干预和调停。9 月 19 日，国民党政府就要求中国驻国际联盟代表通报情况，要求国际联盟主持公道，促使日本撤兵。而日本代表辩驳说，是中国军队挑起事端，且不能负起保护日本在东北的权益和侨民生命安全的责任。22 日，在中日两国代表各执一词的情况下，国际联盟通过决议，向两国政府发出是非不分、内容相同的“紧急警告”，要双方同时撤兵。随着后来事态越来越严重，美国首先作出强烈反应，要国际联盟在权限许可条件下向日本施加压力。但是，这一切都已经改变不了日本的野心，最后日本决定退出国际联盟，不再受国际联盟任何决议的约束。所以，国民党政府寄希望于国际联盟干预只不过是一个幻想。国民党政府也曾经寄希望于同日本改善关系，包括通过购买日本的军火等来解决问题，实践证明也只是一个幻想。唯有抵抗日本的侵略，才是真

---

① 毛泽东．毛泽东选集：第 1 卷．2 版．北京：人民出版社，1991：153.

正的出路。在这一关系到中华民族生死存亡的历史转折关头，如何正确判断形势，把握时代潮流，对国民党和共产党及其政治家都是考验。因为这里有两对矛盾，一对是美英和日本的矛盾，一对是中华民族和日本的矛盾。前一对矛盾是帝国主义之间争夺远东和太平洋利益的矛盾，后一对矛盾是关系到中华民族生死存亡的矛盾。美英是否出手对付日本取决于美英的根本利益是否已经完全受到日本的威胁，因此寄希望于美英和日本的矛盾来解决关系到中华民族生死存亡的问题，不是根本出路。国民党起先奉行“安内攘外”政策，想先把共产党“剿灭”了再对付日本帝国主义，想依靠国际联盟干预和同日本改善关系解决中日关系，这都是对形势的误判，不了解第一次世界大战后的时代变化和日本的野心，做了一系列错误的决策。共产党在土地革命战争时期就意识到日本帝国主义要灭亡中国，在华北事变后正式推出要推动建立抗日民族统一战线，动员全国人民一起抗击日本帝国主义的侵略，才是对形势的正确判断，才是正确地把握了时代潮流。

关于第二个问题，毛泽东在《论反对日本帝国主义的策略》中，以非常醒目的语言提出抗日有两个不同的策略，一个是“招收广大的人马，好把敌人包围而消灭之”，另一个是“依靠单兵独马，去同强大的敌人打硬仗”。毛泽东批评了“关门主义”的错误，强调应该组织起广泛的抗日民族统一战线。他说：“组织千千万万的民众，调动浩浩荡荡的革命军，是今天的革命向反革命进攻的需要。只有这样的力量，才能把日本帝国主义和汉奸卖国贼打垮，这是有目共见的真理。”① 在这个问题上，共产党和国民党的决策是完全不一样的。后来的实践表明，华北事变后国民党从不抵抗到抵抗，是一个进步。但是，怎么抵抗日本帝国主义的侵略，国民党执行的还是片面抗战路线，而不是动员最广大人民群众的全面抗战路线，这是后话。中国共产党的选择则从一开始就主张动员全国人民，组成最广泛的统一战线，举全民族之力齐心协力抗日。

关于第三个问题，如果组成最广泛的抗日民族统一战线，国共两党

① 毛泽东．毛泽东选集：第1卷．2版．北京：人民出版社，1991：154，155．

能不能在打了10年内战之后重新握手，对此国共两党都经历了一个认识和策略路线的转变过程。在瓦窑堡会议上，中共中央和毛泽东认为国民党是要分化的，这是国共两党可以重新合作的基础。中共中央的策略是“反蒋抗日”，后来审时度势改为“逼蒋抗日”，最后走到“联蒋抗日”。在瓦窑堡会议上，毛泽东的分析是：“国民党营垒中，在民族危机到了严重关头的时候，是要发生破裂的。这种破裂，表现于民族资产阶级的动摇，表现于冯玉祥、蔡廷锴、马占山等风头一时的抗日人物。”① 也就是说，中国共产党和国民党的第二次合作是有可能的。后来的实践证明，毛泽东的判断是正确的。在西安事变和七七卢沟桥事变发生后，国民党内包括蒋介石在内的亲英美派和亲日派汪精卫等人分手，国共两党重新组成统一战线。

当然，中国共产党在瓦窑堡会议上提出建立抗日民族统一战线，还有共产国际的指示因素作用。这也是中国共产党能够从时代潮流的正确把握中，同国民党建立抗日民族统一战线的重要原因。所有这一切，都说明能不能清醒把握时代大潮，是能不能作出建立抗日民族统一战线的根本原因。

2. 正确把握时代潮流而又不为逆流所动摇，巩固发展抗日民族统一战线

在抗日民族统一战线建立前，瓦窑堡会议就在重点批评统一战线问题上“关门主义”的同时，提醒全党要汲取历史上发生过的右倾错误的教训。在抗日民族统一战线建立后，在1937年8月22日至25日召开的中共中央政治局扩大会议（洛川会议）上，提出共产党在抗日民族统一战线中要保持对国民党的高度警惕性。毛泽东在会上的讲话中，指出在扩大统一战线的过程中要保持共产党在政治上、组织上的独立性。

1937年11月12日，上海这个中国大都会陷落，国民党首都南京告急。当天，中共中央在延安召开党的活动分子会议。毛泽东在报告中指

① 毛泽东．毛泽东选集：第1卷．2版．北京：人民出版社，1991：147．

出："在统一战线中，是无产阶级领导资产阶级呢，还是资产阶级领导无产阶级？是国民党吸引共产党呢，还是共产党吸引国民党？"[①]"必须尖锐地提出谁领导谁的问题，必须坚决地反对投降主义。"[②]毛泽东这里讲的统一战线中的"领导"指的是什么，他为什么要提出这个问题？他的分析是，"目前是处在从片面抗战到全面抗战的过渡期中"[③]。我们面临的问题是，"把国民党提高到共产党所主张的抗日救国十大纲领和全面抗战呢，还是把共产党降低到国民党的地主资产阶级专政和片面抗战"[④]？也就是说，他所说的"领导"，不是说共产党要在统一战线中领导国民党，而是要让国民党走上全面抗战的路线。

那么，为什么要坚持全面抗战路线呢？毛泽东在报告中分析说，上海、太原这些大城市失陷，意味着以国民党为主体的正规战争已经结束，以共产党为主体的游击战争进入主要地位；意味着政府抗战的能力是有限的，只有动员全民族的力量才能打败日本侵略者。与此同时，毛泽东指出片面抗战可能向三个方向发展：一是结束片面抗战，代之以全面抗战；二是结束抗战，代以投降；三是抗战和投降并存。而这三个方向，第一个方向是国内大多数人的要求，国民党还没有下决心；第二个方向是日寇、汉奸和亲日派的要求，全国大多数人反对；第三个方向是日寇、汉奸和亲日派在达不到第二个目标后实行的破坏中国抗日阵线的阴谋，正在策动着。毛泽东说："这个危险严重地存在着。"[⑤]因此，他提出，要坚持全面抗战路线就要反对两种投降主义，一种是民族对民族的投降主义，另一种是阶级对阶级的投降主义。

而反对阶级对阶级的投降主义，就发生了在统一战线中谁领导谁、谁吸引谁的问题。有鉴于此，毛泽东强调，共产党要在统一战线中保持独立自主。这是把抗日战争"引向胜利之途的中心一环"[⑥]。

---

① 毛泽东．毛泽东选集：第2卷．2版．北京：人民出版社，1991：391.

② 同①392.

③ 同①389.

④ 同①319.

⑤ 同①389.

⑥ 同①394.

后来的事态发展证明了毛泽东的分析和担心不是没有道理的。一是在共产党内，出现了以王明为代表的右倾错误；二是在国民党那里，不仅发生了国民党总裁汪精卫叛逃卖国乞降事件，而且发生了国民党五届五中全会秘密颁布《限制异党活动办法》的训令，不断制造摩擦，发动了一次又一次反共高潮。

1937 年 11 月 29 日，王明头戴着共产国际执委会主席团委员和政治书记处候补书记的桂冠，怀揣着共产国际指示，从莫斯科回到延安。在他回国后于 1937 年 12 月 9 日到 14 日和 1938 年 2 月 27 日到 3 月 1 日召开的两次政治局会议上，即党史上所说的“十二月会议”和“三月会议”上，提出了在统一战线中要“一切经过统一战线”“一切服从统一战线”的原则。他说：“在统一战线中两党谁是主要的力量？在全国政权与军事力量上要承认国民党是领导的优势力量。我们不能提出要国民党提高到共产党的地位，共产党也不能投降国民党，两党谁也不能投降谁。现在不能空喊资产阶级领导无产阶级或无产阶级领导资产阶级问题，这是将来看力量的问题，没有力量空喊无产阶级领导是不行的。”[①]这些指责，显然是针对毛泽东而说的。由于王明是以共产国际“钦差大臣”的身份做报告的，党内许多人很困惑，还做了自我批评。但是，这时国民党内右翼的反共活动已经显现，王明那一套根本行不通。中共中央决定派任弼时去莫斯科直接向共产国际汇报国内情况。共产国际认识到抗战以来中共中央的“政治路线是正确的”，中共中央“在领导机关中要在毛泽东为首的领导下解决。领导机关中要有亲密团结的空气”。同时，决定让中共驻共产国际代表王稼祥回国，向中共中央传达这些重要指示。[②] 中共中央决定召开党的扩大的六届六中全会，统一全党的思想，肃清王明在统一战线问题上右倾错误的影响。所以，毛泽东后来说：“遵义会议以后，中央的领导路线是正确的，但中间也遭过波折。抗战初期，十二月会议就是一次波折”[③]。

① 金冲及. 毛泽东传（1893—1949）. 北京：中央文献出版社，1996：506.

② 同①515.

③ 同①508.

抗日战争时期，国民党发动了一次又一次反共高潮。1941 年 1 月，震惊中外的皖南事变发生了。1 月 17 日，蒋介石发布了取消新四军番号的命令，把军长叶挺交付军事法庭审判，将反共高潮推向顶点。此时此刻，一大堆考题摆到了中国共产党面前：皖南事变后，跟蒋介石打不打？如果打，抗日怎么办？面对这样复杂的形势，中国共产党采取了顾全大局、委曲求全的退让政策，开展有理有利有节的斗争，一边重建新四军，一边向国民党交涉，提出了合情合理解决皖南事变的十二条办法[①]，赢得了国内外包括国民党左翼人士和其他爱国民主人士的一致好评。连美、英、苏等国对蒋介石也极其不满。毛泽东在总结这次斗争时，深刻地指出："在中国两大矛盾中间，中日民族间的矛盾依然是基本的，国内阶级间的矛盾依然处在从属的地位。"[②] 因此，在处理国民党发动的反共高潮这一复杂问题时，要看到"指导着国民党政府全部政策的英美派大地主大资产阶级，依然是两面性的阶级，它一面和日本对立，一面又和共产党及其所代表的广大人民对立"[③]。由此也决定了"和国民党的反共政策作战，需要一整套的战术，万万不可粗心大意"[④]。"我党在整个抗日时期，对于国内各上层中层还在抗日的人们，不管是大地主大资产阶级和中间阶级，都只有一个完整的包括联合和斗争两方面的（两面性的）民族统一战线的政策。"[⑤] 这也就是他后来反复论述的，我们的政策是综合"联合"和"斗争"的政策，不是"一切斗争，否认联合"，也不是"一切联合，否认斗争"，而是联合一切反对日本帝国主义的社会阶层，同它们建立统一战线，但对它们中间存在着的投降敌人和反共反人民的动摇性反动性方面，又应按其不同程度，同它们作各种不同形式的斗争。这种"两重性"还体现在劳动政策、土地政策、政治权利和党的建设等方面。由此，巩固发展了抗日民族统一战线，为赢得抗日战争打下了最为广泛的群众基础。这条在斗争中形成的理念，

---

① 毛泽东. 毛泽东选集：第 2 卷. 2 版. 北京：人民出版社，1991：771，775.

② 同①781.

③④ 同①782.

⑤ 同①784.

也成为我们党的宝贵财富。

中国的抗日战争为什么能够取得伟大的胜利，就在于中国共产党正确把握时代潮流实现国共第二次合作，就在于中国共产党正确把握时代潮流，坚持又联合又斗争的方针，巩固发展抗日民族统一战线。而且，我们从上述回顾的历史斗争中可以认识到，在时代潮流面前，能不能正确“把握”，绝不是像做一篇文章那么简单。由于中国共产党在斗争中形成了以毛泽东为主要代表的，既有把握正确的政治方向的能力，又有娴熟处理各种复杂局面的胆略、方法和艺术的强有力的领导集体，所以才能把握好天下大势。

（四）从《中国人民解放军宣言》和“五一口号”提出到新中国诞生

我们要研究讨论的第三个问题是：在抗日战争胜利后，特别是在蒋介石国民党冒天下之大不韪，发动不得人心的内战后，中国共产党是怎么把握时代潮流、把握人心所向，建立人民当家作主的新中国的？

前几年我在美国交流的时候，他们问：“你们为什么不实行多党制?”我的回答是，中国现行的政治制度是在近代中国社会发展过程中历史地形成的。1945 年，中国人民在世界反法西斯主义的斗争中赢得了抗日战争的胜利。这是 1840 年鸦片战争以来中华民族在反对外敌入侵过程中赢得的第一场全民族的胜利，中国人民第一次享受到了民族解放的喜悦。中国人民期盼能够在一个独立、自由、民主、富强和统一的新国家生活。在这样的背景下，中国共产党认为建立民主政权的条件成熟了，提出了“联合政府”的建国方案；而且明确提出可以先由中国国民党、中国共产党、中国各民主党派一起组成一个临时联合政府，待条件成熟后举行大选。这时，中国国民党逆民主潮流而动，提出所谓“一个领袖、一个主义、一支军队”的专制主义建国方案。在这样一个关键的历史时刻，美国政府并没有支持我们的民主建国方案，而是支持国民党的专制主义建国方案，并且出巨资支持国民党政府打内战，企图一举消灭中国共产党。结果，不到两年时间，失去民心的国民党就在战场上失败了。在这种情况下，共产党就提出了“人民民主专政”的建国方案。这个方案，也是建立一个统一战线的政权，但是国民党已经不可能进入新政权了。就是在这样的“历史合力”推动下，形成了今天中国的政治制度。

这里，我们就和大家一起来研究讨论一下在抗日战争结束前后，中国共产党在从抗日战争转变到争取和平建国、从解放战争转变到建立人民当家作主的新中国这两次历史大转折中，是怎么样正确把握时代潮流、把握民心所向，谱写中国历史新纪元的。

1. 在从抗日战争到争取和平建国的历史大转折中，面对“两个中国之命运”的决战，把握抗战胜利后的和平民主时代潮流，提出“联合政府”主张

抗日战争是1840年鸦片战争以来中华民族反对帝国主义斗争取得的第一次伟大的胜利。在这场胜利到来的前夕，中国共产党清醒地意识到，抗日战争胜利后的斗争将集中在建国问题上。是建设一个独立的、自由的、民主的、统一的、富强的新中国，还是建设一个半殖民地半封建的、分裂的、贫弱的中国？这就是毛泽东当年所说的“两个中国之命运”的决战。

但是，国民党逆时代潮流而行，把抗日战争胜利后实行国民党的独裁专制统治作为他们的追求和目标。蒋介石在1943年3月出版了《中国之命运》一书，又乘5月15日共产国际解散之机，大肆鼓噪“共产主义不适用于中国”“解散共产党”“取消陕北特区”，掀起新的反共高潮。对于这些倒行逆施的声音，人民的回答是：要和平，要民主。1943年9月，重庆、成都、昆明等大后方出现了不断高涨的民主运动。

中国共产党清醒地认识到，此时此刻，中国人民最需要的，一是和平，二是民主。抗日战争打了8年，至于东北人民流离失所、遭受日寇

蹂躏更达 14 年之久，告别战争，重建和平的生活，是所有中国人的期盼。而民主则不仅是创造新生活的根本条件，更是创造新生活的题中应有之义。况且，在中国共产党长期的革命实践中，民主始终是一个奋斗目标。在抗日战争胜利前后“两个中国之命运”的决战中，民主又成为一个焦点。

抗战胜利前夕，中国共产党认为，要求国民党和平建国，改弦更张，实行民主，废除一党专政，建立民主联合政府的时机已经成熟。1944 年 8 月 17 日，毛泽东在董必武给周恩来的电报上批示：“应与张、左商各党派联合政府”[①]。9 月 1 日，毛泽东在六届七中全会主席团会议上说明，党的主张是：“召集各党派代表会，成立联合政府，共同抗日将来建国”[②]。9 月 15 日，林伯渠代表共产党在参政会上正式提出废除国民党一党专政，建立民主联合政府的主张。1945 年 4 月 23 日至 6 月 11 日，党的七大正式召开，毛泽东作了题为《论联合政府》的书面报告。

《论联合政府》提出了抗日战争胜利后建立联合政府的两个步骤：“第一个步骤，目前时期，经过各党各派和无党无派代表人物的协议，成立临时的联合政府，第二个步骤，将来时期，经过自由的无拘束的选举，召开国民大会，成立正式的联合政府。”[③]

这里所讲的“经过各党各派和无党无派代表人物的协议”，就是一种和选举民主不同的协商民主。这两个步骤，第一步就是通过协商民主成立临时联合政府，第二步再通过选举民主成立正式的联合政府。

这个主张会不会实现呢？毛泽东在七大曾经对此做过分析。他根据当时的国际国内变动着的形势估计了三种可能性：第一种可能性，是坏的、我们不希望实现的可能性，即要我们交出军队去做官。毛泽东说：“军队我们当然是不交的，但政府还是独裁的，我们做官不做呢？我们不要宣传去做，也不要拒绝，要准备这种可能性。其坏处是在独裁政府

---

① 电文中的“张、左”，指的是中国民主政团同盟主席张澜和秘书长左舜生。中共中央党史研究室．中国共产党历史：第 1 卷：下．北京：中共党史出版社，2011：640.

② 中共中央党史研究室．中国共产党历史：第 1 卷：下．北京：中共党史出版社，2011：640.

③ 毛泽东．毛泽东选集：第 3 卷．2 版．北京：人民出版社，1991：1068-1069.

做官，不过这是可以向群众解释的（为了委曲求全，而这个政府我们是不赞成的），但也有好处，可以做宣传工作。”[①] 第二种可能性，是以蒋介石为首的联合政府。毛泽东说，这种政府形式是民主，也承认解放区，实质仍是蒋介石的独裁政府。也就是说，这样的以蒋介石为首的联合政府，我们是要参与进去的。第三种可能性，是以我们为中心的联合政府。毛泽东说，“在我们有一百五十万军队、一亿五千万人民时，在蒋介石的力量更加缩小、削弱，无联合可能时，就要如此做”[②]。毛泽东还说：“这是中国政治发展的基本趋势和规律，我们要建设的国家就是这样一个国家”[③]。这样的分析，既有最好的追求，又有最坏的打算，保持了党的务实清醒的头脑。

后来，这三种可能性都先后变成了现实。

为了实现这一联合政府的主张，8 月 28 日，毛泽东不顾个人安危到重庆进行和平谈判。谈判一开始，国民党就要共产党交出军队、交出解放区。毛泽东估计的第一种可能性出现了。毛泽东表示，解决这些问题，前提是国家民主化。中共方面在解放区政权和军队缩编等问题上做了许多让步。这样，就达成了实行和平建国方针的共识，签署了《政府与中共代表会谈纪要》（《双十协定》）。根据这个协定，1946 年 1 月 10 日，由国民党政府主持召集的政治协商会议在重庆召开。同日，中共参加政治协商会议的代表团同国民党政府代表正式签订停战协定。这个政治协商会议的中心议题，是讨论政治民主化和军队国家化问题。毛泽东估计的第二种可能性，在会上也出现了。国民党主张共产党必须先交出军队才能开放民主。共产党提出这两个方面可以平行前进、归于一途，即什么时候国家民主化了，军队也就国家化了。民主党派提出，任何党派的军队都要整编，不是只要一个党交出军队，也不应把其他军队都看成国家军队。会议经过多次讨论，商定双方军队先进行整编。在达成这样的协议后，共产党立即发出党内指示，贯彻执行。国民党统治集团却难以承受民主改革，还让特务打伤民主人士，破坏民主进程。

---

①②③ 毛泽东．毛泽东文集：第 3 卷．北京：人民出版社，1996：277.

事实上，政治协商会议结束后，蒋介石国民党很快就撕毁了停战协定和政协协议，向共产党领导的解放区发动进攻，打响了不得人心、逆民主潮流而动的内战。结果，不到两年，国民党就在战场上战败了，出现了毛泽东在党的七大上估计的第三种可能性，人民当家作主的历史时刻来临了。

综上所述，抗日战争胜利前后，中国共产党为争取和平建国做了大量的工作。其中，最出色的工作，就是在这一历史大转折中，面对“两个中国之命运”的决战，把握抗战胜利后的和平民主时代潮流，同违反人民群众和平和民主愿望的倒行逆施做了坚决的斗争，提出了“联合政府”主张，并以大无畏的实际行动，推进了人民民主。

2. 在从解放战争到建立人民当家作主新中国的历史大转折中，面对要不要“将革命进行到底”的考验，把握人民民主的时代潮流，通过协商民主建立新中国

抗日战争结束后，蒋介石冒天下之大不韪，破坏重庆谈判达成的停战协定。在全国性内战即将爆发之际，中国共产党面临的挑战和压力也是非常突出的。一方面，我们面临以美国为首的帝国主义支持蒋介石发动全面内战的严峻形势；另一方面，美、英、法和苏联的关系缓和下来，苏联施压要我们同蒋介石妥协。摆在我们面前的是两个选择——妥协还是将革命进行到底？在这个历史关头，1946 年 4 月，毛泽东又一次做出了历史性判断：“这种妥协，并不要求资本主义世界各国人民随之实行国内的妥协。各国人民仍将按照不同情况进行不同斗争。”[①] 就是这样，在深刻分析国内国际形势之后，我们党做出了将革命进行到底的重大决定，最终推翻蒋介石反动政权，建立人民当家作主的新中国。

对于中国共产党来讲，要将革命进行到底，不仅要有坚强的决心和意志，更要把握好时代潮流，适时作出正确的决策。

---

① 毛泽东．毛泽东选集：第 4 卷．2 版．北京：人民出版社，1991：1185.

1947年10月，中国共产党在《中国人民解放军宣言》中发出了“打倒蒋介石，解放全中国”的历史性号召，提出了新型的“联合政府”即不包括国民党及其追随者在内的“民主联合政府”的主张。毛泽东指出，这一新型的民主联合政府，在国体上就是“人民民主专政”。这就告诉了我们，中国能够实行什么样的民主，这个问题并不是主观设定的，而是在中国人民的历史奋斗中逐步形成的。

中国共产党怎么做出这一决定、发出这一号召的呢？

在1947年“十二月会议”（12月25日至28日在米脂县杨家沟召开的中共中央扩大会议）上，毛泽东在提交给大家讨论的书面报告《目前形势和我们的任务》以及会上两次重要讲话中，系统地阐述了党中央关于这一历史性决策的依据：第一，“在政治方面，国民党区域人心动向变了，蒋介石被孤立起来，广大人民群众站到了我们方面”[①]。他分析说，这个问题长时期内没有得到解决，土地革命战争时期我们比较孤立，抗战时期蒋介石逐渐失掉人心，我们逐渐得到人心，但问题仍没有根本解决，直到抗战胜利以后这一两年来才解决了这个问题。第二，“在军事方面，蒋介石已经转入防御，我们转入进攻”[②]。第三，“在经济方面，蒋介石的情况到今年已经很严重了。我们现在也困难，特别是山东、陕北两处，但我们的困难可以解决。从根本上说，是因为我们搞了土地改革，而蒋介石没有搞；另外我们的主力打出去以后，又减轻了解放区的负担”[③]。也就是说，人心归向、实力对比、困难状况是夺取全国政权的基本条件。

与此同时，毛泽东论述了夺取全国政权的政治纲领和重大政策。夺取全国政权，最重要的，是要解决我们要建立什么样的政权、怎么样来建立政权的问题。在《中国人民解放军宣言》中，毛泽东已经明确提出我们要通过统一战线来建立新政权。在“十二月会议”后，毛泽东用了很大的精力研究统一战线和党的政策。他说，人民不喜欢蒋介石，也不

①② 毛泽东．毛泽东文集：第4卷．北京：人民出版社，1996：328.

③ 同①328－329.

喜欢共产党。这个可能性完全有，在理论上不是不存在的。我们如果在政策上犯了错误，还是不能取得胜利。特别是，对于当年在晋绥土地改革中出现的“贫雇农打江山坐江山”的“左”倾口号，他十分重视，明确表示反对。他明确指出：“在乡村，是雇农、贫农、中农和其他劳动人民联合一道，在共产党领导之下打江山坐江山，而不是单独贫雇农打江山坐江山。在全国，是工人，农民（包括新富农），独立工商业者，被反动势力所压迫和损害的中小资本家，学生、教员、教授、一般知识分子，自由职业者，开明绅士，一般公务人员，被压迫的少数民族和海外华侨，联合一道，在工人阶级（经过共产党）的领导之下，打江山坐江山，而不是少数人打江山坐江山。”① 按照毛泽东的思路，就是我们共产党人虽然为夺取全国政权进行了艰苦的奋斗，做出了巨大的牺牲，但我们是为人民打天下，也应该由人民来坐天下。因此，我们要通过统一战线建立新中国，建立一个统一战线的新政权。

根据这样的分析，1948 年 4 月 30 日，在中共中央发表的“五一口号”中，第 5 条口号提出，各民主党派、各人民团体、各社会贤达迅速召开政治协商会议，讨论并实现召集人民代表大会，成立民主联合政府。

“五一口号”在中国共产党创建新中国的历史上具有极其重要的意义。第一，它把《中国人民解放军宣言》中提出的“打倒蒋介石，解放全中国”的口号具体化，转化为建立新中国的实际行动；第二，它提出了中国共产党关于建立新中国的目标、方案和路线图，即通过召开政治协商会议、举行人民代表大会、成立民主联合政府这样“三步走”建立新中国；第三，它是不同于旧政协的新政协即中国人民政治协商会议的历史起点；第四，由此把中国共产党在统一战线中形成的协商民主方法转化为人民政协这样有民主机制的组织，使之成为中国特色民主政治的重要形式。

具体地说，“五一口号”的发表，意味着毛泽东和中共中央决定采

① 毛泽东．毛泽东选集：第 4 卷．2 版．北京：人民出版社，1991：1268-1269．

取同各民主党派和人民团体一起召开政治协商会议的形式，会商怎么样夺取全国政权，建立新中国。在“五一口号”公布前，1948 年 4 月 27 日，毛泽东就在给北平地下党领导人刘仁的信中，要他告诉 1947 年曾经给毛泽东去信的张东荪、符定一先生：“我党准备邀请他们两位及许德珩，吴晗，曾昭抡及其他民主人士来解放区开各民主党派各人民团体的代表会议”。会议的内容是：“（甲）关于召开人民代表大会成立民主联合政府的问题；（乙）关于加强各民主党派各人民团体的合作及纲领政策问题”。毛泽东在信中还指出：“我党中央认为各民主党派及重要人民团体（例如学生联合会）的代表会商此项问题的时机业已成熟，但须征求他们的意见，即他们是否亦认为时机业已成熟及是否愿意自己或派代表来解放区开会。会议的名称拟称为政治协商会议。会议的参加者，一切民主党派及重要人民团体均可派遣代表。会议的决议必须参加会议的每一单位自愿同意不得强制。开会地点在哈尔滨，开会时间在今年秋季。”①

在中共中央发布“五一口号”的次日，即 1948 年 5 月 1 日这天，毛泽东还致函中国国民党革命委员会主席李济深和中国民主同盟中央常务委员沈钧儒，以协商的口气具体提出了召开政治协商会议的时间、地点、参会党派和原则、实施步骤等，对中共中央“五一口号”做了进一步的补充。信中说：“在目前形势下，召集人民代表大会，成立民主联合政府，加强各民主党派、各人民团体的相互合作，并拟订民主联合政府的施政纲领，业已成为必要，时机亦已成熟。国内广大民主人士业已有了此种要求，想二兄必有同感。但欲实现这一步骤，必须先邀集各民主党派、各人民团体的代表开一个会议。在这个会议上，讨论并决定上述问题。此项会议似宜定名为政治协商会议。一切反美帝反蒋党的民主党派、人民团体，均可派代表参加。不属于各民主党派、各人民团体的反美帝反蒋党的某些社会贤达，亦可被邀参加此项会议。此项会议的决定，必须求得到会各主要民主党派及各人民团体的共同一致，并尽可能

---

① 中央档案馆．中共中央文件选集：第 17 册．北京：中共中央党校出版社，1992：143-144.

求得全体一致。会议的地点，提议在哈尔滨。会议的时间，提议在今年秋季。并提议由中国国民党革命委员会、中国民主同盟中央执行委员会、中国共产党中央委员会于本月内发表三党联合声明，以为号召。”①

同一天，中共中央给沪局、港分局也发出了关于邀请各民主党派及重要人民团体代表来解放区开政治协商会议的指示。

从这几份电报中，我们可以体会到：第一，“政治协商会议”是实现人民民主的重要形式。第二，这一形式的基本特点，是具有不同阶级基础的政治和社会组织，通过对话和协商，“尽可能求得全体一致”。这种民主形式，就是我们今天所说的“协商民主”。这几份重要的历史文献告诉我们，在筹建新中国的过程中，以毛泽东为代表的中国共产党人已经形成并提出了协商民主思想。

后来，中国革命的形势发生了急剧的变化。人民解放军挥师南下，国民党军队兵败如山倒，国民党政权顷刻瓦解，从北到南，大批国土和人民获得解放。在新解放区迫切需要建立人民民主的新政权，而全国包括西南一些地区和东部、东南部的一些海岛还在打仗，这样，按照原定计划通过全国普选人民代表、召开人民代表大会的条件还不成熟。中共中央经过同已经到达解放区的各民主党派人士协商，决定通过政治协商会议这种协商民主形式来建立新中国。考虑到北平已经和平解放，把原计划在哈尔滨召开的政治协商会议改到北平召开。与此同时，考虑到建立新中国需要广泛的代表性，不能仅仅由几个党派来做决定，因此决定召开一个包括各个党派、各个界别的代表人士参加的、具有像人民代表大会那样广泛代表性的新政协会议，代行全国人民代表大会的职权，选举产生中华人民共和国中央人民政府。

1949 年 6 月 15 日至 19 日，经过中国共产党和各民主党派以及无党派民主人士协商，决定在刚刚获得和平解放的北平召开新政协筹备会议全体会议。之所以称为“新政协”，是为了同 1946 年由国民党政府主持召开的旧政协区别开来。会议选出毛泽东、朱德、李济深等 21 人组成

① 毛泽东. 毛泽东文集：第 5 卷. 北京：人民出版社，1996：90.

筹备会常务委员会，决定在常务委员会领导下设立 6 个小组，分别拟订参加新政协的单位及其代表名额、起草新政协的组织条例、起草共同纲领、拟订中华人民民主共和国政府方案、起草宣言、拟订国旗国歌及国徽方案。9 月 17 日，在新政协筹备会议第二次全体会议上，基本通过了由各个小组分头起草的政协组织法草案、共同纲领草案、政府组织法草案等，同时，会议一致通过将新政协改称为“中国人民政治协商会议”。

中国人民政治协商会议承担起了建立新中国的历史重任。1949 年 9 月 21 日至 30 日，中国人民政治协商会议第一届全体会议在北平召开。会议讨论通过了《中国人民政治协商会议共同纲领》《中华人民共和国中央人民政府组织法》《中国人民政治协商会议组织法》。会议还决定：中华人民共和国的国都定于北平，将北平改为北京；采用公元纪年；以《义勇军进行曲》为代国歌；国旗为五星红旗。会议还选举毛泽东为中央人民政府主席，朱德、刘少奇、宋庆龄、李济深、张澜、高岗为副主席，周恩来等 56 人为委员，组成中央人民政府委员会。

1949 年 10 月 1 日，一个历史性的时刻到来了。中央人民政府委员会举行了第一次会议，会议一致决议：宣布中华人民共和国中央人民政府成立。然后，毛泽东等领导人登上了天安门城楼，向聚集在天安门广场的群众和全国全世界人民庄严宣告：中华人民共和国中央人民政府于今日成立了。

这段历史说明，人类可以设计各种制度，但不能主观随意地选择制度。中国现行的政治制度是在近代中国历史发展过程中，在各种力量合力推动下形成的，不可能你想怎么样就怎么样。历史的路径，引导我们建立了人民民主专政的国体。这是不以人的意志为转移的。在民主政治制度选择的问题上，我们只能尊重历史，尊重历史的辩证法。事实上，考察近代以来世界各国的民主形式，都是有其历史原因的。美国的南北战争形成了美国的政党制度和民主形式；法国大革命与英国“光荣革命”的不同特点，最后也都体现在两国民主制度形式的差异上。因此，今天美国的民主形式不同于法国的，法国的民主形式又不同于英国的。所以，我们致力于探索的，应该是也只能是符合中国的历史和今天国情的，能够真正给中国人民带来安定和幸福的民主实现形式。

通过对这段历史的简要还原，我们可以看到，中国共产党在中国革命发生历史性转折的关键时刻，正确把握时代潮流、把握民心所向，用人民民主的方式建立了人民民主的政权。也就是说，尽管中国共产党在解放战争战场上取得了决定性的胜利，但这个党没有独霸政权，而是顺应时代大潮、把握时代大潮，同各民主党派和无党派民主人士一起共商国是，采用政治协商的形式形成了“共同纲领”，在此基础上选举产生了中华人民共和国中央人民政府。中国共产党的执政地位是在协商民主与选举民主相结合的基础上确立的，这就是中国共产党执政的合法性来源。

（五）《论十大关系》的提出和国际形势分析

我们要研究讨论的第四个问题是：在中国经过社会主义改造确立了社会主义基本制度后，已经明确宣布向苏联“一边倒”的情况下，毛泽东为什么会在1956年提出要“以苏为鉴”，探索符合自己国家特点的社会主义建设道路？毛泽东为什么要发表探索走自己道路的《论十大关系》？

我们都知道，1956年4月25日毛泽东发表的《论十大关系》，是中国共产党开始从中国国情出发探索社会主义建设道路的标志性著作。我们今天的改革开放，许多观点和做法都是从《论十大关系》中汲取思想营养的。

毛泽东本人在1960年6月18日写下的《十年总结》中，就说过：“前八年照抄外国的经验。但从一九五六年提出十大关系起，开始找到自己的一条适合中国的路线”①。

毛泽东为什么要提出这个问题呢？

① 中共中央文献研究室．建国以来毛泽东文稿：第9册．北京：中央文献出版社，1996：213．

苏联建设社会主义的历史教训，无疑是中国共产党和毛泽东提出要“以苏为鉴”、探索中国社会主义建设规律的重要原因。1956年，在中国社会主义发展的历史上，具有特别重要的意义。这一年2月14日到25日，苏共二十大召开，赫鲁晓夫做了全盘否定斯大林的秘密报告。毛泽东在主持中央政治局扩大会议讨论这个关系到国际共产主义运动前途命运的重大问题时，总结了世界社会主义和中国社会主义实践的经验教训。据当年参加会议的新华社社长吴冷西记录，毛泽东当时在会上说：“其实，十月革命以来，搞社会主义建设时间并不长。说到共产主义运动，从马克思发表《共产党宣言》时起，迄今也只有100年多一点，实现共产主义是空前伟大、空前艰巨的事业。不艰巨就不能说伟大，因为很艰巨，才很伟大。这样伟大艰巨的事业，不犯错误是不可能的。苏联要犯错误，我们也要犯错误。因为我们所走的道路是前无古人的道路。”“要摸清建设社会主义的规律不是容易的事情。路如何走，不容易。我们搞民主革命也是犯了许多错误之后才成功的。建设社会主义同样是这样。要树立错误难免的观点。任务是尽量少犯错误，使主观符合客观，按客观规律办事，反对主观主义，反对教条主义，反对片面性。这样才能避免犯大错误。我们力求不犯大错误。”①

吴冷西的记录中，最有价值的，是他记录了毛泽东在1956年就提出中国共产党要进行“第二次结合”。我们现在常讲的“马克思主义和中国实际相结合的两次飞跃”“中国特色社会主义是马克思主义中国化的最新成果”等，讲的都是马克思主义和中国实际的第二次结合。而吴冷西记录的意义在于，毛泽东是提出“第二次结合”的第一人。在他的记录中有毛泽东一段十分重要的话。这就是，毛泽东在总结斯大林犯错误的历史教训时说道：“我认为最重要的教训是独立自主，调查研究，摸清本国国情，把马克思列宁主义的基本原理同我国革命和建设的具体实际结合起来，制定我们的路线、方针、政策。民主革命时期，我们走过一段弯路，吃了大亏之后才成功地实现了这种结合，取得革命的胜

---

① 吴冷西. 十年论战. 北京：中央文献出版社，1999：15.

利。现在是社会主义革命和建设时期，我们要进行第二次结合，找出在中国进行社会主义革命和建设的正确道路。”① 他还说：“开始我们模仿苏联，因为我们毫无搞社会主义的经验，只好如此，但这也束缚了自己的积极性和创造性。现在我们有了自己的初步实践，又有了苏联的经验和教训，应当更加强调从中国的国情出发，强调开动脑筋，强调创造性，在结合上下功夫，努力找出在中国这块土地上建设社会主义的具体道路。”②

由此可见，毛泽东是十分重视苏联建设社会主义的经验教训的，以他们的教训为鉴戒来考虑我们自己的社会主义建设问题。他提出要进行“第二次结合”，就是认为我们不能躺在过去的功劳簿上，要认识到建设社会主义是中国的第二次革命，要开始新的探索、新的创造，进行马克思主义中国化的新的“结合”。

我们自己在建设社会主义实践中存在的问题，更是毛泽东探索中国社会主义建设规律的重要原因。按照中国共产党原来的设想，至少用三个五年计划的时间，在实现工业化后再进行社会主义改造，确立社会主义基本制度。但是，实际进程如同我们在前面已经讨论过的，我国在完成民主革命遗留任务后出现了许多新情况，特别是技术革命离不开社会革命、发展工业化生产力离不开生产关系的社会主义改造，在当年“东风压倒西风”的时代大潮推动下，我们提前完成了对生产资料私有制的社会主义改造。这样就带来了一个新问题：在经济文化比较落后的国家，怎么推进社会主义建设，加快发展工业化和现代化的社会生产力；什么样的社会主义建设道路，才是符合中国国情并能够给中国带来快速发展的道路。毛泽东的《论十大关系》和后来发表的《关于正确处理人民内部矛盾的问题》等著作，就是在这样的历史背景下形成的。

据薄一波的回忆，1956 年初，毛泽东从杭州回到北京，听说刘少奇正在听取一些部委的汇报，很感兴趣，也决定听取各个口的国务院主管

---

① 吴冷西. 十年论战. 北京：中央文献出版社，1999：23-24.

② 同①24.

办公室的综合汇报和各个口的部委领导的汇报。从 2 月 14 日开始到 4 月 22 日，他共听取了 29 个部委和 5 个口的国务院主管办公室的汇报。与此同时，还要求各省、市、自治区党委给中央做书面汇报，并听取了部分省、市委的当面汇报。这是毛泽东在我国社会主义改造和社会主义建设开始后，继农村社会主义高潮调查后的第二次大规模调研。这一段时间，毛泽东非常辛苦，用他自己的话来说，每天是“床上地下、地下床上”。通过调研，形成了《论十大关系》。[①]

4 月 25 日到 28 日，毛泽东召开政治局扩大会议。在 25 日会议上，毛泽东第一次作了《论十大关系》报告，然后连续讨论 3 天。5 月 2 日，毛泽东召开最高国务会议，第二次作《论十大关系》报告。两次报告的记录，10 个标题相同，内容有所不同。后来，就以 4 月 25 日讲话为基础，吸收了 5 月 2 日讲话的部分内容，整理成一个党内文件，于 1965 年 12 月 27 日印发给县、团以上党委学习。1975 年，经邓小平向毛泽东建议，重新整理《论十大关系》，恢复了 1965 年党内文件中许多没有整理进去的内容。我们现在见到的《论十大关系》，即在《毛泽东文集》中读到的这篇文章，就是 1975 年整理稿，是比较全的一个整理稿。

那么，《论十大关系》讲了些什么？

文章一开头，毛泽东就指出所论述的十个问题“都是围绕着一个基本方针，就是要把国内外一切积极因素调动起来，为社会主义事业服务”。他说：“我们工作中间还有些问题需要谈一谈。特别值得注意的是，最近苏联方面暴露了他们在建设社会主义过程中的一些缺点和错误，他们走过的弯路，你还想走？过去我们就是鉴于他们的经验教训，少走了一些弯路，现在当然更要引以为戒。”[②]

《论十大关系》全文讲了十种问题，这就是：

（1）重工业和轻工业、农业的关系。

（2）沿海工业和内地工业的关系。

---

① 薄一波．若干重大决策与事件的回顾．北京：中共党史出版社，2008.

② 毛泽东．毛泽东文集：第 7 卷．北京：人民出版社，1999：23.

（3）经济建设和国防建设的关系。

（4）国家、生产单位和生产者个人的关系。

（5）中央和地方的关系。

（6）汉族和少数民族的关系。

（7）党和非党的关系。

（8）革命和反革命的关系。

（9）是非关系。

（10）中国和外国的关系。

毛泽东在文章最后说道，这十种关系，就是十大矛盾。处理好这些矛盾，就能够“把党内党外、国内国外的一切积极的因素，直接的、间接的积极因素，全部调动起来，把我国建设成为一个强大的社会主义国家”[①]。

毛泽东提出的这十大关系，之所以重要，是因为其中每一个关系针对的都是苏联的经验教训和我们工作中存在的问题，提出的都是从中国实际出发建设中国社会主义的方针政策和战略思想。比如第一个关系，关于重工业和轻工业、农业的关系，他说：“重工业是我国建设的重点。必须优先发展生产资料的生产，这是已经定了的。但是决不可以因此忽视生活资料尤其是粮食的生产。如果没有足够的粮食和其他生活必需品，首先就不能养活工人，还谈什么发展重工业？所以，重工业和轻工业、农业的关系，必须处理好。”[②] 提出这个问题，针对的首先就是苏联的粮食产量长期达不到革命前的最高水平，以及东欧一些国家由于轻重工业发展太不平衡而产生的市场上货物不够、货币不稳定等严重问题。对于我们自己的国民经济，他在肯定我们的做法后也指出：“我们现在的问题，就是还要适当地调整重工业和农业、轻工业的投资比例，更多地发展农业、轻工业。”[③] 为什么要作这样的调整？他说：“一可以更好地供给人民生活的需要，二可以更快地增加资金的积累，因而可以更多

---

① 毛泽东．毛泽东文集：第7卷．北京：人民出版社，1999：44．

②③ 同①24．

更好地发展重工业。重工业也可以积累，但是，在我们现有的经济条件下，轻工业、农业积累得更多更快些”①。可以设想一下，如果我们完全按照苏联的经济建设思想，片面发展重工业而忽视农业、轻工业的发展，就会出现钢铁很多、机器很多而农民还吃不饱饭那样一种局面。毛泽东的《论十大关系》所阐述的经济建设思想，用现在的话来说，这个思想是以人民为中心的发展思想，是以民生为出发点和落脚点的发展思想。这样的经济建设思想，十分符合我们这样一个农村人口众多的国家的实际情况。

关于《论十大关系》这部著作的理论内涵和理论贡献，我们在研究中国社会主义经济建设思想时，在研究中国特色社会主义理论形成和发展历史时，都已经有过论述。这里，着重研究讨论它和时代的关系。这是过去很少研究的，却又是我们这里要研究的重点。

在毛泽东听取 34 个部委汇报结束后，毛泽东一方面归纳梳理我国经济和社会发展的基本问题，另一方面在思考一个重大的战略问题。这个问题，就是时代问题，特别是世界大战会不会爆发，即我国面临的战争风险问题。为此，他专门召开了几次政治局会议，进行讨论。包括像前面所说的重工业和轻工业、农业的关系问题，如果要准备打仗，是一种安排；如果战争危险不会马上到来，又是一种安排。苏联在安排国民经济生产资料生产和消费资料生产两大部类比例时，一个重要的考虑，就是要为打仗准备好大量的钢铁。斯大林在卫国战争中，之所以能够抵挡得住德国法西斯坦克和摩托化部队大规模的进攻，除了苏联人民和红军指战员的英勇气概，还有一个重要的原因，就是苏联有这样的物质条件。所以，安排国民经济各个部类的比例，不是一个纯经济的过程，要综合考虑各个方面的情况和要求。特别是，毛泽东考虑到在中国这样一个经济文化比较落后的国家建设社会主义，除了要考虑民生与经济的关系，还要考虑国防建设与经济建设的关系、沿海工业与内地工业的关系等。如果不打仗，可以多搞经济建设，降低军政费用比

① 毛泽东．毛泽东文集：第 7 卷．北京：人民出版社，1999：25.

重；如果要打仗，就要勒紧裤带发展国防建设。如果不打仗，沿海的工业底子比较好，可以以此为基础加快工业发展；如果要打仗，就不能把我们有限的资金摆在沿海而应该在内地发展工业，不然一旦战争爆发就只能听凭人家利用海空优势把我们的工业都摧垮了。所以，这十大关系中的许多关系都直接涉及对未来战争爆发可能性的估计。毛泽东主持政治局会议，讨论的中心就是分析国际形势，估量战争爆发的可能性问题。

据薄一波的回忆，当时有两次国际会议对中央政治局的决策有很大影响。一是在印度尼西亚的万隆召开的亚非会议，提出了促进世界和平与合作的十项原则；二是日内瓦会议，实现了印度支那停战。由于这两个会议的成功，世界和平与合作力量的影响逐步增强，使帝国主义不敢轻易动武。毛泽东在《论十大关系》中对此有专门的论述。他说："现在，新的侵华战争和新的世界大战，估计短时期内打不起来，可能有十年或者更长一点的和平时期。"① "认为原子弹已经在我们头上，几秒钟就要掉下来，这种形势估计是不合乎事实的"②，与此同时，他说，也要认识到"因为还有敌人，我们还受敌人欺负和包围嘛"③。周恩来 1956 年 11 月 10 日在党的八届二中全会报告中指出，"毛泽东同志在政治局会议上提出，现在把国防工业步子放慢，重点加强冶金工业、机械工业和化学工业，把底子打好；另一方面，把原子弹、导弹、遥控装置、远程飞机搞起来，其他的可以少搞"④。

毛泽东在形成《论十大关系》时对国际形势的研究，说明了什么？首先，毫无疑问，说明了经济建设和时代有极其密切的关系，特别是同战争与和平的判断有极其密切的关系。更重要的是，说明了毛泽东关于《论十大关系》的思想是顺应时代潮流的思想，是在正确判断时代大潮及其发展趋势后得出的科学结论。了解这一点非常重要，我们可以设想一下，如果对时代大潮判断错了，整个国家会面临什么样的局面。毛泽

①② 毛泽东．毛泽东文集：第 7 卷．北京：人民出版社，1999：26.

③ 同①28.

④ 周恩来．周恩来选集：下卷．北京：人民出版社，1984：236.

东的《论十大关系》，之所以能够经得住历史的考验，从根本上说，它是在正确把握时代大潮基础上形成的中国发展的战略思想。

（六）战争延缓、新科技革命日新月异发展和党的工作重点转移

我们要研究讨论的第五个问题是：以 1978 年底召开的党的十一届三中全会为起点和标志，中国共产党把全党的工作重点转移到了现代化建设上，那么，这一改变中国面貌的战略转移是怎么发生的呢？中国共产党是怎么把握时代大潮及其发展趋势，实现这一战略转移的呢？

路是人走出来的。但是，路走得对不对，首先取决于方向对不对。1976 年 10 月 6 日，伴随着“四人帮”被粉碎，历经 10 年之久的“文化大革命”结束。与此同时，一个大课题摆到了党和人民面前：从“文化大革命”中走出来的中国向何处去？

邓小平和叶剑英等老一辈革命家深知中华民族最需要的是尽快实现现代化。作为以毛泽东为核心的党的第一代中央领导集体的成员，邓小平还参与过制定“四个现代化”的奋斗目标。“文化大革命”后期，在邓小平主持中央工作期间，他致力于做的工作就是整顿被“文化大革命”搞乱的秩序，推进我国社会主义现代化事业的发展。但是，邓小平的现代化努力被“四人帮”污蔑为“卫星上天，红旗落地”的修正主义，并被说成北京群众同“四人帮”抗争的“天安门事件”的后台，由此蒙冤被撤销党内外一切职务。粉碎“四人帮”、结束“文化大革命”后，中国实现社会主义现代化有了难得的政治环境和历史条件。因此，早在邓小平还没有恢复工作之前，他就在 1977 年 5 月 12 日约中国科学院的领导，谈科学和教育问题，强调“整个国家赶超世界先进水平，科学研究是先行官”①。5 月 24

① 中共中央文献研究室．邓小平年谱（1975—1997）：上．北京：中央文献出版社，2004：159．

日，在同一些领导同志谈到“两个凡是”不符合马克思主义的时候，他再次强调“我们要实现现代化，关键是科学技术要能上去”[①]。在邓小平恢复工作后，他又主动要求分管科学和教育，强烈地希望通过学习世界上最新的科学技术，把中国的现代化搞上去。

按理讲，搞现代化，把中国建设成为一个社会主义现代化国家，从“文化大革命”走出来的“中国向何处去”的问题不就解决了吗？但是，事情没有那么简单，经历了10年“文化大革命”，人们的思想被搞得十分混乱，在党内外爆发了两场相互联系的思想政治斗争。

第一场斗争，是由怎样正确对待毛泽东和毛泽东思想引起的，围绕着要不要重新确立党的实事求是思想路线展开的。当年，主持党中央工作的华国锋主席在粉碎“四人帮”后，认为“文化大革命”中像林彪、“四人帮”那些不得人心的倒行逆施不能再搞了，但是“文化大革命”前毛泽东提出的“以阶级斗争为纲”的方针、基本路线以及“文化大革命”中形成的“无产阶级专政下继续革命”理论不能变，因此提出了“两个凡是”的方针。1976年10月26日，华国锋在听取中共中央宣传口负责人汇报时说：凡是毛主席讲过的，点过头的，都不要批评；“天安门事件”要避开不说；要集中批“四人帮”，连带批邓。1977年2月7日，经华国锋批准，《人民日报》、《红旗》杂志、《解放军报》发表题为《学好文件抓住纲》的社论，提出“凡是毛主席作出的决策，我们都坚决维护，凡是毛主席的指示，我们都始终不渝地遵循”，这就是后人常说的“两个凡是”。显然，“两个凡是”完全违背了党心、民心。在粉碎“四人帮”后，老一辈革命家叶剑英、李先念等都呼吁，让邓小平早日出来工作。邓小平在同前来看望他的老同志也说，这“两个凡是”不是马克思主义，不是毛泽东思想。针对“两个凡是”，邓小平在4月10日给华国锋、叶剑英和党中央写信，提出“我们必须世世代代地用准确的完整的毛泽东思想来指导我们全党、全军和全国人民”[②]。这里提出的

---

① 邓小平．邓小平文选：第2卷．2版．北京：人民出版社，1994：40.

② 中共中央文献研究室．邓小平年谱（1975—1997）：上．北京：中央文献出版社，2004：157.

“准确的完整的毛泽东思想”，是和“两个凡是”根本对立的，这是在对待毛泽东思想问题上两条不同的思想路线。到5月，终于爆发了一场由一篇理论文章引起、几乎所有党的高级干部都直接参与并在报刊上公开表达自己看法的真理标准问题大讨论。这场大讨论是继延安整风后又一场思想大解放运动，产生了四大历史性成果：第一，全党重新确立了实事求是的思想路线，把思想从个人崇拜和教条主义中解放了出来；第二，实现了全党工作重点从阶级斗争到经济建设的战略性的大转移，作出了改革开放的历史性决策，开启了社会主义现代化建设和改革开放的新时期。第三，平反了一大批冤假错案，解放了一大批老干部，特别是纠正了共和国第一大冤案刘少奇案，恢复了党内正常的政治生活。第四，彻底否定了“文化大革命”，通过了《关于建国以来党的若干历史问题的决议》，完成了党在指导思想上的拨乱反正。

第二场斗争，是由解放思想、拨乱反正过程中一些重大的思想理论是非引起的，围绕着要不要坚持社会主义道路，要不要坚持无产阶级专政，要不要坚持共产党的领导，要不要坚持马列主义、毛泽东思想展开的。当年，在批判“两个凡是”错误方针，深入开展真理标准问题大讨论进程中，不可避免地要彻底否定“文化大革命”，彻底否定“无产阶级专政下继续革命”理论。由于这场“文化大革命”是毛泽东亲自发动和领导的，“无产阶级专政下继续革命”理论是以发展毛泽东思想的名义提出来的，因此，在思想大解放中，出现了一股全盘否定毛泽东和毛泽东思想的社会思潮，在社会上甚至有人进一步提出“万恶之源是无产阶级专政”，要从根本上否定社会主义道路和共产党的领导。这些问题在当时的“西单民主墙”和上海等地的群众大字报上反映相当突出，引起了邓小平等领导同志的警觉。1979年3月30日，邓小平在党的理论工作务虚会上提出：“我们要在中国实现四个现代化，必须在思想政治上坚持四项基本原则。这是实现四个现代化的根本前提”①。这“四项基本原则”就是要坚持社会主义道路，坚持无产阶级专政（后来改为坚持

① 邓小平．邓小平文选：第2卷．2版．北京：人民出版社，1994：164．

人民民主专政），坚持共产党的领导，坚持马列主义、毛泽东思想。

“走自己的道路，建设有中国特色的社会主义”①，邓小平在党的十二大开幕词中提出的这条全新的中国发展道路，就是在这两场思想政治斗争中把马克思主义基本原则同当代中国实际结合的基础上形成的。党中央提出的以经济建设为中心，坚持“四项基本原则”，坚持改革开放，即“一个中心、两个基本点”为主要内容的党在社会主义初级阶段的基本路线，也是在这两场思想政治斗争中形成的。其中，“坚持四项基本原则”和“坚持改革开放”被称为“两个基本点”，都服从和服务于“经济建设”这个“中心”，它们统一于建设中国特色社会主义的伟大实践。这条基本路线一直管到今天，是我们在改革开放复杂形势下能够抵御各种错误倾向干扰的生命线。

这段历史，大多数人都知道。现在需要研究和讨论的是，邓小平为什么要领导全党把工作重点转移到现代化建设上来，为什么要制定以经济建设为中心的基本路线。

毫无疑问，我国现阶段处在社会主义初级阶段，是一个经济文化比较落后的社会主义发展中国家，这一基本国情是邓小平做出工作重点转移的根本原因。同时，邓小平认为社会主义的根本任务就是解放和发展社会生产力，社会主义同资本主义相比较的优势应该体现在有比资本主义更好的条件发展社会生产力。“四人帮”鼓噪的“宁要贫穷的社会主义，不要富裕的资本主义”是荒谬的。这些认识，都是他力主工作重点转移、坚持以经济建设为中心的原因。

除了这些原因，他心中更着急的是中国在世界的地位，是中国怎么在时代大潮发展趋势中把握住中国发展的机遇。他忧虑的是，中国如果长期在世界范围内综合国力竞争中落伍，就要影响党和国家的前途。他认为，只有抓住时代大潮的发展特点和趋势、把握国际形势的深刻变化及其提供的机遇，加快中国的现代化速度，才能够赶上时代，推进中国社会主义事业的发展。我们可以注意到，他在推动和领导全党工作重点

① 邓小平．邓小平文选：第3卷．北京：人民出版社，1993：3.

从阶级斗争到经济建设转移时，始终强调两个概念：一是“抢时间”，二是“努力赶”。

“抢时间”，是针对国际政治军事形势来说的，就是要抓住国际形势正在朝着和平方向发展的机遇加快发展我们自己。1977年12月28日，邓小平在中央军委全体会议上的重要讲话中，强调指出：国际形势是好的，我们有可能争取多一点时间不打仗，特别是苏联的全球战略部署还没有准备好，美国在东南亚失败后全球战略目前是防守的，打世界大战也没有准备好，所以，可以争取延缓战争的爆发。根据这样的判断，他要求军队“抢时间”把军队现代化建设搞上去。① 与此同时，他更要求我们在加快经济建设的时候“抢时间”。1982年10月14日，他在谈到制定长远发展规划时，鲜明地提出“抢时间”问题。② 1983年3月2日，他在视察了江苏等地回到北京后的谈话中，又一次强调：“现在的问题是要注意争取时间，该上的要上。大战打不起来，不要怕，不存在什么冒险的问题。”③ 他还对外国朋友说：“第三世界国家应当利用这段时间发展经济，逐渐摆脱贫困落后状况。过去我们过多地认为世界大战很快就要打起来，忽视发展生产力，忽视经济建设。现在根据新的观察、新的分析，下决心一心一意搞建设。”“我们不要放过这段时间。”④ 从中可以看出，邓小平关于毫不动摇地把工作重点转移到经济建设的思想，关于毫不动摇地坚持以经济建设为中心的思想，不是一般的工作安排，而是鉴于时代特点和国际局势的科学分析提出的一个国家发展大战略。

而且，在国内外政治风波发生前后，他还是乐观地说：“世界上矛盾多得很，大得很，一些深刻的矛盾刚刚暴露出来。我们可利用的矛盾存在着，对我们有利的条件存在着，机遇存在着，问题是要善于把握。”⑤ 他

---

① 邓小平．邓小平文选：第2卷．2版．北京：人民出版社，1994：77.

② 邓小平．邓小平文选：第3卷．北京：人民出版社，1993：16.

③ 同②25.

④ 同②249-250.

⑤ 同②354.

的工作指导思想，就是在 1992 年南方谈话中强调的："抓住时机，发展自己，关键是发展经济。"①

这个战略，不仅是指要"抢时间"发展中国经济，而且指的是中国经济搞好了，我们国家在国际事务中的作用也会增强。正如邓小平 1980 年 1 月 16 日在《目前的形势和任务》中所说的："核心是现代化建设。这是我们解决国际问题、国内问题的最主要的条件。""如果我们国家发展了，更加兴旺发达了，我们在国际事务中的作用就会大。"② 事实上，也正是由于我们聚精会神搞建设，一心一意谋发展，把中国由一个贫穷落后的国家建设成世界第二大经济体，我们才有今天在国际社会的地位和话语权。

"努力赶"，是针对中国同世界发达国家的差距，特别是新科技革命日新月异发展的时代大潮来说的，就是要把先进的科学技术作为我们发展的起点。1977 年 5 月 12 日，邓小平约中国科学院的方毅、李昌谈科学和教育问题。他强调指出："我们同国外的科技水平比，在很多方面差距拉大了，要赶上很费劲。我们要努力赶，你不赶，距离就更大了，人家是一日千里。世界发达国家都注意最新的科学成果。据说他们政府头头每天办公桌上都放一张每日科技新闻。中国在清朝时搞闭关自守，'四人帮'也是搞闭关自守。科学研究方面的先进东西是人类劳动的成果，为什么不接受？接受这些东西有什么可耻的？"③ 他多次指出，同发达国家相比，我国经济上的差距不止 10 年，可能是 20 年、30 年。因此，他在许多场合都强调："世界在发展，我们不在技术上前进，不要说超过，赶都赶不上去，那才真正是爬行主义。我们要以世界先进的科学技术成果作为我们发展的起点。我们要有这个雄心壮志。"④

在 1978 年 3 月 18 日召开的全国科学大会上，邓小平在强调"四个

---

① 邓小平．邓小平文选：第 3 卷．北京：人民出版社，1993：375.

② 邓小平．邓小平文选：第 2 卷．2 版．北京：人民出版社，1994：240.

③ 中共中央文献研究室．邓小平年谱（1975—1997）：上．北京：中央文献出版社，2004：158.

④ 同②129.

现代化，关键是科学技术的现代化”的时候，重点论述了“现代科学技术正在经历着一场伟大的革命”[①]。他当年尽管已经74岁，但是依然十分关心世界科技发展的最新动态，而且对新科技革命的发展趋势了如指掌。他说，近30年来，现代科学技术不只是在个别的科学理论上、个别的生产技术上获得了发展，也不只是有了一般意义上的进步和改革，而是几乎各门科学技术领域都发生了深刻的变化，出现了新的飞跃，产生了并且正在继续产生一系列新兴科学技术。现代科学为生产技术的进步开辟道路，决定它的发展方向。许多新的生产工具、新的工艺，首先在科学实验室里被创造出来。一系列新兴的工业，如高分子合成工业、原子能工业、电子计算机工业、半导体工业、宇航工业、激光工业等，都是建立在新兴科学基础上的。当然，不论是现在或者今后，还会有许多理论研究，暂时人们还看不到它们的应用前景。但是，大量的历史事实已经说明：理论研究一旦获得重大突破，迟早会给生产和技术带来极其巨大的进步。当代的自然科学正以空前的规模和速度，应用于生产，使社会物质生产的各个领域面貌一新。特别是由于电子计算机、控制论和自动化技术的发展，正在迅速提高生产自动化的程度。同样数量的劳动力，在同样的劳动时间里，可以生产出比过去多几十倍、几百倍的产品。社会生产力有这样巨大的发展，劳动生产率有这样大幅度的提高，靠的是什么？最主要的是靠科学的力量、技术的力量。与此同时，他还强调“下一个世纪是高科技发展的世纪”。“现在世界的发展，特别是高科技领域的发展一日千里，中国不能安于落后，必须一开始就参与这个领域的发展。”他说，在高科技领域“不要失掉时机”，“要不然我们很难赶上世界的发展”[②]。

综上所述，中国共产党在从“文化大革命”走出来后，面对着新一轮“中国向何处去”的历史性选择，之所以把“一个中心、两个基本点”作为党在现阶段的基本路线，紧紧扭住经济建设这个中心不放，坚

---

① 邓小平．邓小平文选：第2卷．2版．北京：人民出版社，1994：86，87．

② 邓小平．邓小平文选：第3卷．北京：人民出版社，1993：279，280．

定不移瞄着现代化的目标前进，不仅重视历史经验的总结，针对错综复杂的社会思潮，把握好正确的思想路线和政治方向，而且更重视时代大潮的发展特点和发展趋势，不回避我们同世界发达国家的差距，强调要以“抢时间”“努力赶”的精神状态，加快发展步伐，为把我国建设成为一个社会主义现代化国家而奋斗。

（七）国内外政治风波和发展社会主义市场经济

我们要研究讨论的第六个问题是：在20世纪80年代末90年代初国内外政治风波发生后，在如此严峻的形势面前，中国共产党是如何区分时代进步潮流和历史逆流，把握时代大潮，既不改变中国特色社会主义方向，又在深化改革开放过程中建立了社会主义市场经济体制，加快了经济的发展？

这确实是一个严重的历史时刻——20世纪80年代末90年代初国内外政治风波发生后，中国共产党面临着从“文化大革命”走出来后最严峻的一次考验。

先是发生了1989年国内政治风波。中国自拨乱反正和改革开放以来，思想大解放，生产力大解放，社会活力大解放，推动了中国的大变化。与此同时，也积累了许多矛盾和问题，特别是党内腐败现象滋生，在社会中出现了“拿起碗吃肉，放下筷子骂娘”等不满情绪。邓小平比较早地注意到这些问题，要求全党“两手抓”，加强思想政治工作。1986年1月17日，他在中央政治局常委会上激动地说：“经济建设这一手我们搞得相当有成绩，形势喜人，这是我们国家的成功。但风气如果坏下去，经济搞成功又有什么意义？会在另一方面变质，反过来影响整个经济变质，发展下去会形成贪污、盗窃、贿赂横行的世界。所以，不能不讲四个坚持，不能不讲专政，这个专政可以保证我们的社会主义现代化建设顺利进行，有力地对付那些破坏建设的人和事。”[①] 但是，邓小平提出的问题没有能够得到落实，而来自国外的各种思潮特别是所谓“第三波民主浪潮”、东欧国家的“团结工会”活动等，却通过各种渠道在中国社会传播其影响，推波助澜，在国内形成了一股资产阶级自由化思潮。在各种复杂因素的影响下，出现了 1986 年学潮。1989 年 4 月中旬到 6 月初在首都北京发生了更大规模的学潮。“极少数人利用学潮，在北京和一些地方掀起一场有计划、有组织、有预谋的政治动乱，进而在北京发展成了反革命暴乱。”[②] 而党的某主要领导人在学潮发展到动乱，党和国家面临生死存亡的关键时刻，犯了支持动乱和分裂党的错误，造成了极其严重的后果。

与此同时，发生了更为严重的苏东剧变。波兰是第一个发生动荡的国家。80 年代初，波兰政府为摆脱经济困境，大幅度提高肉类价格，引发了许多城市的工人罢工。1980 年 9 月，以瓦文萨为首的团结工会成立，这是东欧国家第一个独立的工会。团结工会得到西方国家的大力支持，接二连三发动工人罢工，导致局势动荡。1989 年，波兰决定实行政治多元化和工会多元化的方针，团结工会合法化。在 1989 年 6 月举行的议会大选中，团结工会获胜，组织政府。这件事标志着波兰政治经济制度的剧变。这种政治剧变，扩展到德意志民主共和国、捷克斯洛伐克、匈牙利、保加利亚、罗马尼亚等华沙条约组织国家。1989 年 11 月德国的柏林墙倒塌，1990 年 10 月两德统一，更是对东欧剧变产生了极大的冲击波。影响最大的，无疑是 1991 年 12 月世界上第一个社会主义国家苏联的解体。东欧剧变和苏联解体这件事，从意识形态角度看，标志着斯大林模式的社会主义走向终结，世界社会主义运动遭到严重挫折，走向低潮；从国家关系和国际格局看，标志着第二次世界大战后形成的雅尔塔体系终结，美苏争霸的两极格局崩溃，“冷战”结束，世界政治格局开始向多极化方向发展。

国内外政治风波发生后，中国共产党面临的问题极其复杂。首先是

---

① 邓小平．邓小平文选：第 3 卷．北京：人民出版社，1993：154.

② 中共中央文献研究室．十三大以来重要文献选编：中．北京：人民出版社，1991：543.

怎么认识和看待这样巨大的历史变动。美国有人作出了“意识形态的终结”的结论，宣告西方自由主义在战胜了法西斯主义后，又战胜了共产主义，以后的世界是西方自由主义的世界。但邓小平的判断是：“一些国家出现严重曲折，社会主义好像被削弱了，但人民经受锻炼，从中吸收教训，将促使社会主义向着更加健康的方向发展。因此，不要惊慌失措，不要认为马克思主义就消失了，没用了，失败了。哪有这回事！”[①] 了解这一点，对于我们研究时代大潮问题十分重要。也就是说，在历史发展的各个时期总会同时出现各种不同的社会潮流，其中有进步的潮流，也有不利于人民事业发展的逆流，就看你怎么把握。中国共产党在抗日战争时期，在应对国民党顽固派发动的反共高潮中已经积累了正确把握时代潮流的成功经验，在改革开放新时期又一次面对这一课题。

历史告诉我们，邓小平和党中央在应对国内外政治风波冲击考验的时候，无论在把握时代大潮的思想认识方面，还是在把握时代大潮的行动决策方面，都有许多经验值得我们总结。概括起来说，中国共产党在邓小平的领导和指导下，正确地分析了国内外政治风波的实质和出现风波的原因，把握住了三大时代潮流，打出了三张好牌。

邓小平和党中央把握住的第一个时代潮流，就是社会主义经历一个长过程发展后必然代替资本主义这个社会历史发展不可逆转的总趋势。

在如此重大的国内外政治风波发生后，有的人信仰和信念动摇，对社会主义和共产主义失去了信心；有的人惊慌失措，想改变以经济建设为中心推进改革开放的战略决策。邓小平的态度十分鲜明，他说：“这次发生的事件说明，是否坚持社会主义道路和党的领导是个要害。整个帝国主义西方世界企图使社会主义各国都放弃社会主义道路，最终纳入国际垄断资本的统治，纳入资本主义的轨道。现在我们要顶住这股逆流，旗帜要鲜明。因为如果我们不坚持社会主义，最终发展起来也不过成为一个附庸国，而且就连想要发展起来也不容易。现在国际市场已经

① 邓小平．邓小平文选：第3卷．北京：人民出版社，1993：383.

被占得满满的，打进去都很不容易。只有社会主义才能救中国，只有社会主义才能发展中国。”① 这里，他强调坚持社会主义是进步潮流，放弃社会主义是逆流。把握时代潮流，必须作这样的区分。

那么，为什么说坚持社会主义是进步潮流呢？在1992年南方谈话中，邓小平集中地论述了这个问题。他说：“我坚信，世界上赞成马克思主义的人会多起来的，因为马克思主义是科学。它运用历史唯物主义揭示了人类社会发展的规律。封建社会代替奴隶社会，资本主义代替封建主义，社会主义经历一个长过程发展后必然代替资本主义。这是社会历史发展不可逆转的总趋势，但道路是曲折的。资本主义代替封建主义的几百年间，发生过多少次王朝复辟？所以，从一定意义上说，某种暂时复辟也是难以完全避免的规律性现象。”② 正由于有这样的判断和认识，我们党在当时形成了一个沿用至今的重要理念，这就是：既不走封闭僵化的老路，也不走改旗易帜的邪路，而是要坚定不移走我们自己开辟的中国特色社会主义新路。邓小平当年就是这样，根据我们对社会历史发展大趋势的判断，语重心长地告诫全党：“我们要在建设有中国特色的社会主义道路上继续前进。资本主义发展几百年了，我们干社会主义才多长时间！何况我们自己还耽误了二十年。如果从建国起，用一百年时间把我国建设成中等水平的发达国家，那就很了不起！”因此，他要求我们牢记“从现在起到下世纪中叶，将是很要紧的时期，我们要埋头苦干。我们肩膀上的担子重，责任大啊”③。

邓小平和党中央把握住的第二个时代潮流，就是改革潮。

中国的改革开放本来就是20世纪80年代的改革大潮的重要组成部分。在国内外政治风波发生后，改革开放是不是还要继续进行下去，有的人困惑，有的人摇摆，也有的人主张改弦易辙，回到改革开放前的老路上去。但是，邓小平在国内政治风波发生后，在接见首都戒严部队军以上干部时发表的重要讲话，不仅表达了他对这一事件的深刻认识，还

---

① 邓小平．邓小平文选：第3卷．北京：人民出版社，1993：311.
② 同①382-383.
③ 同①383.

透彻地分析了什么是时代潮流，什么不是时代潮流。他首先说，这场风波迟早要来。这是国际的大气候和中国自己的小气候所决定了的，是一定要来的，是不以人们的意志为转移的，只不过是迟早的问题、大小的问题。而现在来，对我们比较有利。最有利的是，我们有一大批老同志健在，他们经历的风波多，懂得事情的利害关系，他们是支持采取坚决行动的。邓小平这篇重要讲话的重点，是要用这件事很冷静地考虑一下过去，也考虑一下未来。这里提出的“两个考虑”，就是要在正确把握时代大潮的基础上做出我们的决策，改进我们的工作。围绕第一个“考虑”，他讲了两个问题：第一个问题是，党的十一届三中全会制定的路线、方针、政策，包括我们发展战略的“三部曲”，正确不正确？是不是因为发生了这次政治风波，我们制定的路线、方针、政策的正确性就发生了问题？我们的目标是不是一个“左”的目标？是否还要继续用它作为我们今后奋斗的目标？他说，对这些大的问题，必须做出明确、肯定的回答。他的结论是：“不能因为这次事件的发生，就说我们的战略目标错了。”第二个问题是，党的十三大概括的“一个中心、两个基本点”对不对？两个基本点，即四个坚持和改革开放，是不是错了？四个坚持本身没有错，如果说有错误的话，就是坚持四项基本原则还不够一贯，没有把它作为基本思想来教育人民，教育学生，教育全体干部和共产党员。这次事件的性质，就是资产阶级自由化和四项基本原则的对立。改革开放这个基本点错了没有？没有错。没有改革开放，怎么会有今天？问题是“两手抓”出现了明显的不足，一手比较硬，一手比较软，一硬一软不相称，配合得不好。关于第二个“考虑”，他讲了一句话：“我说，我们原来制定的基本路线、方针、政策，照样干下去，坚定不移地干下去。”他在整篇讲话结束的时候，还是强调“要坚定不移地执行党的十一届三中全会以来制定的一系列路线、方针、政策，要认真总结经验，对的要继续坚持，失误的要纠正，不足的要加点劲。总之，要总结现在，看到未来”①。我们在这里为什么要重温一下邓小平的

---

① 邓小平．邓小平文选：第3卷．北京：人民出版社，1993：305，307，308．

这篇讲话，是为了更好地向邓小平学习他善于从大局出发谈问题、善于把握时代大潮做决策的科学思维。按照常人常规，在国家发生那么大的动乱情况下，首先就是要从思想到政策全面收紧，不能再像原来那样放开、那样推进改革开放了。但是，邓小平不是这样，他也讲到了我们要改变过去对“坚持四项基本原则还不够一贯”的“错误”，但这不是改变我们的路线，而是更好地执行我们的路线，更加坚定不移地推进改革开放。

如果联系一下邓小平在接见戒严部队军以上干部之前，同李鹏、姚依林的谈话，更能够认识和体会他是怎么从大局、从时代发展大趋势着眼看问题的。当时，他在分析这次事件中的民心所向时指出：“肯定的一点是，不论工人也好，农民也好，知识分子也好，学生也好，还是希望改革的。这次什么口号都出来了，但是没有打倒改革的口号。”也就是说，改革是时代大潮这一点没有改变。因此，他强调：“改革开放政策不变，几十年不变，一直要讲到底。国际国内都很关心这个问题。要继续贯彻执行十一届三中全会以来的路线、方针、政策，连语言都不变。”他认为，最重要的一条是，“新的中央领导机构要使人民感到面貌一新，感到是一个实行改革的有希望的领导班子”。对于进入中央最高层的成员，最重要的问题是要胸襟开阔。要从大局看问题，放眼世界，放眼未来，也放眼当前，放眼一切方面。他一再强调要在改革开放中发展经济，改善人民生活。他说：“现在世界的发展一日千里，每天都在变化，特别是科学技术，追都难追上。”他一再强调：“一个好班子，搞改革开放的班子，就要明白地做几件开放的事情。凡是遇到机会就不要丢，就是要坚持，要干起来，要体现改革开放，大开放。”① 所以，中国在面对国内外政治风波那么重大的历史事变的时候，能够不迷失正确的方向，不改变正确的政策，就在于当年正确地把握了改革这一时代大潮。

邓小平和党中央把握住的第三个时代潮流，就是和平和发展仍然是

---

① 邓小平．邓小平文选：第3卷．北京：人民出版社，1993：296-297，296，299，297.

当今世界两大主题。

20 世纪 80 年代末 90 年代初，发生了第二次世界大战以来最剧烈的国际格局大变动。1989 年，东欧局势已经非常紧张，究竟怎么看待国际形势是一个重大的问题。邓小平 9 月 4 日在一个讲话中讲了两个问题：一是战争问题。他说，美苏两家打不起来，就没有世界大战。小的战争不可避免，现在不发达国家之间的战争，实际上是发达国家的需要。发达国家欺侮落后国家的政策没有变。中国自己要稳住阵脚，否则，人家就要打我们的主意。世界上希望我们好起来的人很多，想整我们的人也有的是。我们自己要保持警惕，放松不得。要维护我们独立自主、不信邪、不怕鬼的形象。我们绝不能示弱。你越怕，越示弱，人家劲头就越大。并不因为你软了人家就对你好一些，反倒是你软了人家看不起你。我们怕什么？战争我们并不怕。二是社会主义国家动乱问题。他说，现在的问题不是苏联的旗帜倒不倒，苏联肯定要乱，而是中国的旗帜倒不倒。因此，首先中国自己不要乱，认真地、真正地把改革开放搞下去。没有改革开放就没有希望。谁也压不垮我们，只要中国不垮，世界上就有五分之一的人口在坚持社会主义。这两点归结起来，就是他的结论："总之，对于国际局势，概括起来就是三句话：第一句话，冷静观察；第二句话，稳住阵脚；第三句话，沉着应付。不要急，也急不得。要冷静、冷静、再冷静，埋头实干，做好一件事，我们自己的事。"①

1990 年 3 月 3 日，国际形势尚处在苏东剧变之中，邓小平做了这样的分析："国际形势的变化怎么看？旧的格局是不是已经完了，新的格局是不是已经定了？国际上议论纷纷，国内也有各种意见。看起来，我们过去对国际问题的许多提法，还是站得住的。现在旧的格局在改变中，但实际上并没有结束，新的格局还没有形成。和平与发展两大问题，和平问题没有得到解决，发展问题更加严重。"他还说："对国际形势还要继续观察，有些问题不是一下子看得清楚，总之不能看成一片漆

① 邓小平. 邓小平文选：第 3 卷. 北京：人民出版社，1993：321.

黑，不能认为形势恶化到多么严重的地步，不能把我们说成是处在多么不利的地位。实际上情况并不尽然。”①

后来，由于苏联的解体和华沙条约组织解散，两极格局终结。有的人认为，从此以后将进入美国独霸世界的单极世界。也有的人认为，世界从此进入了一个长期动荡期。中国共产党在十四大对此做出了我们的判断，这就是：(1) 两极格局结束后，各种力量重新分化组合，世界开始朝着多极化方向发展。(2) 和平与发展仍然是当今世界两大主题。发展需要和平，和平离不开发展。(3) 世界要和平，国家要发展，社会要进步，经济要繁荣，生活要提高，已经是各国人民的普遍要求。从中我们可以清楚地看到，在错综复杂的国际形势变动中，邓小平和党中央始终把握住和平和发展这一当今世界的时代主题。

在把握住这三大时代大潮的基础上，邓小平和党中央打出了三张牌，把中国的改革开放推进到了新的发展阶段。

第一张牌，是“上海牌”。在中国平息暴乱后，西方七国以维护人权为借口联手对我实施经济制裁。邓小平在 1989 年 11 月 23 日回应说：“七国首脑发表宣言制裁中国，他们有什么资格！谁给他们的权力！真正说起来，国权比人权重要得多。贫弱国家、第三世界国家的国权经常被他们侵犯。他们那一套人权、自由、民主，是维护恃强凌弱的强国、富国的利益，维护霸权主义者、强权主义者利益的。”② 与此同时，邓小平认为，西方一些国家对中国的制裁不仅是不管用的，中国有抵抗制裁的能力，而且它们之间矛盾多得很、大得很，并非铁板一块。他把推动中国的改革和破解西方的制裁结合起来，做出了开发开放上海浦东的战略决策。用他的话来说：“上海是我们的王牌，把上海搞起来是一条捷径。”③ 这张牌一打出去，就在国内外产生了强烈的反响，不仅带动了整个上海、整个长江三角洲和长江流域的发展，而且在上海的对外开放中吸引了大量外资，打破了西方的经济制裁。

---

① 邓小平. 邓小平文选：第 3 卷. 北京：人民出版社，1993：353，354.

② 同①345.

③ 同①355.

第二张牌，是南方谈话。针对国内尤其是党内在改革开放问题上的不同认识，1992 年 1 月 18 日到 2 月 21 日，邓小平到武昌、深圳、珠海、上海等地视察，发表了重要谈话。党中央不仅专门下发文件传达邓小平南方谈话的内容，而且召开政治局全体会议带头学习贯彻这一重要谈话，并把它作为起草党的十四大文件的重要指导思想。对于广大人民来说，他们也从《深圳特区报》发表的长篇通讯《东方风来满眼春——邓小平同志在深圳纪实》中了解到邓小平谈话的生动内容。这篇谈话，回答了困扰人们心头的一系列重大问题，指明了中国继续前进的根本方向。这篇谈话，如同江泽民在党的十四大所评价的："邓小平同志今年初视察南方的重要谈话，极大地鼓舞了全党同志和全国各族人民。广大干部和群众思想更加解放，精神更加振奋，上下团结一致，到处热气腾腾，进一步展现出中华民族实现伟大理想的壮丽前景。"①

第三张牌，是市场经济。在应对国内外政治风波的全过程中，我们注意到邓小平的基本思想就是不为任何干扰所惑，集中力量办好自己的事，坚定不移推进改革开放。那么，继续推进改革开放的目标是什么呢？这个问题不解决，推进改革开放就会成为一句空话。在多年的理论讨论中，越来越多的人认为，中国改革开放尤其是经济体制改革的目标，应该是用社会主义市场经济取代实行多年的计划经济体制。在党的十二届三中全会明确中国可以实行社会主义商品经济后，在计划和市场关系问题上纠结了七八年时间。在国内外政治风波发生后，有人把发展市场经济等同于经济领域的资产阶级自由化，使推进这个问题更难。邓小平也一直在思考这个问题。1990 年 12 月 24 日，他在同几位中央负责同志谈话时针对当年的讨论，提出："我们必须从理论上搞懂，资本主义与社会主义的区分不在于是计划还是市场这样的问题。社会主义也有市场经济，资本主义也有计划控制。资本主义就没有控制，就那么自由？最惠国待遇也是控制嘛！不要以为搞点市场经济就是资本主义道路，没有那么回事。计划和市场都得要。不搞市场，连世界上的信息都

① 江泽民. 江泽民文选：第 1 卷. 北京：人民出版社，2006：211.

不知道，是自甘落后。”[①] 1991 年 1 月 28 日到 2 月 18 日，他在上海视察时再次提出：“不要以为，一说计划经济就是社会主义，一说市场经济就是资本主义，不是那么回事，两者都是手段，市场也可以为社会主义服务。”[②] 在 1992 年南方谈话中，怎么看待市场经济和社会主义的关系问题，是邓小平重点回答的问题之一。他说：“计划多一点还是市场多一点，不是社会主义与资本主义的本质区别。计划经济不等于社会主义，资本主义也有计划；市场经济不等于资本主义，社会主义也有市场。计划和市场都是经济手段。社会主义的本质，是解放生产力，发展生产力，消灭剥削，消除两极分化，最终达到共同富裕。”[③] 这些密集的谈话，表明他对这个理论界争论不休的问题已经有了确定的意见，也表明他要用发展社会主义市场经济来破解推进改革开放的难题。

以江泽民同志为核心的党的第三代中央领导集体对此高度重视，进行了认真的研究。在党的十四大召开前，在 1992 年 6 月 9 日，江泽民到中共中央党校省部级干部进修班做报告时，指出：“加快经济体制改革的根本任务，就是要尽快建立社会主义的新经济体制。而建立新经济体制的一个关键问题，是要正确认识计划和市场问题及其相互关系，就是要在国家宏观调控下，更加重视和发挥市场在资源配置中的作用。”[④] 那么，这个新经济体制是一个什么样的经济体制呢？江泽民在报告中说，最近，经过学习邓小平同志的重要谈话，在对计划和市场、建立新经济体制问题的认识上又有了一些新的提法。大体有这么几种：一是建立计划与市场相结合的社会主义商品经济体制，二是建立社会主义有计划的市场经济体制，三是建立社会主义市场经济体制。他说：“我个人的看法，比较倾向于使用‘社会主义市场经济体制’这个提法。”[⑤] 他还认为，社会主义市场经济体制的“主要特征应该有这样几个：一是在所有

① 邓小平．邓小平文选：第 3 卷．北京：人民出版社，1993：364.

② 同①367.

③ 同①373.

④ 江泽民．江泽民文选：第 1 卷．北京：人民出版社，2006：198.

⑤ 同④202.

制结构上，坚持以公有制经济为主体，个体经济、私营经济和其他经济成分为补充，多种经济成分共同发展；二是在分配制度上，坚持以按劳分配为主体，其他分配方式为补充，允许和鼓励一部分地区、一部分人先富起来，逐步实现共同富裕，防止两极分化；三是在经济运行机制上，把市场经济和计划经济的长处有机结合起来，充分发挥各自的优势作用，促进资源优化配置，合理调节社会分配”①。这是中国共产党第一次提出要建立“社会主义市场经济体制”的构想。6月12日，江泽民去看望邓小平，在讲到这一构想时，邓小平表示赞成使用“社会主义市场经济体制”这个提法，同时说：“实际上我们是在这样做，深圳就是社会主义市场经济。不搞市场经济，没有竞争，没有比较，连科学技术都发展不起来。产品总是落后，也影响到消费，影响到对外贸易和出口”②。邓小平还说：“在党校的讲话可以先发内部文件，反映好的话，就可以讲。这样十四大也就有了一个主题了。”③ 实践证明，确立中国经济体制改革的目标是建立社会主义市场经济体制，全面推进了十一届三中全会以来中国的改革开放，既把国内的各种积极因素充分调动了起来，促进了经济社会大发展，又为中国加入世界贸易组织，全面参与经济全球化创造了条件，从而使得中国经济如虎添翼，迅猛发展。

历史就是这么有趣。国内外政治风波发生之后，在有的人看来，这么大的风波必将冲击和动摇中国共产党在中国的领导地位，在另一些人看来，发生这么大的政治风波不能再搞改革开放了，但是，中国共产党不信邪、不动摇，以解放思想、开拓进取的精神状态，在错综复杂的社会思潮中区分时代潮流和历史逆流，正确把握社会主义、改革、和平发展这三股时代大潮，破解来自国内外的种种障碍，大踏步推进改革开放，把建立社会主义市场经济体制作为自己深化经济体制改革的目标，在中国特色社会主义发展史上写下了浓墨重彩的一笔。

---

① 江泽民．江泽民文选：第1卷．北京：人民出版社，2006：203.

② 中共中央文献研究室．邓小平年谱（1975—1997）：下．北京：中央文献出版社，2004：1347-1348.

③ 同②1348.

（八）党的历史方位和执政党建设

我们要研究讨论的第七个问题是：世界上第一个社会主义国家垮了，东欧一大批社会主义国家垮了，教训是全面的，深刻的原因在体制，体制中的最大问题是执政党的执政方式和执政能力如何与时俱进的问题。中国共产党认识到，苏东剧变给我们出了一道大难题：如何加强执政党建设，如何保持党的先进性，而不被时代潮流所淘汰？

在总结苏东剧变的历史教训时，中国共产党审时度势，把“建设一个什么样的党、怎样建设党”的问题，提上了议事日程。

当年，从“文化大革命”中走出来的中国首先要回答的，是被林彪、“四人帮”搞得最乱的社会主义问题，因此邓小平说解放思想最重要的是要搞清楚“什么是社会主义、怎样建设社会主义”。从破解这个问题出发，我们开辟了中国特色社会主义道路，创立了用“邓小平”命名的中国特色社会主义理论，即“邓小平理论”。苏东剧变后，执政党建设的问题，尤其是执政党如何保持先进性的问题，提上了重要议事日程。“三个代表”重要思想应运而生。

所谓“三个代表”重要思想，就是以江泽民同志为核心的党的第三代中央领导集体强调的，中国共产党是中国工人阶级的先锋队，是中国人民和中华民族的先锋队，要始终代表中国先进生产力的发展要求，代表中国先进文化的前进方向，代表中国最广大人民的根本利益。显然，这一重要思想继承和发展了邓小平理论，是马克思主义中国化的重要成果，是中国特色社会主义理论体系的重要组成部分。

我们要注意到，在苏东剧变发生后，邓小平对以江泽民同志为核心的党的第三代中央领导集体有一个重要的政治交代，这就是：“常委会的同志要聚精会神地抓党的建设，这个党该抓了，不抓不行了。”[①] 因

① 邓小平．邓小平文选：第3卷．北京：人民出版社，1993：314.

此，“三个代表”重要思想是在进一步回答了邓小平理论致力于搞清楚的“什么是社会主义、怎样建设社会主义”这个根本问题的同时，又根据邓小平的政治交代，创造性地研究和回答了“建设什么样的党、怎样建设党”这个根本问题。

更重要的是，我们要注意到，“三个代表”重要思想提出时强调，中国共产党所处的历史方位发生了深刻的变化。这就是，中国共产党已经从领导人民为夺取全国政权而奋斗的党，成为领导人民掌握全国政权并长期执政的党；已经从受到外部封锁和实行计划经济条件下领导国家建设的党，成为对外开放和发展社会主义市场经济条件下领导国家建设的党。“三个代表”重要思想就是在这样科学判断党的历史方位的基础上提出来的。

党的历史方位问题，首先就是党所面临的世情问题。应该看到，在十三届四中全会以后的20多年时间里，我们党面临的世情发生了一系列重大的变化：

第一，苏东剧变导致世界社会主义运动遭受严重挫折，第二次世界大战以后形成的两极格局终结。这20多年里，时代主题没有改变，但是国际格局改变了。特别是苏东剧变和“9·11”事件这两件大事对国际形势的变动产生了深刻的影响。20世纪90年代初发生的东欧剧变、苏联解体，是世纪之交最为严重的政治事件。这一事件对我们党提出了双重的挑战：一方面，由于世界社会主义运动遭受十月革命以来最为严重的挫折和危机，在意识形态上发生了马克思主义的“历史命运”问题，什么是马克思主义、怎样坚持马克思主义，特别是什么是社会主义、怎样建设社会主义的问题，更尖锐地摆到了我们党的面前；另一方面，在国际关系上，在20世纪中叶第二次世界大战结束以后形成的美苏两极对峙和冷战的国际格局，到90年代初由于苏东剧变尤其是华沙条约组织解散而就此终结，使得国际关系中的不确定因素增加了。这一过去近50年历史中从未有过的巨大变动，就是以江泽民同志为核心的党的第三代中央领导集体形成时面临的国际形势。21世纪初发生的“9·11”事件以及由此而来的国际反恐斗争是世纪之交又一重大政治事件。它意味着东西方矛盾缓和与两极格局终结后，南北矛盾更为突出，特别是美国与伊斯兰世界的矛盾更为突出了；单边主义与多极化的斗争，以及建立什么样的国际秩序的斗争，进一步发展了。作为一个在世界舞台上发挥重大作用的社会主义国家，我国一方面需要认真总结苏东剧变的教训，警惕国际敌对势力的意识形态渗透，进一步探索中国特色社会主义道路；另一方面需要深入研究世界政治、经济、文化的发展对我们提出的挑战和带来的机遇，确定我们的国家发展战略和治国纲领。

第二，经济全球化迅速发展，经济安全问题更加突出。“全球化”这个词是美国学者 T. 莱维在 1985 年提出的，用来形容国际经济的巨大变化，即商品、服务、资本和技术在世界性生产、消费和投资领域中的扩散。到 20 世纪 90 年代，跨国公司已经进入世界各个国家和地区。全世界 40 000 多家跨国公司占世界生产总值的 1/3、世界贸易的 2/3、对外直接投资和技术转让的 70%、世界技术专利的 80%。世界贸易组织、世界银行、国际货币基金组织等世界经济金融组织和区域性经济组织的作用也越来越突出。这一切表明，经济全球化浪潮在世界范围内迅猛发展。与此同时，由世界上一些左翼力量推动的反全球化浪潮也不断蔓延。面对着这两股对立的潮流，我们党做出了什么样的抉择呢？以江泽民同志为核心的党的第三代中央领导集体一方面强调，经济全球化是社会生产力和科学技术发展的客观要求和必然结果，有利于促进资本、技术、知识等生产要素在全球范围内的优化配置。我们不仅不能游离于外、自我孤立，反而要抓住机遇，积极地参与经济全球化，在开放中寻求发展，在开放中引进先进的技术和管理经验，尽快地增强我们的综合国力。另一方面，党中央又强调，要看到这一轮经济全球化是发达资本主义国家在经济、科技方面占优势背景下的全球化，对我们这样的发展中国家是把“双刃剑”，有着很大的风险。特别是亚洲金融风暴的发生，证明了在经济发展和对外开放过程中不能忽视经济安全。因此，党中央决定，对于经济全球化，我们必须既要参与进去，又要采取正确的对策，趋利避害。对于执政的中国共产党人来说，这是一个具有重大战略意义的历史性抉择。同时，这也是我们必须认真对待的一个全新的课题。

第三，新科技革命日新月异地发展，世界各国更加重视高新技术的作用。自从20世纪70年代以来，出现了以信息技术为先导的新科技革命。进入90年代，不仅出现了微电子等信息科技、核能等新能源科技、超导等新材料科技、基因工程等生物科技以及航天科技、海洋科技等科技群体，而且这些科技成果在同经济的紧密结合中迅速形成产业。在一些发达国家，科技对经济的贡献率，20世纪初只是5%～20%，到中叶上升到50%，而到20世纪末已占75%。在我国，90年代中一跨入信息网络化时代，电脑的普及率、上网的人数就急剧地攀升。这种同先进文化直接相联系的先进生产力的迅猛发展，不仅改变了人们的生产方式、生活方式、交往方式和思维方式，而且把世界范围的综合国力竞争进一步聚焦到经济和科技的发展上。我们在过去几次科技革命高潮中曾经丢失过难得的机遇，这一次能否抓住机遇，实现跨越式发展呢？这对我们又是一个严峻的考验。江泽民在当时几乎逢大会必讲科技革命的进展状况，忧患意识溢于言表。确实，这对于我们来说，既提供了难得的机遇，又提出了严峻的挑战。

第四，当代资本主义在自我调节中继续变动，资本主义国家的内外矛盾进一步发展。改革开放之初，我们打开国门走向世界时看到的当代资本主义，是第二次世界大战以后，在同社会主义的斗争中借鉴社会主义的一些做法，对资本主义生产关系的某些环节和资本主义经济社会的运行、管理机制进行自我调节、改良和改善的过程中发展起来的。凯恩斯主义在其中发挥了重要作用。其主要特点是，加强国家干预，发展国有经济，实行福利主义政策，形成了一套新资本主义的政策。但是，到20世纪80年代，由于里根在美国、撒切尔夫人在英国实行的新自由主义的经济政策和新保守主义的政治政策，取得了明显的成就，使得资本主义国家在发展道路和社会模式上出现了新的变化。里根主义、撒切尔主义的特点是，减少国家干预，将国有企业私有化，减少税收并同时减少福利，以刺激经济的发展。法国的经济学家米歇尔·阿尔贝尔在1991年写了一本书，书名就是《资本主义反对资本主义》。他认为，英美的资本主义模式可以称为盎格鲁-撒克逊模式，德国等一些欧洲大陆国家的资本主义模式可以称为莱茵模式，即具有社会民主主义或福利社会主义色彩的资本主义模式。在战后到70年代相当一个时期里人们看好的莱茵模式的资本主义，在80年代受到了里根主义和撒切尔主义的挑战。作为一种回应，实行社会民主主义的欧洲资本主义国家开始调整自己的意识形态和施政纲领。1998年秋，英国思想家吉登斯出版了《第三条道路》，主张从里根主义和撒切尔主义中汲取有用的东西改造社会民主主义。在欧洲，目前正面临着政策进一步调整的复杂形势。当代资本主义在市场经济、全球化、资本社会化、税收政策、公共福利政策和生态等方面都遇到了一系列问题。我们对当代资本主义的每一个变化都很重视，进行了跟踪研究。

以上这四点，讲的都是当代世界在20世纪90年代开始的深刻变动情况，讲的是世情。江泽民很重视对这些问题的研究，并把它们作为我们思考问题的重要出发点。与此同时，党中央更重视国情的新变化。党的历史方位问题，同时是党所面临的国情问题。

第一，我国发生政治风波后，改革开放和现代化建设在纠正失误中继续发展。以江泽民同志为核心的党的第三代中央领导集体受命于危难之时，是在20世纪80年代末国内发生政治风波的背景下接班的。这场风波的发生，邓小平已经分析了，是由国际大气候和国内小气候等多重因素决定的。其中也暴露了我们工作中有失误，这就是“一手比较硬、一手比较软”，思想政治工作薄弱，精神文明建设放松，尤其是党内腐败现象滋生蔓延，人民群众非常不满意。因此，以江泽民同志为核心的党的第三代中央领导集体治党治国的13年里，一方面，强调我国的基本国情、社会主要矛盾、党的基本路线都没有变。另一方面，指出我们党面临的国内形势非常复杂，既要旗帜鲜明地反对资产阶级自由化，又要毫不动摇地坚持“一个中心、两个基本点”的基本路线，排除“左”的干扰；既要坚持以经济建设为中心，毫不放松地抓好物质文明建设，又要纠正改革开放中的失误，把精神文明建设放在更加突出的位置；既要全面推进中国特色社会主义事业的发展，又要坚持不懈地反腐败，抓好党的建设。这就是国内形势的发展变化对党和国家工作提出的新要求。同时，我们在新的探索中也积累了丰富的新经验。

第二，社会主义市场经济体制在挑战中初步建立。以江泽民同志为核心的党的第三代中央领导集体在十三届四中全会接班以后，通过两年半的治理整顿，为深化改革打下了一个较好的基础。1992 年邓小平南方谈话以后，党中央领导全党全国人民进入了改革开放和现代化建设的新阶段。特别是党的十四大，确立了建立社会主义市场经济体制的改革目标。但是，由于一些地方和部门认识上的偏差与体制上存在的问题，出现了包括房地产热、开发区热以及乱集资、乱拆借、乱设金融机构等经济过热现象。1993 年 3 月起，党中央着手解决这一问题。特别是在 6 月下发了中央六号文件，提出了加强和改善宏观调控的一系列重要措施，把加快发展的注意力集中到深化改革、转换机制、优化结构、提高效益上来。经过 3 年的努力，到 1996 年成功地实现了国民经济的“软着陆”。但是，正当我们召开十五大，对改革开放做出新的部署的时候，一场亚洲金融风暴来势汹汹，袭击了我们，刚刚解决了过热问题的国民经济又出现了经济紧缩的新情况。中央决定采取积极的财政政策和适度的货币政策等措施来应对面临的挑战。正是在处理这些极为复杂的经济形势的过程中，我们初步建立起了社会主义市场经济体制。

第三，社会生活发生的广泛而深刻的变化对我们党执政和领导各项事业提出了新的更高要求。在改革开放中，尤其是在社会主义市场经济体制建立过程中，社会经济成分、组织形式、利益分配和就业方式等出现了多样化的趋势和特点，给我国政治、经济、社会生活带来了深刻的影响。如何正确认识多种所有制经济的发展及其引起的社会阶层结构的变动，统筹兼顾各方面人民群众的利益，对党的执政能力和领导水平提出了更高的要求。在这种新的历史条件下，完全依靠过去的方式实施党的领导已经不够了。“法轮功”的出现就是一个深刻的教训。

在研究世情和国情变化的同时，以江泽民同志为核心的党的第三代中央领导集体还十分重视党情的变化。党的历史方位问题，最直接的，就是党所面临的党情问题。

第一，党已成为在对外开放和发展社会主义市场经济条件下领导国家建设的执政党，党自身的思想、组织、作风建设同新形势新任务不相适应。随着改革开放的深化，特别是社会主义市场经济体制的逐步建立，党的建设也面临着新的形势。党从一个领导人民为夺取全国政权而奋斗的党，成为掌握着全国政权并长期执政的党，党的性质虽然没有改变，但是党的地位改变了。在对外开放和发展社会主义市场经济的过程中，手中掌握着巨大权力的执政党如何加强自身建设，成为一个亟待解决的新课题。

第二，腐败现象滋生蔓延，脱离群众成为党的最大危险。在党的建设中，一个突出的问题，是一些干部经受不住执政和改革开放的考验，出现了一系列触目惊心的腐败案件，而且出现了高层次、群体性的腐败问题。人民群众对此非常不满意。邓小平在交班的时候，要求以江泽民为核心的党的第三代中央领导集体在反对腐败的问题上要雷厉风行地抓，要取信于民。为了解决这一难题，党中央做了大量工作。从治标到标本兼治，采取了一系列措施。在这场复杂的斗争中，我们越来越认识到马克思主义执政党的最大危险就是脱离群众。因此，如何采取切实有效的措施，保持党的先进性，密切党同人民群众的血肉联系，已经成为一项刻不容缓的重大课题。

第三，党的干部队伍处在一个新老交替的重要时期，提高干部队伍思想政治素质的任务十分艰巨。正当我们党的事业发展进入新的阶段，党的建设面临许多重大挑战的时候，党的队伍尤其是干部队伍也发生了重大变化。由于自然规律的作用，进入世纪之交，干部队伍出现了整体性新老更替的局面。这就是，不仅新中国成立前成长起来的干部，而且“文化大革命”前党培养出来的干部，都在陆续退下来，一大批“文化大革命”后成长起来的年轻干部要走上重要的领导岗位。也就是说，前面所讲的世情、国情和党情的变化及其提出的问题，都要由新一代政治家来解决。这对他们来讲，是一场严肃的考试，而且要一代又一代不断地考下去。因此，江泽民指出，不断培养中青年领导干部，始终是我们党的一项战略任务。

由此可见，提出“三个代表”重要思想，直接的动因就是要在当前复杂的国内外形势下，更好地加强和改进执政党建设，推进中国特色社会主义事业健康发展。

需要说明的是，“三个代表”这三句话，只是“三个代表”重要思想的集中概括。“三个代表”重要思想是一种以建设中国特色社会主义为主题的、具有丰富理论内涵和鲜明实践性的科学理论。第一，“三个代表”重要思想强调，建设中国特色社会主义，必须同执政党的建设紧密联系起来，切实加强和改进党对中国特色社会主义事业的领导，不断提高党的执政能力，不断改革和完善党的领导方式和执政方式，为党的肌体注入新的活力。这是我们之所以能够在改革开放和现代化建设中取得举世瞩目成就的根本保证。第二，“三个代表”重要思想强调，建设中国特色社会主义，必须坚持物质文明、政治文明和精神文明的协调发展，推动社会全面进步。第三，“三个代表”重要思想强调，建设中国特色社会主义，必须把发展作为党执政兴国的第一要务，建立社会主义市场经济体制，走出一条既有较快速度又有较好经济效益的经济发展路子。第四，“三个代表”重要思想强调，建设中国特色社会主义，必须正确处理改革、发展、稳定的关系，强调改革是动力，发展是目的，稳定是前提，要把改革的力度、发展的速度和社会可承受的程度统一起来，把不断改善人民生活作为处理改革发展稳定关系的重要结合点，在社会稳定中推进改革发展，通过改革发展促进社会稳定。第五，“三个代表”重要思想强调，建设中国特色社会主义，必须最广泛、最充分地调动一切积极因素，不断为中华民族的伟大复兴增添新力量。在党的十一届三中全会开始的改革开放过程中，我国社会发生了深刻的变化，阶级阶层结构也发生了深刻的变动。包括知识分子在内的工人阶级、广大农民依然是推动我国先进生产力发展和社会全面进步的根本力量，同时在社会变革中出现了新的社会阶层。怎样认识这一社会阶层结构的新变化？怎样认识在改革开放中出现的新的社会阶层？江泽民通过大量的深入的调查研究，得出一个重要的结论：他们都是中国特色社会主义事业的建设者。党中央强调：对于为祖国富强贡献力量的社会各阶层人们都要团结；对他们的创业精神都要鼓励；对他们的合法权益都要保护；对他们中的优秀分子都要表彰，符合党员条件的还可以发展入党。因此，我们要正确认识社会阶层结构的变化，努力形成全体人民各尽其能、各得其所而又和谐相处的局面，形成与社会主义初级阶段基本经济制度相适应的思想观念和创业机制，营造鼓励人们干事业、支持人们干成事业的社会氛围，放手让一切劳动、知识、技术、管理和资本的活力竞相迸发，让一切创造社会财富的源泉充分涌流，以造福于人民。

更为重要的是，“三个代表”重要思想的重点，是强调要以改革的精神加强和改进执政党的建设。党的十六大报告在论述“三个代表”的科学内涵和精神实质时，鲜明地指出：“始终做到‘三个代表’，是我们党的立党之本、执政之基、力量之源。”① 这个论断，一是强调主体是“我们党”。“三个代表”重要思想从提出之日起，就强调这是对我们党的根本要求，而不是对老百姓或其他党派的要求，对此我们必须有高度的自觉。二是强调只有“始终做到‘三个代表’”，才能使我们党永远立于不败之地。也就是说，“三个代表”重在实践，重在“始终做到”。反过来，就是说，做不到“三个代表”，或不能始终做到“三个代表”，即使是共产党，也还是会犯错误、会失败、会垮台。对此，我们必须有高度的清醒。可见，“三个代表”重要思想是我们党从历史经验和现实问题中总结出来的治党之策，是在建设中国特色社会主义进程中的治党之策。

这一治党之策，对马克思主义党的学说和党的建设理论作出了重大的贡献：

第一，关于党的性质的新论断。江泽民提出，“我们党要始终成为中国工人阶级的先锋队，同时成为中国人民和中华民族的先锋队，成为中国先进生产力的发展要求、中国先进文化的前进方向、中国最广大人民的根本利益的忠实代表，成为建设有中国特色社会主义事业的领导核心”②。这一重要论断已经作为党的性质的最新表述，写进了我们的党

---

① 江泽民．江泽民文选：第3卷．北京：人民出版社，2006：536.

② 同①292.

章。这里提出的“两个先锋队”，既总结了我们党的历史经验，又体现了执政党的特点和要求，对于我们在21世纪巩固和增强党的执政基础，保持和提高党的先进性，具有重要的意义。“三个代表”重要思想强调坚持党的性质，最重要的，在于始终坚持党的先进性。江泽民强调，看一个政党是否先进，是不是工人阶级先锋队，主要应看它的理论和纲领是不是马克思主义的，是不是代表社会发展方向，是不是代表最广大人民的根本利益。因此，我们不仅要求党员在组织上入党，而且要求党员首先在思想上入党，为实现党的纲领和任务而奋斗，这样才能保持党的先进性。

第二，关于党的纲领的新认识。我们党之所以称为“共产党”，就是因为，为实现共产主义而奋斗是我们党的理想，是我们党的最高纲领。在苏东剧变以后，我们党不改党名，坚持为共产主义的理想而奋斗，是一个重大的政治决策。与此同时，我们也认真总结历史经验，对党的纲领进行了科学的再认识。强调共产主义社会是物质财富极大丰富、人民精神境界极大提高、每个人自由而全面发展的社会，实现共产主义是一个非常漫长的历史过程，未来的事情具体如何发展应该由未来的实践去回答；我们在很长的历史过程中要建设的是中国特色社会主义；现阶段的任务是要为实现党在社会主义初级阶段的基本纲领即党的最低纲领而奋斗。也就是说，我们党在今天的纲领有三个层次。忘记远大理想而只顾眼前，会失去前进的方向；离开现实工作而空谈远大理想，就会脱离实际。这些新认识，也写进了我们的党章。

第三，关于增强党的阶级基础和群众基础的新思想。在社会主义现代化事业的发展进程中，特别是在社会主义市场经济体制建立和完善的过程中，我国社会阶层结构发生了深刻的变化：一是从事科技工作和经营管理的知识分子的地位和作用日益突出；二是在经济体制改革和经济结构战略性调整的过程中，出现了下岗工人或失业工人；三是在城乡二元结构中以农民身份存在的社会成员中出现了乡镇企业职工、城市农民工、个体劳动者等多种社会群体；四是出现了民营科技企业的创业人员和技术人员、受聘于外资企业的管理技术人员、个体户、私营企业主、中介组织的从业人员、自由职业人员等新的社会阶层；五是许多人在不同所有制、不同行业、不同地域间频繁流动，人们的职业、身份经常变动；等等。在这种种新情况面前，如何增强党的阶级基础和扩大党的群众基础，包括如何确定发展党员的标准等问题，关系到党的执政前途和命运。特别是，在过去我们党曾有私营企业主不能入党的规定，如果不加以改变，对于党的发展弊大于利。江泽民深入地思考和研究了这个问题，形成了一系列极其重要的新思想。首先，他强调工人阶级作为我们党的阶级基础，是近代以来我国社会发展特别是社会化大生产发展的产物；随着改革开放和现代化建设的发展，包括知识分子在内的我国工人阶级队伍不断壮大，思想道德素质和科学文化素质日益提高，工人阶级的先进性也在发展；一些工人群众工作岗位的变化并没有改变我国工人阶级的地位，从长远看是有利于工人阶级整体素质提高的。因此，党的阶级基础在不断增强。其次，他强调改革开放中出现的新的社会阶层，都是中国特色社会主义事业的建设者，因此他们也是党的群众基础；他们中间的优秀分子经过考验，符合条件的，也可以吸收到党内来。这些重要的思想都写进了我们的党章。

第四，关于改革和完善党的领导方式与执政方式的新要求。改革开放一开始，我们就提出了推进政治体制改革，发展社会主义民主，健全社会主义法制的任务。“三个代表”重要思想联系世界社会主义运动包括我国社会主义政治发展的历史经验，总结改革开放以来的新鲜经验，强调改革和完善党的领导方式和执政方式对于推进社会主义民主政治建设，具有全局性作用。这是一个非常深刻的见解。根据这样一种新思路，在处理党政关系问题上，提出了总揽全局、协调各方的原则；在处理党内各种关系时，强调党内民主是党的生命，要坚持和完善民主集中制，并指出党内民主对人民民主具有重要的示范和带动作用；在处理党与人民群众、干部与人民群众关系的问题上，强调脱离群众是执政党的最大危险，党要把实现好、维护好、发展好人民群众的利益作为一切工作的出发点和归宿点，要自觉地接受群众的监督，要持续地反对腐败，要进一步密切党同人民群众的血肉联系。与此同时，党中央还对党的决策方式、干部队伍建设等提出了许多重要的新要求，这一切对于我们从规律的认识上来改革和完善党的领导方式和执政方式，深化政治体制改革，具有重要意义。

第五，关于提高党的执政能力的新探索。“三个代表”重要思想在科学地分析党所处的历史方位的基础上，鲜明地指出提高党的执政能力和领导水平、增强党的拒腐防变和抵御风险的能力，是党所面临的两大历史性课题。十六大以后，以胡锦涛为总书记的党中央又进一步强调要以提高党的执政能力为重点加强和改进党的建设。党的执政能力，既涉及党的整体能力，又涉及党员干部的能力。提高党的执政能力，要求我们认真总结执政经验，坚持理论创新和实践创新，在处理党委与政权组织、执政党与参政党、党与群众以及党内各方面关系的问题上，能够创造性地开展工作，达到新的水平，取得新的成效；要求我们在驾驭社会主义市场经济、坚持依法治国方略、把握先进文化前进方向、建设和谐社会和处理国际事务时，能够科学判断形势，正确处理矛盾，应对突发事件，无往而不胜。

这些贡献集中起来，就是十六大报告强调的三句话：“贯彻‘三个代表’重要思想，关键在坚持与时俱进，核心在坚持党的先进性，本质在坚持执政为民。”[①] 应该认识到，这三句话是相互联系的、统一的整体。坚持与时俱进是关键，就在于只有坚持与时俱进，才能坚持党的先进性，才能更好地执政为民。坚持党的先进性是核心，就在于它必须坚持与时俱进，必须体现为执政为民。强调坚持与时俱进和坚持党的先进性，又必须最终落实到坚持执政为民这一本质上来。同样的道理，要能够坚持执政为民，又必须始终坚持与时俱进这一关键和坚持党的先进性这一核心。

由此可见，在正确把握20世纪90年代后时代大潮的基础上，形成的“三个代表”重要思想，不仅进一步回答了“什么是社会主义、怎样建设社会主义”这一根本问题，而且创造性地回答了“建设什么样的

---

① 江泽民. 江泽民文选：第3卷. 北京：人民出版社，2006：537.

党、怎样建设党”这一根本问题，从而在坚持和深化建设中国特色社会主义这个主题的同时，突出了加强和改进执政党建设这个重点，为中国特色社会主义理论体系提供了极其重要的新篇章。

（九）可持续发展潮流和经济发展方式转变

我们要研究讨论的第八个问题是：进入 21 世纪后，中国共产党把转变经济发展方式，形成以人为本、全面协调可持续发展的科学发展观提上了重要议事日程。那么，在转变经济发展方式中形成的科学发展观，同时代大潮有什么关系呢?

应该说，科学发展观的提出，同我国经济社会发展中遇到的问题直接相关，但这些问题又同世界范围内方兴未艾的可持续发展这一时代大潮有直接的联系。

2003 年刚入春，一场“非典”疫情突然降临中国。北京人至今还记得，在“非典”肆虐的那些日子里，人们不得不远离公共场所，人们不得不减少出行，人们不得不对发现疑似病人的单位和区域实行隔离的措施。那时，车水马龙的繁华街头突然变得冷冷清清；相互问候的人们，都戴着严严实实的口罩。这是又一个“寂静的春天”。但正是这场突如其来的疫情，给快速发展的中国带来了新的思考。

我们在这里之所以把 2003 年的春天称为“又一个‘寂静的春天’”，是因为有一本书叫作《寂静的春天》。这本书从书名看，似乎是小说，其实是一部严肃的科学著作。这部 1962 年在美国问世的著作，曾经在美国掀起了一场轩然大波。这部书的作者，是美国女科学家蕾切尔·卡逊。1958 年，她收到一封来自马萨诸塞州的朋友的来信。信中诉说她在自家后院饲养的鸟都死了，而 1957 年为消灭蚊子飞机在那儿喷洒过杀虫剂。蕾切尔·卡逊对此非常感兴趣，决定对杀虫剂与环境的关系展开调研。结果证明，曾经获得过诺贝尔奖的 DDT 以及其他几种剧毒杀虫剂确实对自然界和人类有害。她之所以用“寂静的春天”为书名来披露这个问题，是她注意到，这些剧毒杀虫剂在喷施后将长期存在于土壤之中，会被动植物吸收后进入生物的组织中，并在一个引起中毒和死亡的环链中不断传递迁移，这样就会在某一个春天出现毁灭性的后果——昆虫死了，鸟儿死了，万物复苏的春天变成了死气沉沉的“寂静的春天”。蕾切尔·卡逊的《寂静的春天》一发表，就遭到了强烈的反对。先是一批有工业后台的专家在《纽约人》杂志发难，指责她是个歇斯底里的病人和极端主义分子；然后是生产农药的化学工业集团和使用农药的农业部门，拼命否认她提出的问题及其严重性。甚至连德高望重的美国医学学会也站在化学工业集团一边。有一位政府官员还对她进行人身攻击：“她是个老处女，干吗要担忧那些遗传学的事?”但蕾切尔·卡逊的话唤醒了广大民众，迫使政府成立了一个特别委员会对这个问题进行核查。结果证明，蕾切尔·卡逊在书中对农药潜在危害的警告是正确的。《寂静的春天》发表两年后，1964年春天，蕾切尔·卡逊因患乳腺癌去世了。但她在闭上眼睛之前，已经看到美国国家环境保护局成立了，DDT等一批剧毒杀虫剂在生产和使用的名单中被除名了。[①] 更为重要的是，她唤醒的环保意识在全世界广为传播，已经融入人类的可持续发展理念之中。

2003年初春在中国发生的“非典”疫情，尽管与农药的乱用无关，但同样存在一个问题：如何在发展中坚持以人为本，珍爱人的生命？如果没有这样的意识，生机勃勃的春天终将会成为“寂静的春天”。而一旦人们有了这样的意识，科学发展观就会应运而生。

人们至今还记得，2003年早春，肆虐的“非典”病毒向人类发起猖狂攻击时，我们面对的是一场没有硝烟的战争，党的十六大刚刚形成的中国新一届中央领导集体和广大干部群众面临着严峻考验。

4月14日上午，在同“非典”斗争的紧急关头，胡锦涛来到最早发现“非典”病毒的广东。他在广东省疾病预防控制中心看望医护人员时，说：“广东部分地区发生非典型肺炎疫情后，我们感到很揪心，既为群众的身体健康和生命安全受到严重威胁感到焦急，又为广大医务工

---

① 卡逊. 寂静的春天. 长春：吉林人民出版社，1997：1-4.

作者做了大量艰苦细致工作，使许多患者尽快恢复健康而欣慰。”① 满含深情的一席话，道出了党中央、国务院始终把人民群众的安危冷暖放在心上的关切之情。

4月17日，中共中央政治局常务委员会召开会议，专门听取有关部门关于非典型肺炎防治工作的汇报，并对进一步做好这项工作进行了研究和部署。会议强调指出：做好非典型性肺炎的防治工作，关系到广大人民群众的身体健康和生命安全，关系到我国改革发展稳定的大局。

4月20日，胡锦涛又来到军事医学科学院微生物流行病研究所和中国科学院北京基因组研究所，向在同“非典”斗争中取得重大科技成果的科研人员表示衷心感谢和亲切慰问，勉励科研人员再接再厉，运用科学力量战胜非典型性肺炎疫情。

历史的发展很有趣，往往因为发生了一两起重大事件，就使得人们的思想进入了一个新的境界。“非典”事件就扮演了这样的历史角色。正如后来胡锦涛在谈到科学发展观是怎么样形成的问题时说过的，科学发展观的提出有“战胜非典疫情给我们的重要启示”②。

从认识史来说，正是在战胜“非典”的过程中，我们才更加深切地体会到了发展要以人为本，要尊重人的生命和尊严；更加深切地体会到了发展要以经济建设为中心，同时也要同步推进社会建设，发展必须是全面的发展。

从思想史来考察，正是在胡锦涛去广东实地考察“非典”疫情时，2003年4月15日，他第一次提出了要坚持“全面的发展观”这一重大问题。2003年7月28日，在全国防治“非典”工作会议上，他进一步指出：“通过抗击非典斗争，我们比过去更加深刻地认识到，我国的经济发展和社会发展、城市发展和农村发展还不够协调”③。“我们要更好

① 杨健，王垂林. 情系南粤万木春：胡锦涛总书记考察广东纪实. 人民日报·华南新闻，2003-04-18.

② 中共中央文献研究室. 十六大以来重要文献选编：上. 北京：中央文献出版社，2005：483.

③ 同②395.

地坚持全面发展、协调发展、可持续发展的发展观，更加自觉地坚持推动社会主义物质文明、政治文明和精神文明协调发展，坚持在经济社会发展的基础上促进人的全面发展，坚持促进人与自然的和谐。”①

所以，科学发展观围绕“实现什么样的发展、怎样发展”这个基本问题，强调指出：“科学发展观，第一要义是发展，核心是以人为本，基本要求是全面协调可持续，根本方法是统筹兼顾。”② 党的十六大后形成的科学发展观，在党的十七大后同邓小平理论、“三个代表”重要思想一起成为“中国特色社会主义理论体系”的重要组成部分，在十八大后成为党的指导思想。

需要强调的是，科学发展观的提出虽然同“非典”这件事有直接的关系，但更深刻的原因是我们党在实践中已经认识到，我们原来的经济发展方式有其不容忽视的缺点，已经影响到国民经济的健康运行和可持续发展。

在形成和提出科学发展观的时候，党中央组织各个领域的专家对世界范围可持续发展的种种案例、经验教训和各种理论进行了认真的梳理和深入的研究，作为我们转变经济发展方式的参考。这是因为，人类对于发展的认识，经历了一个曲折的过程，积累了丰富的经验。学习和借鉴人类文明在发展问题上的有益成果，是科学发展观形成和发展的重要基础。

党中央关注了哪些经验教训呢？

第一，巴西和伊朗等发展中国家的“经济增长的彗星”及其“经济神话的破灭”的历史经验。第二次世界大战以后的 20 世纪 60 年代，伴随着世界社会主义运动的兴起和殖民主义体系的瓦解，世界上出现了一大批新兴的民族独立国家。与此相联系，在这些国家里出现了一股强大的发展潮流，出现了一批被称为“发展中国家”的国家；在学术界也出现了以“发展”为课题的学科和理论，诸如发展经济学、发展社会学、

---

① 中共中央文献研究室. 十六大以来重要文献选编：上. 北京：中央文献出版社，2005：396-397.

② 中共中央文献研究室. 十七大以来重要文献选编：上. 北京：中央文献出版社，2009：70.

发展政治学等。在这场全球范围史无前例的发展潮流中，造就了一个个“经济神话”。影响较大的，有巴西、伊朗等国家。

巴西，在20世纪60年代至70年代，经济高速增长，一度跻身于世界上工业发达的16国之列。但是，单纯的经济增长并没有给人们带来普遍的福泽，许多人依然没有摆脱贫困。到80年代，巴西出现了经济大幅下滑，接近一半的居民实际生活水平开始下降；与此同时，又出现了两极分化严重、腐败现象丛生等问题。于是，政局也跟着出现了动荡。国际社会把巴西现象称为“经济增长的彗星”。

伊朗，在20世纪60年代到70年代，工业化加速发展，加上得益于石油涨价的好处，人均国民生产总值增长了10倍多，创造了一个骄人的经济神话。但是，由于统治阶级严重腐败，大幅增加的财富不仅没有给广大人民带来好处，反而引起了群众的普遍不满；加上巴列维国王没有处理好同宗教界的关系，引起了一批著名的宗教领袖的强烈不满。这两个“不满”叠加在一起，引发了长达一年之久的政治示威和暴乱，一直到巴列维国王被逐出境外。伊朗经济就这样在快速起飞后就迅速衰退。国际社会把伊朗现象称为一个“经济神话的破灭”。

这些现象，自然就成为学术界研究的对象和课题。这种现象，被称为“有增长无发展”或“没有发展的增长”。这是因为，大家注意到了，“增长”与“发展”既有联系又有区别，不能把增长等同于发展，以增长取代发展。

增长，主要是指国民生产总值的提高。在战后形成的发展经济学，认为发展中国家的发展问题，就是在民族独立后实现工业化的问题，因此主要是经济增长问题。这样的“发展”，就是把“增长”等同于“发展”。这里讲的“增长”，主要体现在国民生产总值量的增加上，包括产出量的增加和财富量的增加。显然，对于发展来说，经济增长是最基本的，没有经济的增长，没有国民生产总值的增加，就没有发展的基础。但是，这样单纯追求经济和财富量的增加与扩张，而不考虑经济的质与量的统一，不考虑财富的分配，是不可能持续增长的。

发展，既包括增长所强调的产出和财富的增加，也包括经济的质与量的统一，包括社会分配结构的完善和人民生活的提高，包括人的权利的实现，以及人与自然的和谐相处。因此，“发展”与“增长”并不是截然分割的，“发展”既包括“增长”又超越“增长”，两者在理念、目标、实现形式和途径上都有着重大的区别。

把经济增长等同于发展的发展观，对于促进经济增长和财富的积累能够发挥积极的作用，但由于它忽略了经济增长的质量，忽略了财富分配对于经济的意义，因此常常陷入粗放式发展而影响现代化的实现，常常因社会矛盾加剧而影响现代化的推进，使得发展中国家迅速实现工业化和现代化的进程受挫。这就是人们从“经济增长的彗星”和“经济神话的破灭”的思考中，获得的重要认识。这种认识，促进人们在为工业化和现代化而奋斗的时候，从“增长”走向“发展”，并进一步形成科学的发展观。

第二，可持续发展理论的提出。20 世纪 70 年代到 80 年代，人类对发展的认识有了质的飞跃，这就是在人们从“增长”走向“发展”的时候，人们不仅注意到要妥善处理经济内部和经济与社会之间的一系列复杂关系，而且注意到必须妥善处理人与自然之间的复杂关系，逐步形成了可持续发展理论。

1972 年，受罗马俱乐部的委托，美国麻省理工学院的梅多斯等人发表的研究报告《增长的极限》轰动了全世界。这个研究报告提出，影响经济增长的主要因素，包括人口增长、粮食供应、资本投资、环境污染、资源消耗这五个因素，正在呈指数增长。如果这个趋势继续下去，人类可能会因为粮食不足而面临饥饿和死亡，可能会因为环境急剧恶化而使自己的生存受到威胁，可能会因为大量消耗地球不可再生资源而毁灭人类赖以生存的地球。因此，增长不是无极限的。这个研究报告尽管是以一种悲观主义的态度向人类发出了这样的警告，但是它提出的是一个实实在在的问题，即人与自然的关系问题。这已经成为我们今天关注的“全球性问题”。

人类终于觉醒了。1972 年 6 月 5 日至 16 日，联合国人类环境会议在瑞典的斯德哥尔摩召开。这是国际社会就环境问题召开的第一个世界性会议，是标志着人类在环境问题上觉醒的一座里程碑。受联合国人类环境会议秘书长的委托，经济学家芭芭拉·沃德和生物学家勒内·杜博斯，在58个国家152位成员组成的通信顾问委员会的协助下，向大会提供了一份非正式报告《只有一个地球》。这个报告开卷就指出："人类生活在两个世界里。一个是由土地、空气、水和动植物组成的自然世界，这个世界在人类出现以前几十亿年就已经存在了，而后来人类也成为其中的一个组成部分；另一个是人类为着自己而用双手建立起来的社会结构和物质文明的世界。在这后一个世界里，人类用自己制造的工具和机器、自己的科学发明以及自己的设想，来创造一个符合人类理想和意愿的环境。"① 由于在工业化过程中，城市人口不断增加，能量和资源大量消耗，环境污染十分严重，人类生活的这两个世界业已失去平衡，正处在潜在的、深刻的矛盾之中。终于，不断向自然界索取的人类，开始思考怎么样能够做到人与自然和谐相处的"可持续发展"这一问题了。联合国人类环境会议就是在这样的关键时刻召开的。中国政府当时也派出代表团，参加了这个重要的会议。

1987年，联合国世界环境与发展委员会在对世界环境和发展中国家的关键问题，进行长达3年的调查研究之后，发表了专题研究报告《我们共同的未来》。由于这份报告是由当时的挪威首相布伦特兰夫人主持发表的，所以人们常常称它为《布伦特兰报告》。这个报告，从全球发展战略的高度，系统地提出了可持续发展的思想和纲领。报告提出："可持续发展是既满足当代人的需求，又不对后代人满足其需求的能力构成危害的发展"。这一报告的发表，标志着可持续发展理论的基本形成。

"可持续发展"是20世纪80年代颇有创意和影响的理论。在这个崭新的理论中，人与自然的关系发生了根本的变化，传统的"以人为中心和目的"的观念为"人与自然和谐相处"的观念所取代。1992年，在巴西里约热内卢召开的联合国环境与发展大会上，102位国家首脑、183

① 沃德，杜博斯. 只有一个地球. 长春：吉林人民出版社，1997：1.

个国家和地区的代表通过了《里约热内卢宣言》和《21世纪议程》两个纲领性文件。这次会议和会议通过的文件，标志着可持续发展理论已经被全世界绝大多数国家普遍认同。

我国也参加了里约热内卢会议，并在会后认真履行会议通过的文件。1994年，我国在发展中国家中率先制定了《中国21世纪议程》这一可持续发展的纲领性文件。1997年召开的党的十五大，把实施可持续发展战略作为中国的重要发展战略提了出来。这以后，实施可持续发展战略就成为中国实现社会主义现代化的重要任务。

通过这个回顾，我们可以认识到，中国共产党在经济发展方式转型中提出科学发展观问题，不是偶然的，正是人类社会致力于解决的可持续发展问题在中国的反映。事实上，中国共产党正是在认真研究和借鉴这些人类文明的有益成果，结合我们自己实践经验的基础上，深化了对"实现什么样的发展、怎样发展"这一根本问题的认识，形成了"科学发展"的理念，丰富和发展了中国特色社会主义理论体系，提出了科学发展观等重大战略思想。

实践告诉我们，贯彻落实科学发展观不是一件容易的事，只有通过转变经济发展方式才能实现。正如十七大报告中所指出的，实现未来经济发展目标，关键是要在加快转变经济发展方式、完善社会主义市场经济体制方面取得重大进展。

我们在实践中认识到，加快转变经济发展方式是我国经济社会领域的一场深刻变革，必须贯穿经济社会发展全过程和各领域，坚持把经济结构战略性调整作为加快转变经济发展方式的主攻方向，坚持把科技进步和创新作为加快转变经济发展方式的重要支撑，坚持把保障和改善民生作为加快转变经济发展方式的根本出发点和落脚点，坚持把建设资源节约型、环境友好型社会作为加快转变经济发展方式的重要着力点，坚持把改革开放作为加快转变经济发展方式的强大动力，提高发展的全面性、协调性、可持续性，实现经济社会又好又快发展。

那么，为什么要坚持以加快转变经济发展方式为主线？为什么说加快转变经济发展方式是我国经济社会领域的一场深刻变革呢？

第一，加快转变经济发展方式，是推动科学发展的必由之路。回顾这几年党领导经济工作的历程，我们注意到，早在1995年党的十四届五中全会上，就已经提出了要转变经济增长方式的问题，强调要改变粗放型增长模式，走集约型发展道路。到2007年党的十七大，我们在转变增长方式上取得了很大成就，已经由20世纪80年代到90年代中期主要靠轻纺工业等劳动密集型产业拉动经济，逐步转变到主要靠资本和技术密集型产业拉动经济，重工业在工业增加值中的比重已经由1995年的50%左右上升到2006年的70%。与此同时，伴随着重工业的高速发展，能源、原材料消耗大幅度上升，资源、环境压力日益加大；农业生产方式落后，第三产业发展依然滞后；经济增长过度依赖投资和出口，消费的拉动作用不断下降。比如，从2000年到2007年，我国投资率不断上升，由35.3%上升到42.3%，同一时间段里，国内居民的消费率则由62.3%下降到48.8%，城镇居民的消费率在2007年甚至下降到35.4%。也就是说，投资率和消费率两条曲线出现了严重的反向运行的问题。这就必然导致产能严重过剩。由于世界市场的扩大，过剩的产能问题得到了较好的解决，但由此而带来的问题是对世界市场的依赖也越来越大，2007年我国的外贸依存度超过了60%。这就使得中国的经济出现了巨大的、潜在的风险。党中央看到了这一问题及其严重性，因此在十七大提出了“三个转变”的新要求，即经济增长由主要依靠投资、出口拉动向依靠消费、投资、出口协调拉动转变，由主要依靠第二产业带动向依靠第一、第二、第三产业协同带动转变，由主要依靠增加物质资源消耗向主要依靠科技进步、劳动者素质提高、管理创新转变。

要实现这“三个转变”，不仅要转变我们的经济增长方式，而且要转变我们的经济发展方式。所谓经济增长方式，一般是指通过改善生产要素质量及其组合结构来实现经济增长的方式。通常把主要依靠物质要素投入、追求产品数量扩张的增长方式称为粗放型增长模式；把注重依靠技术进步、改善管理、提高劳动者素质等途径，不断提高经济效益，实现经济增长的方式称为集约型增长模式。经济发展方式的内涵则更加丰富、全面，除了涵盖前者的含义之外，还对发展的理念、促进经济增长的需求结构和产业结构提出了要求。从“转变增长方式”到“转变发展方式”，虽然只是两个字的改变，其含义却十分深远。所以，加快转变经济发展方式是推动科学发展的必由之路。

第二，加快转变经济发展方式，是符合我国基本国情和发展阶段性特征的科学决策。我国现在处在并将长期处在社会主义初级阶段。我国底子薄、生产力水平比较低、人口多、耕地和其他资源少的特点将长期存在。进入21世纪以来，我们不仅在经济建设方面遇到了各种“瓶颈”的制约，在社会建设方面也遇到了前所未有的压力。人民群众对于解决就业、住房、教育、医疗、养老等问题的需求越来越强烈。在这种情况下，我们必须统筹兼顾经济与社会、人与自然等各个方面存在的复杂关系，坚持科学发展，加快转变经济发展方式。

第三，加快转变经济发展方式，是适应全球需求结构重大变化、增强我国经济抵御国际市场风险能力和在后国际金融危机时期国际竞争中抢占制高点、争创新优势的必然要求。2008年9月15日，拥有158年历史的美国华尔街第四大投资银行雷曼兄弟公司申请破产保护这一金融事件，已经被写进了世界历史。这一事件，标志着美国的次贷危机进一步加剧，并迅速地波及世界金融市场和实体经济领域，转化为一场席卷全球的国际金融危机。这场危机不仅给资本主义国家的金融和经济造成了严重的困难，而且迅速地从发达国家传递到发展中国家，也冲击到我国经济的发展。2008年第三季度，我国GDP增速由第一季度、第二季度的10.6%和10.1%下降到9%，第四季度进一步下降到6.8%，2009年第一季度继续下降到6.1%。我国遭受了自改革开放以来最为严重的困难。我们注意到，这次危机到来的时候，正好是我国经济进入周期性调整时期，特别是沿海地区正好进入产业结构新一轮调整时期。也就是说，如果没有这场国际金融危机，我们的经济也到了必须调整的阶段。所以，这场危机对于主要依赖世界市场的外向型企业特别是实力不强的中小型外向型企业，冲击特别大。我们常讲“实践是检验真理的唯一标准”，我们遭遇的这场国际金融危机以无情的实践验证了党中央2003年提出的科学发展观是正确的，验证了党的十七大提出的转变经济发展方式、完善社会主义市场经济的决策是正确的。

综上所述，经济发展方式的转变呼唤着科学发展观的提出，科学发展观的形成又促进了经济发展方式的转变。而中国共产党在发展到一定阶段提出这个问题，又恰恰是可持续发展的时代大潮的要求。正是在这个意义上，我们说形成和提出科学发展观是中国共产党善于把握时代潮流的又一案例。

（十）新的伟大斗争和治国理政

我们要研究讨论的第九个问题是：党的十八大后，中国共产党在以习近平同志为核心的党中央领导下，大刀阔斧、雷厉风行地打开了反腐倡廉、治国理政的新局面，形成了党中央治国理政新理念新思想新战略。深入的研究告诉我们，这些新理念新思想新战略正是以习近平同志为核心的党中央在正确分析形势、把握时代大潮的过程中形成的。

在党的十八大报告中，有一个论断可能许多人没有注意到。这个论断就是，发展中国特色社会主义是一项长期的、艰巨的历史任务，必须准备进行具有许多新的历史特点的伟大斗争。

许多人之所以没有注意到这一论断，是因为当年我们还没有经历这些“具有许多新的历史特点的伟大斗争”，对这样的斗争还没有切身体验。有的人可能还认为这只是一句一般的标语口号，没有实质意义。十八大以来仅仅 3 年多时间，我们再回过头来读十八大报告，就可以发现这绝不是一句一般的标语口号，而是具有许多丰富而又深刻内涵的科学论断——严格地讲，是被实践验证了的科学预言。

“新的伟大斗争”的伟大目标，就是我们常讲的“两个一百年”奋斗目标，即到建党一百年时全面建成小康社会，到建国一百年时把我国建设成为富强民主文明和谐的社会主义现代化国家，实现中华民族伟大复兴的中国梦。

其中，近期目标就是从十八大起到 2020 年，全面建成小康社会。

而时间只有 8 年，按天数算，也不到 3 000 天。

在这 8 年、不到 3 000 天里，会发生什么事？这些事具有哪些“新的历史特点”？

从世界经济来看，已经延续 8 年的国际金融危机，及其带来的全球经济增长乏力的情况何时有转机，至今看不到头，贸易保护主义却开始抬头，给我国经济发展特别是对外开放带来了严峻的挑战。

从地缘政治和我国周边环境来看，美国在“亚太再平衡”旗号下，或亲自出马，或挑唆我们邻国，给我们制造各种各样的麻烦，妄图遏制我们和平发展，让我们吞下损害我国主权、安全和发展利益的苦果。

从国家安全来看，政治安全、国土安全、军事安全、经济安全、文化安全、社会安全、科技安全、信息安全、生态安全、资源安全、核安全等相互联系，特别是传统安全和非传统安全相互交织，给国家安全形势带来了十分严重的挑战。

从国内经济发展态势来看，已经形成改革开放以来没有过的经济新常态，经济运行的固有矛盾没有缓解，总需求低迷和产能过剩并存的格局尚未根本改变，经济下行压力还在加大，推进供给侧结构性改革难度也大。

从社会建设和生态文明建设来看，基本公共服务对老百姓“欠账”过多，大气污染、水污染、土地污染问题要经过很长时间坚持不懈的努力才能解决。

从思想文化领域来看，各种社会思潮此起彼伏，价值取向多元化，特别是“虚拟”世界的管理遇到从来没有过的新问题，国际交流中形成强有力的文化软实力还需要经过长期的努力和奋斗。

从反腐倡廉形势来看，在形成“不敢腐”的震慑力后，解决“不能腐”“不想腐”还须时日，干部队伍中出现的“不作为”等新问题影响了工作效率，严肃党内政治生活、净化党内政治生态更要久久为功、持续努力。

诸如此类斗争，都是“具有许多新的历史特点的伟大斗争”，是对中国共产党新的严峻考验。这些考验，有的是十八大之前已经存在，现在更复杂、更严重；有的是十八大时有所预料的，但是问题的严重性超出了我们的想象；有的是十八大时没有预料到的，现在不仅发生了而且发展很快。

在这种复杂情况下，怎么把握好国际国内两个大局，区分好时代大潮和历史逆流、区分好时代潮流和暂时困难的问题就突出了。以习近平同志为核心的党中央的治国理政新理念新思想新战略就是在这样的时代大背景下形成了。

以习近平同志为核心的党中央治国理政的新理念新思想新战略，是中国共产党从十八大后新的历史起点出发，在中国特色社会主义最新实践中形成的马克思主义中国化的最新成果，具有丰富的科学内涵和核心要义。这一科学的思想理论，围绕着治理一个什么样的国家、怎样治理国家这个根本问题，提出了当代中国治国理政的纲领、目标、布局、任务和动力，以及实现目标任务的根本政治保证、法治保证、思想文化保证、安全保证和国际环境保证等，贯穿着马克思主义的立场、观点、方法。这一具有内在逻辑联系的科学思想体系，是中国特色社会主义理论体系的重要组成部分，是我们治国富国强国的行动指南。

我们注意到，习近平在庆祝中国共产党成立 95 周年大会上发表的重要讲话，第一次把“党的十八大以来党中央治国理政新理念新思想新战略”摆在党的指导思想表述之后，即“全党要深入学习马克思列宁主义、毛泽东思想、邓小平理论、‘三个代表’重要思想、科学发展观，深入学习党的十八大以来党中央治国理政新理念新思想新战略”①。在这之前，中办印发的“两学一做”学习教育方案已经强调，要用习近平总书记系列重要讲话精神武装全党，认真学习以习近平同志为核心的党中央治国理政新理念新思想新战略。

这里，有一个问题是不能回避的，这就是：我们改革开放以来先后提出要用邓小平理论、“三个代表”重要思想、科学发展观武装全党，现在为什么又提出要用习近平总书记系列重要讲话精神武装全党，为什

① 习近平．在庆祝中国共产党成立 95 周年大会上的讲话．人民日报，2016-07-02.

么又提出要深入学习党的十八大以来党中央治国理政新理念新思想新战略？

历史告诉我们，一个领导人有一个领导人要解决的时代课题，一个时期有一个时期要完成的时代使命。今天的中国，需要解决的时代课题，集中起来，就是国家治理问题。其中最重要的，就是党中央在部署全面深化改革之际宣布的：完善和发展中国特色社会主义制度，推进国家治理体系和治理能力现代化。我们今天学习习近平治国理政新理念新思想新战略，也是当今中国的实践和时代向我们提出的重要任务。

首先，这是改革开放 30 多年实践向我们党提出的时代课题。

回顾历史，旧中国不仅贫穷落后，而且一盘散沙，但是我们在毛主席领导下，不到 3 年就恢复了国民经济，治理了社会的污泥浊水。总结我们的经验，就是毛主席讲的四个字："组织起来"。我们将全中国绝大多数人组织在政治、军事、经济、文化及各种组织里，创造了一个又一个奇迹。

但是，历史就是这样复杂，当组织起来的人成为难以流动的"单位人"时，人民群众的无限创造性被束缚住了。针对这种情况，改革开放一开始，邓小平提出了一个国家治理新方针，也是四个字，即"活跃起来"。我们的文件语言是"激发社会的生机和活力"。30 多年改革开放，中国发生了天翻地覆的变化。追溯这些变化的原因，就在于改革把中国社会内在的生机和活力极大地激发了出来。

历史的辩证法又一次告诉我们，事物总是一分为二的。就在我们把中国搞活的同时，出现了许多乱象，特别是党内腐败从滋生到蔓延，引起人们对党运国运的担心。针对这种情况，邓小平提出了一整套"两手抓"方针，一手抓物质文明、一手抓精神文明，一手抓改革开放、一手抓打击犯罪，一手抓民主、一手抓法制，等等。国内外政治风波发生前后，我们又提出要处理好改革发展稳定的关系，后来又强调要构建社会主义和谐社会，建设一个活而有序的社会。实践告诉我们，要解决这一问题，必须以时不我待的紧迫性，敢于担当的责任心，踏石留印、抓铁有痕的魄力和劲头，采取大刀阔斧、雷厉风行的行动，向乱象开刀，果断治乱。这样，就把建设一个什么样的国家治理体系、怎样治理国家的问题提到了我们面前。十八大报告中提出了“治国理政”这一命题，强调“要始终把改革创新精神贯彻到治国理政各个环节”，“法治是治国理政的基本方式”。这就是以习近平同志为核心的党中央所处的时代背景及其肩负的时代使命。

时代提出的课题，也是时代提出的难题。搞活，不能搞乱；治乱，不能治死。不论搞活，还是治乱，都必须有利于并确保“两个一百年”奋斗目标的实现。为破解这一难题，十八大以来，以习近平同志为核心的党中央殚精竭虑、夙夜奉公，先是统一思想，把全党全国人民的思想认识统一到中国特色社会主义新要求，统一到“两个一百年”和中国梦的奋斗目标上来；继而秉持“治国必先治党，治党务必从严”的理念，从制定“八项规定”开始，中央政治局带头，一手抓群众路线教育实践活动，一手抓惩治腐败，“老虎”“苍蝇”一起打，改善了党在群众中的形象；接着，制定了“全面深化改革”和“全面依法治国”这两个被称为“姊妹篇”的纲领性文件，把国家治理包括依法治国问题提到了改革总目标的高度。在此基础上，我们形成了治国理政的新战略，即全面建成小康社会、全面深化改革、全面依法治国、全面从严治党相辅相成、相互促进、相得益彰的“四个全面”战略布局。

从中我们可以清楚地看到，实践在发展，时代在进步，理论也要与时俱进。习近平治国理政新理念新思想新战略回答的，就是新的实践提出的新的重大课题。我们学习这一治国理政新理念新思想新战略，也是新的实践提出的新任务。

其次，这是现代化特别是信息化大潮迅猛发展向我们党提出的时代课题。

在当今世界，像中国这样一个大国的治国理政，已经不能离开这个国家所处的国际环境和时代条件。因此，研究中国的社会主义问题，研究中国的治国理政问题，都不能脱离今天的时代变动特点、远离时代大潮的发展趋势。

今天的世界发生了什么样的变化？今天的时代有什么样的特点？这

里，我们不可能对世界和平与发展的新变动、地缘政治的新情况做全面的分析，只讲两件事。一件事是，最能够反映经济全球化走向的世界经济论坛即达沃斯论坛，这两年关注的重点是信息化和低碳化。另一件事是，这两年一个新的论坛突兀而起，吸引了全球的眼光，这就是乌镇论坛，即在我国浙江乌镇举办的世界互联网大会。把这两件事同我们身边的变化联系起来，大家都可以感受到：在我们的生活中，信息化已经成为这个时代最基本、最广泛、最深刻的元素。

这里，我们不做抽象的概括，只做具象的描述。也就是说，只要看一看我们身边发生的事，就可以对今天的时代潮流发展走势有所感悟、有所体会。

走进地铁，可以发现几乎每个人都在低头看手机。有的看新闻，有的读短信，有的看视频，有的玩游戏，也有的在读网络小说。这种景观，10 年前有吗？没有。

走进社区，顺丰、宅急送、中通、申通、圆通、韵达等快递公司的送货车，来来去去；有送信件书籍的，有送吃的穿的，有送家用电器护肤品的，什么都有送的。这种景观，10 年前有吗？没有。

与快递公司迅速发展相联系的，是淘宝网、京东商城进入亿万家庭生活，网店成为人们购物的首选。这种景观，10 年前有吗？没有。

至于哪个地方发生了什么事，大到像天津港的大爆炸，小到像四川凉山小学生写的“饭做好，去叫妈妈，妈妈已经死了”这样悲伤的作文，都可以通过互联网迅速传遍海内外。这种情况，10 年前有吗？没有。

仅以这几个例子，就可以看到世界发生了多大的变化！这种种变化，概而言之，就是信息化、现代化。这样的变化，不仅深刻，而且广大，既有正面的影响，也有负面的效应，已经直接传递到老百姓的日常生活领域。研究中国特色社会主义的发展走势，研究当今中国的国家治理，不能不看到日常生活中发生的这些与时代潮流变动相联系的巨大变化。

也就是说，信息化不仅改变了世界的通信方式，而且深刻地改变了人类的生产方式、生活方式、交往方式。现在，我们一方面享受着信息化时代的好处，另一方面也面对着信息化带来的巨大挑战。信息化给我们的公共安全、国家安全和执法管理、司法活动出了许多新难题。信息扁平式传递可以突破我们建立的纵向管控系统。信息的透明性增强了监督的广泛性，如果我们的工作考虑不周，还会引起网民吐槽。至于网络犯罪、网络治理，更是已成为社会治理和国际斗争中不容忽视的新问题。我们的国家治理必须面对这样的现实。

在这样的时代潮流冲击下，过去那种不重视以人为本的国家治理方式还能保证国家长治久安吗？过去那种垂直的、僵硬的行政管理体系还能维系下去吗？过去那种说了可以不做、做了无人监督的局面还能够维持下去吗？换言之，这些变化对我们这样的执政党提出了什么要求呢？这是我们必须认真思考的。思考的结果，就是党要顺应时代发展潮流，更好地坚持以人民为主体，全心全意为人民服务；更广大地推进民主政治建设，包括发挥互联网在民主政治建设中的作用，扩大公民有序的政治参与；更自觉地推进依法治国，特别是党要更自觉地坚持在宪法和法律范围内活动，尊重和保障人权，接受人民群众的监督；更务实地以保障和改善民生为出发点发展国民经济；更有力地推进反腐倡廉，把权力关进制度的笼子；更努力地维护世界和平，参与全球经济治理，促进共同发展。诸如此类思考，汇总起来，就是一个目标：完善和发展中国特色社会主义制度，推进国家治理体系和治理能力现代化。

从中我们可以清楚地看到，以习近平同志为核心的党中央治国理政新理念新思想新战略的形成和提出，是今天的信息化、现代化带来的时代大变动大发展向我们党提出的时代课题。我们学习党中央治国理政新理念新思想新战略也是为了赶上这样的新时代，适应这样的新变化，完成我们肩负的时代使命。

最后，归根到底，这是当代中国社会发展规律对我们党提出的时代课题。

社会发展是有规律的，经济建设要合乎规律，政治、文化和社会建设都要合乎规律。领导中国这样一个大国，更不能任性，而不顾社会发展的客观规律。领导者的重要作用，就是要在认识社会发展规律的过程中，驾驭其发展的逻辑。毛泽东之所以能够领导中国革命走向胜利，就在于他做到了这一点。我们读一读他的名著《中国革命和中国共产党》《新民主主义论》就可以知道了。他以国情为基本依据，揭示近代中国的社会主要矛盾，然后分析中国革命的对象、动力、性质和革命的前途等，再进一步分析这样的革命要建立的国家应该是什么样的政治、经济、文化，走向什么样的目标。学习毛泽东，最重要的就是要学习他研究和解决中国问题的方法论，尊重历史的辩证法。

改革开放以来，我们党从中国和世界社会主义运动的历史经验中，进一步认识到，要治理好我们的国家和社会，必须不断深化对共产党执政规律、社会主义建设规律、人类社会发展规律的认识。改革开放之初，我们就提出要清醒地认识到我国现在处在并将长期处在社会主义初级阶段，我们要解决的社会主要矛盾是人民日益增长的物质文化需要同落后的社会生产之间的矛盾。根据这样的认识，我们解决这一社会主要矛盾，就要坚持以经济建设为中心，一面坚持四项基本原则，一面通过改革开放解放和发展社会生产力。为此，就要在改革中突破传统生产关系的束缚，建立和发展社会主义市场经济体制。而要发展市场体系，就要解决市场经济发展中出现的新问题，包括怎样认识公有制为主体、多种所有制经济共同发展的所有制结构问题，以及同非公有制经济发展相联系的新的社会阶层问题，包括怎样推动经济发展方式的转变问题，以及增长与发展的关系问题，也包括怎样认识政府和市场的关系问题，以及政府怎么用好宏观调控机制问题。为此，就要伴随着社会主义市场经济的完善和发展，进一步改革和完善上层建筑，从执政党建设着手，改革和完善党的领导方式和执政方式；进而就要在转变经济发展方式的同时，全面深化改革，进一步解决国家治理体系和治理能力现代化问题，解决国家制度现代化问题，完善和发展中国特色社会主义制度。这就是中国改革的实践逻辑。

尊重历史的辩证法，就是尊重中国改革的实践逻辑。我们从“文化大革命”中走出来后，果断决定工作重点转移，启动改革开放轮子，并在实践中开辟中国特色社会主义道路，形成了邓小平理论，就是这种实践逻辑的作用。我们在国内外政治风波以后，一面推进以社会主义市场经济为目标的经济体制改革和其他各方面改革，处理好改革发展稳定关系，一面强调要抓好执政党建设，形成了“三个代表”重要思想，也是这种实践逻辑的作用。进入21世纪后，我们强调要转变经济发展方式，构建社会主义和谐社会，形成了科学发展观，还是这种实践逻辑的作用。今天，我们从新的历史起点出发，提出要以坚定的道路自信、理论自信、制度自信和文化自信，为实现中华民族伟大复兴的中国梦而奋斗，要学习以习近平同志为核心的党中央治国理政新理念新思想新战略，坚持“四个全面”战略布局，同样是这种实践逻辑的要求。掌握了这种历史辩证法，就能够真正按照党中央的要求，把学习习近平总书记系列重要讲话同学习马克思列宁主义、毛泽东思想、邓小平理论、“三个代表”重要思想、科学发展观结合起来，深刻理解党的科学理论既一脉相承又与时俱进的内在联系。

从中我们可以清楚地看到，以习近平同志为核心的党中央治国理政新理念新思想新战略的形成和提出，是当代中国社会发展规律向我们党提出的时代课题，是党中央尊重历史的辩证法，形成的国家治理新思想大战略。我们学习以习近平同志为核心的党中央治国理政新理念新思想新战略，就是要学习这种历史发展的辩证法，更加自觉地在中国特色社会主义道路上完成我们承担的历史使命。

综上所述，在十八大以来进行“具有许多新的历史特点的伟大斗争”的过程中，以习近平同志为核心的党中央带领我们，面对各种喧嚣的国际风潮和国内社会思潮，始终保持着马克思主义的清醒和定力，正确把握时代潮流及其发展大趋势，毫不动摇地向着“两个一百年”的奋斗目标和中国梦前进，在治国理政的实践和理论上取得了前所未有的历史性进步，把中国特色社会主义伟大事业推进到了一个新的发展阶段。

TRENDS OF THE TIMES

The Historical Role of the Communist Party of China

四

敢于引领时代大潮的中国共产党

四　敢于引领时代大潮的中国共产党

中国共产党的先进性，不仅体现在它所制定的指导思想、纲领、路线、战略能够顺应时代发展的进步潮流，能够在错综复杂的社会思潮和国际风潮中清醒把握时代大潮，而且体现在它能够始终站在潮头引领时代大潮。

（一）从习近平的“理念引领”说起

众所周知，中国共产党在2015年10月底召开的十八届五中全会，审议通过了《中共中央关于制定国民经济和社会发展第十三个五年规划的建议》。这个建议，不仅为国务院编制规划纲要提供了明确的指导思想、基本原则、目标要求、基本理念和重大举措，而且向世人展示了中国的战略、中国的自信、中国的决心。其中，最让人振奋的是，以习近平同志为核心的党中央提出的“以人民为中心的发展思想”和创新、协调、绿色、开放、共享发展的新理念，拨开了妨碍人们认识中国的迷雾，以这一中国化马克思主义政治经济学的最新成果，展示了中国的前进方向和攻坚克难的大思路、大战略、大趋势。

就在这次重要的会议上，习近平在论述创新、协调、绿色、开放、共享发展的新理念时，强调指出：“发展理念是发展行动的先导，是管全局、管根本、管方向、管长远的东西，是发展思路、发展方向、发展着力点的集中体现。”①

这里所讲的“行动的先导”，就是理念的“引领”作用。这也就是习近平当时强调的：“面对经济社会发展新趋势新机遇和新矛盾新挑战，谋划‘十三五’时期经济社会发展，必须确立新的发展理念，用新的发展理念引领发展行动。”②

要了解发展理念的“引领”作用，首先要搞清楚：什么是发展理念？我们注意到，习近平在论述这个问题的时候，是从辩证唯物主义认识论的视角定义“发展理念”。他引用明末清初著名思想家王夫之的名言指出：“理者，物之固然，事之所以然也。”这里的关键词，是“固然”“所以然”两个词。也就是说，理是事物固有的，同时又是事物发

①② 中共中央关于制定国民经济和社会发展第十三个五年规划的建议．北京：人民出版社，2015：48.

展的原因。因此，在经济社会发展过程中，第一，必须按照唯物主义的观点，从实际出发，直面发展新趋势、新机遇和新矛盾，谋划经济社会发展，确立新的发展理念；第二，必须按照唯物辩证法的要求，根据变化了的情况，在新的情况下用新的发展理念引领发展行动。正是在这样的意义上，习近平强调："发展理念是发展行动的先导，是管全局、管根本、管方向、管长远的东西，是发展思路、发展方向、发展着力点的集中体现。"

那么，为什么创新、协调、绿色、开放、共享发展的新理念能够对当前和未来的发展起到"引领"的作用呢?

这就要认识和理解党中央提出的创新、协调、绿色、开放、共享这五大发展新理念的内涵。

第一，五大发展新理念是顺应我国经济发展新常态的内在要求提出来的。

在中国特色社会主义探索过程中，我们不断深化对共产党执政规律、社会主义建设规律、人类社会发展规律的认识，懂得了发展是党执政兴国的第一要务。与此同时，我们也在实践中懂得了在发展中必须形成符合各个阶段发展实际的发展理念。

我们党自改革开放以来，不仅毫不动摇地坚持邓小平从社会主义历史经验中概括出来的"发展才是硬道理"，而且始终不渝地从变动的发展实践出发，提出与此相适应的发展理念。比如，邓小平从当时要"抢时间"的要求着眼，提出发展要有比较快的速度，同时也要有质量、有效益、没有水分。江泽民从社会主义市场经济取代计划经济后新的实际出发，提出要保持国民经济持续快速健康发展。胡锦涛从进入 21 世纪后出现的新情况出发，把"又快又好发展"调整为"又好又快发展"，强调要坚持全面协调可持续发展。也就是说，各个阶段的发展理念，都是从新的实际出发确立的。

自从 2008 年美国次贷危机引发的国际金融危机发生以后，各个国家都被殃及，至今复苏乏力，整个世界的经济结构进入了大调整大变动的新阶段。对于中国这样一个发展中大国来说，一方面，我国仍处于可以大有作为的重要战略机遇期；另一方面，我国也面临诸多矛盾叠加、风险隐患增多的严峻挑战。习近平指出，当前，我国经济发展也呈现出速度变化、结构优化、动力转换三大特点。也就是说，增长速度要从高速转向中高速，发展方式要从规模速度型转向质量效益型，经济结构调整要从增量扩能为主转向调整存量、做优增量并举，发展动力要从主要依靠资源和低成本劳动力等要素投入转向创新驱动。他指出："这些变化不依人的意志为转移，是我国经济发展阶段性特征的必然要求。"[①] 他把这种状况的经济称为"经济发展新常态"。与此同时，他也提醒我们不要把什么都叫作"新常态"，我们讲的"新常态"专指"经济发展新常态"。他强调指出，适应新常态、把握新常态、引领新常态，这是当前和今后一个时期我国经济发展的大逻辑。

针对改革开放以来前所未有的新情况，习近平强调，要深刻认识我国经济发展新特点新要求，着力解决制约经济持续健康发展的重大问题。为此，他提出了创新、协调、绿色、开放、共享的发展新理念。党中央指出，坚持创新发展，着力提高发展质量和效益；坚持协调发展，着力形成平衡发展结构；坚持绿色发展，着力改善生态环境；坚持开放发展，着力实现合作共赢；坚持共享发展，着力增进人民福祉。这五个"着力"，针对的就是经济发展新常态及其提出的时代课题。也就是说，这五大发展新理念是从经济发展新常态的实际出发提出来的，是引领我们破解经济发展新常态下各种问题、推动当前和未来中国经济社会持续健康发展的科学理念。

第二，五大发展新理念是"以人民为中心"的发展思想。

以习近平同志为核心的党中央提出创新、协调、绿色、开放、共享五大发展新理念，不仅坚持了理念要从经济社会发展阶段性特征出发的马克思主义世界观和认识论的要求，而且恪守了理念要从最广大人民群众根本利益出发的马克思主义价值观和唯物史观的基本原则。

历史唯物主义强调，人民是推动发展的根本力量，实现好、维护

---

① 中共中央关于制定国民经济和社会发展第十三个五年规划的建议. 北京：人民出版社，2015：47.

好、发展好最广大人民根本利益是发展的根本目的。因此，中国共产党人始终把全心全意为人民服务这一马克思主义价值观作为自己全部工作的根本宗旨。改革开放以来，我们党做出的每一个重大决策，都坚持这样的世界观、认识论和价值观。党的十八届五中全会在提出五大发展新理念的时候也强调："必须坚持以人民为中心的发展思想，把增进人民福祉、促进人的全面发展作为发展的出发点和落脚点，发展人民民主，维护社会公平正义，保障人民平等参与、平等发展权利，充分调动人民积极性、主动性、创造性。"① 特别是在论述"共享"发展的理念时强调："必须坚持发展为了人民、发展依靠人民、发展成果由人民共享，作出更有效的制度安排，使全体人民在共建共享发展中有更多获得感，增强发展动力，增进人民团结，朝着共同富裕方向稳步前进。"② 这里提出的"以人民为中心"的发展思想，既是正确理解五大发展新理念的关键，也是贯彻落实五大发展新理念的根本要求。也就是说，以习近平同志为核心的党中央提出五大发展新理念是以人民为中心的发展理念。

要贯彻好"以人民为中心"的发展思想，必须处理好三对关系：

一是发展同人民利益的关系。发展，是为人民谋利益、谋福祉的。这是我们提出"发展才是硬道理"，强调"发展是党执政兴国第一要务"的根本原因。但是，同所有相互联系的事物都是对立统一的一样，发展与人民利益之间有时也会发生矛盾甚至冲突。在发展与人民利益发生矛盾的时候，我们不能牺牲人民的利益去谋求发展，而要在发展中给人民带来最大的实惠；我们可以把发展最终会给人民带来什么告诉人民群众，教育引导人民群众，而不能在群众没有理解之前强制人民群众接受我们的决策。

二是发展与人权的关系。党的十八届五中全会提出的全面建成小康社会新的目标要求中，有一个要求讲的就是"人权得到切实保障，产权得到有效保护"③。发展权是人权，既是整体意义上的人即人民的权利，

---

① 中共中央关于制定国民经济和社会发展第十三个五年规划的建议. 北京：人民出版社，2015：5.

② 同①9.

③ 同①8.

也是单个意义上的人的权利。我们之所以强调不能在群众没有理解之前强制人民群众接受我们的决策，就是因为要尊重和保障人权。十八届五中全会强调要发展人民民主，维护社会公平正义，保障人民平等参与、平等发展权利，讲的就是要在发展中重视人权问题。这个道理，我们许多同志不懂，常常在工作中引起一些不必要的纠纷，以致有些小事最后演变为群体性大事件，还为国际社会敌对势力所利用。

三是发展与人的全面发展的关系。党中央把“促进人的全面发展”同“增进人民福祉”作为“发展的出发点和落脚点”并列，应该引起我们高度重视。五中全会把“国民素质和社会文明程度显著提高”作为“十三五”发展目标提出来，也是促进人的全面发展的举措。人的全面发展，是科学社会主义的本质要求。在发展中，既要为人民谋利益，也要不断提升人民的素质和能力；既要重视高素质人才的作用，也要创造条件提高所有劳动者的素质和能力。在综合国力竞争中，人力资源是最可珍贵的资源，也是最具有潜力的竞争力。现在有一种说法，说我们的劳动力红利已经没有了。这只讲了一方面，主要是廉价劳动力红利正在大幅度减少，但是一大批具有较高素质的劳动力正在或已经成为我们创新创业的主力军。因此，领导干部必须把“人的全面发展”作为我们工作的出发点和落脚点，充分调动人民的积极性、主动性、创造性。

正是根据“以人民为中心”的发展思想，党的十八届五中全会提出：“实现‘十三五’时期发展目标，破解发展难题，厚植发展优势，必须牢固树立创新、协调、绿色、开放、共享的发展理念。”① 这是以习近平同志为核心的党中央对邓小平发展理论的重大继承和发展，引领着中国发展的大趋势。

第三，五大发展新理念是实现发展目标的科学理念。

形成发展行动先导的发展理念，是为发展目标服务的。习近平指出：“发展理念搞对了，目标任务就好定了，政策举措也就跟着好定了。”②

---

① 中共中央关于制定国民经济和社会发展第十三个五年规划的建议．北京：人民出版社，2015：8.

② 同①48.

我们的发展目标是什么？我们的发展有两个相互联系的阶段性目标：一是到2020年全面建成小康社会，同时实现工业化；二是到2050年基本实现社会主义现代化，把我国建设成为一个富强、民主、文明、和谐的社会主义现代化国家，实现中华民族伟大复兴的中国梦。这就是我们现在常讲的“两个一百年”的奋斗目标。这两个目标不是简单分割的，而是相互联系的。“十三五”时期特别重要，它既是全面建成小康社会的冲刺阶段、攻坚阶段、决胜阶段，又是为基本实现社会主义现代化打基础的阶段。

与此同时，我们应该认识到，“全面小康”也好，“两个一百年”也好，都是战略目标。在这样的战略目标中，还有一系列分解目标、具体目标。党的十八届五中全会指出，今后五年，要在已经确定的全面建成小康社会目标要求下，努力实现五个新的目标要求。这就是：(1) 经济保持中高速增长；(2) 人民生活水平和质量普遍提高；(3) 国民素质和社会文明程度显著提高；(4) 生态环境质量总体改善；(5) 各方面制度更加成熟、更加定型。这是党的十八届五中全会提出的全面建成小康社会新的目标要求。

要在今后五年实现这五大新的目标，并非易事。其中有一系列复杂而又艰巨的课题，需要我们齐心协力加以破解：

其一，经济增长速度问题。

党的十八届五中全会对于全面建成小康社会的经济目标，依然坚持了十八大确定的指标。这就是，到2020年国内生产总值和城乡居民人均收入比2010年翻一番。我们都知道，十八大以来，我国经济形势发生了极大的变化，即经济下行的压力越来越大。于是，一个问题出现了：到2020年，我们能不能完成如此艰巨的任务？这是大家非常关心的问题。十八届五中全会回答了这个问题，这就是，只要我们能够保持中高速增长，就可以达标。

什么叫“中高速增长”？国内外主要研究机构普遍认为，“十三五”时期我国年均经济潜在增长率为6%～7%，这大体上就是我们所讲的“中高速增长”。习近平对“中高速增长”做了专门的说明。他指出，提出经济保持中高速增长的目标，主要考虑是，确保到2020年实现国内生产总值和城乡居民人均收入比 2010 年翻一番的目标，必须保持必要的增长速度。他算过一笔账：从国内生产总值翻一番看，2016 年至 2020 年经济年均增长底线是 6.5%以上。从城乡居民人均收入翻一番看，2010 年城镇居民人均可支配收入和农村居民人均纯收入分别为 19 109 万元和 5 919 元。到 2020 年翻一番，按照居民收入增长和经济增长同步的要求，"十三五"时期经济年均增长至少也要达到 6.5%。这样的预期能不能实现？习近平总书记分析了国内外经济形势以及我国要采取的政策措施，得出了这样的结论："综合起来看，我国经济今后要保持 7%左右的增长速度是可能的，但面临的不确定性因素也比较多。"① 这是两句话，一句是有可能保持中高速增长，另一句是有不确定因素。显然，这是一个慎重的结论，是一个需要我们共同来努力实现的目标。这也是今天为什么要提出发展新理念的主要原因。

其二，农村贫困人口脱贫问题。

农村贫困人口脱贫，是我们全面建成小康社会过程中的突出短板。习近平说："我们不能一边宣布全面建成了小康社会，另一边还有几千万人口的生活水平处在扶贫标准线以下，这既影响人民群众对全面建成小康社会的满意度，也影响国际社会对我国全面建成小康社会的认可度。"② 因此，党的十八届五中全会对于全面建成小康社会的社会建设目标，在扶贫问题上比十八大确定的目标大大提升了。十八大的目标是"扶贫对象大幅减少"，十八届五中全会的目标是"我国现行标准下农村贫困人口实现脱贫，贫困县全部摘帽，解决区域性整体贫困"③。这确实是一个既鼓舞人心又催人奋进的新要求。

我们有句口号，叫作"全面小康，一个都不能少"。谁不能少？农村贫困人口一个不能少，也要全部进入小康社会。但是，我们都知道，农村贫困人口脱贫是全面建成小康社会面临的最艰巨的任务。对于十八

---

① 中共中央关于制定国民经济和社会发展第十三个五年规划的建议. 北京：人民出版社，2015：52.

② 同①48.

③ 同①7.

届五中全会提出的这一目标任务，各地党委政府十分重视，各民主党派和工商联十分重视，各人民团体和社会组织也十分重视，大家都要为实现这一全面脱贫目标做贡献。与此同时，也有人问这个目标能不能实现，表示某种担心和疑虑。习近平在十八届五中全会上回答了这个问题。归纳他的论述，主要是四点：第一点，是贫困标准。我国现行脱贫标准是，按 2010 年不变价格计算农民年人均纯收入为 2 300 元，2014 年现行脱贫标准为 2 800 元，若按每年 6%的增长率调整，2020 年全国脱贫标准约为人均纯收入 4 000 元。第二点，是农村贫困人口基数。这两年来，为实现精准扶贫、精准脱贫，各地组织工作队在农村入户登记，建档立卡，工作做得非常细。按照现行的贫困标准，到 2014 年末全国还有农村贫困人口 7 017 万。第三点，是总体分析。根据以往脱贫减贫经验，我国从 2011 年到 2014 年，每年农村脱贫人口分别为 4 329 万、2 339 万、1 650 万、1 232 万。因此，习近平总书记说："通过采取过硬的、管用的举措，今后每年减贫 1 000 万人的任务是可以完成的。"① 第四点，是具体分析。7 017 万农村贫困人口如何全部脱贫？贫困县如何全部摘帽？区域性整体贫困如何全部解决？习近平算了一笔细账："到 2020 年，通过产业扶持，可以解决 3 000 万人脱贫；通过转移就业，可以解决 1 000 万人脱贫；通过易地搬迁，可以解决 1 000 万人脱贫，总计 5 000 万人左右。还有 2 000 多万完全或部分丧失劳动能力的贫困人口，可以通过全部纳入低保覆盖范围，实现社保政策兜底脱贫。"因此，他的结论是："通过实施脱贫攻坚工程，实施精准扶贫、精准脱贫，7 017 万农村贫困人口脱贫目标是可以实现的。"②

在理解这个问题的时候，还可以把农村贫困人口脱贫问题同今后五年户籍人口城镇化率加快提高联系起来。具体地说，就是党中央确定的使 1 亿左右农民工和其他常住人口在城镇定居落户。这 1 亿人主要指农村学生升学和参军进入城镇的人口、在城镇就业和居住五年以上与举家

①② 中共中央关于制定国民经济和社会发展第十三个五年规划的建议．北京：人民出版社，2015：54．

迁徙的农业转移人口。这也是十八届五中全会的重要决策。我们都知道，在农村，只要家里有一个人进城打工或者有一个孩子升学进城并就业，就可以加速脱贫。因此，这1亿左右农民工和其他常住人口在城镇定居落户，是完成7 017万农村贫困人口脱贫任务的重要组成部分。

其三，金融风险防范问题。

党的十八届五中全会在论述经济保持中高速增长这一目标要求时，强调实现全面建成小康社会经济指标的基础，是“提高发展平衡性、包容性、可持续性”①。这是一个十分重要的问题。其实质不仅是要破解经济新常态下各种问题，做好补齐短板这篇大文章，而且是要防范预料到的和没有预料到的各种风险，提高抵御风险的能力。在我们面临的各种风险中，尤其要重视金融风险问题。因此，习近平总书记在十八届五中全会专门讲了“关于加强统筹协调，改革并完善适应现代金融市场发展的金融监管框架”② 这一重大问题。

邓小平经济理论强调，金融是现代经济的核心。随着我国现代化建设和改革开放的深化，工业资本和金融资本的结合越来越紧密。金融已经在很大程度上影响甚至决定着经济的健康发展。与此同时，现代金融发展呈现出机构种类多、综合经营规模大、产品结构复杂、交易频率高、跨境流动快、风险传递快、影响范围广等特点，由此决定了在金融领域发生危机的概率越来越高。在国际金融危机爆发后，美国和欧洲许多国家都加大了金融监管体系改革力度，核心是提高监管标准，形成互为补充的监管合力和风险处置能力。

直面我国金融市场的运行和金融机构的发展情况，正如十八届五中全会概括的：近年来，我国金融业发展明显加快，形成了多样化的金融机构体系、复杂的产品结构体系、信息化的交易体系、更加开放的金融市场，特别是综合经营趋势明显。这给现行的分业监管体制带来重大挑战。习近平指出，近来频繁显露的局部风险特别是近期资本市场的剧烈

---

① 中共中央关于制定国民经济和社会发展第十三个五年规划的建议. 北京：人民出版社，2015：7.

② 同①56.

波动说明，现行监管框架存在着不适应我国金融业发展的体制性矛盾，也再次提醒我们必须通过改革保障金融安全，有效防范系统性风险。要坚持市场化改革方向，加快建立符合现代金融特点、统筹协调监管、有力有效的现代金融监管框架，坚守住不发生系统性风险的底线。

要全面建成小康社会，加快推进社会主义现代化，深化金融监管体制改革是一个十分重要的条件。我们党的十八届三中全会已经提出了完善监管协调机制的改革任务。与此同时，国际社会应对金融危机的经验也值得我们重视。习近平在十八届五中全会上指出，国际社会的主要做法都值得我们研究和借鉴。包括：统筹监管系统重要金融机构和金融控股公司，尤其是负责对这些金融机构的审慎管理；统筹监管重要金融基础设施，包括重要的支付系统、清算机构、金融资产登记托管机构等，维护金融基础设施稳健高效运行；统筹负责金融业综合统计，通过金融业全覆盖的数据收集，加强和改善金融宏观调控，维护金融稳定。对于这“三个统筹”，我们要好好研究和借鉴。

我们提出要牢固树立和坚决贯彻的创新、协调、绿色、开放、共享的发展新理念，就是解决我们面临的各种问题、短板、风险的科学理念，就是实现全面建成小康社会新的目标要求的科学理念。

正是由于五大发展新理念是顺应经济发展新常态提出来的，是以人民为中心，围绕着我们的奋斗目标展开的，涵盖了那么广泛而又深刻的问题，所以它们能够引领当前和未来的中国发展行动，把中国带向光明灿烂的明天。

与此同时，我们更可以从习近平关于“理念引领”的思想中，进一步思考一下党和人民在顺应和把握时代大潮的过程中，应该怎样自觉发挥主观能动性，引领好时代大潮的发展。

思考的结果，或者说，思考的主要结论是：

第一，要有“赶上时代”的目标追求和雄心壮志。事实上，中国共产党强调要顺应时代潮流，要正确把握时代潮流，都是为了改变中国“落后挨打”的局面，都是为了奋发图强，都是为了“振兴中华，赶上时代”。尤其是，中国共产党那么重视思想理论建设，坚持马克思主义中国化，在理论创新中形成了毛泽东思想和中国特色社会主义理论体系，就是为了用先进的科学的理念、思想、理论引领时代潮流。

第二，要有“科学预见”的领导方法和审时度势的能力。事实上，在中国共产党95年辉煌的历史上，每一个成功都在于党能够在历史大转折的重大关头，在新事物刚刚露头的瞬间，作出科学的预见，从而正确把握形势发展的趋势和时代大潮的走向。我们党之所以把毛泽东思想和中国特色社会主义理论体系称为“党的指导思想”，就在于它们不仅是对已有经验的总结，而且是能够在极其复杂的情势下预见事物的发展方向、历史机遇、根本出路，引领革命、建设和改革走出困难、赢得胜利的科学思想。

第三，要有“与时俱进”的精神状态和理论创新的自觉。事实上，中国共产党能够始终保持先进性，永葆青春的活力和朝气，就在于党及其领袖集团能够顺应时代潮流而不故步自封，能够把握时代潮流而完善自己，以与时俱进的精神状态不断推进理论创新，永立时代潮流的潮头，引领时代和社会不断向前发展。

归根到底，就是习近平在庆祝中国共产党成立95周年大会上所强调的，一个党只要在历史性考试中始终“不忘初心，继续前进”，就能够引领时代大潮，引领社会发展，引领人民群众创造出一个又一个历史辉煌。

（二）目标：赶上时代

中国共产党95年发展的历史告诉我们，一个党也好，一个决策也好，能不能引领时代大潮，首先在于有没有“赶上时代”的目标追求和雄心壮志。

我们讲要顺应时代大潮，强调的是主观要符合客观，即理性地、客观地认识自己所处的时代特点，理性地、客观地顺应时代大潮；我们讲要把握时代大潮，强调的是主观在符合客观的过程中，要发挥主观能动性，注意并善于区分客观世界纷繁复杂的现象，包括真相和假象，在极其复杂的形势下审时度势、总揽全局，找到正确的前进方向。这里，我们讲要引领时代大潮，强调的是主观要反作用于客观，即主观在适应客观的基础上能够进一步发挥自己的自觉能动性，促进客观世界发生革命性的转化，从而赶上时代。而要做到这一点，是非常不容易的：第一，我们不能脱离事物的客观规律性及其展示的客观发展趋势，盲目地发挥主观能动性；第二，我们不能在客观世界的变动中可以有所作为的时候而无所作为，宿命地对待滚滚而来的时代潮流。这就决定了，要引领时代大潮，就必须在顺应和把握时代大潮的过程中，确立"赶上时代"的目标。

要理解这一点，必须讨论和解决两个认识问题：一是"目标"和"引领"的关系；二是"赶上时代"和"引领时代"的关系。

关于"目标"和"引领"的关系。这个问题要回答的是，为什么说一个党也好、一个决策也好，有了目标追求，就能够引领时代。

首先要认识到，实践是有目的的，人是有理想的。中国共产党追求的，不是一党一派的私利，而是中国人民和中华民族的根本利益，是为了让饱经沧桑的中国人民和中华民族能够赶上时代。在艰苦的战争年代，中国共产党就坚信："自由解放的新中国一定要出现于东亚，并成为未来光明世界中一个极重要的组成部分。这样的一个中国，不但将造福于四万万五千万中国人，而且将造福于全人类。"① 在新中国成立前夜，毛泽东还说过："中国人民将会看见，中国的命运一经操在人民自己的手里，中国就将如太阳升起在东方那样，以自己的辉煌的光焰普照大地，迅速地荡涤反动政府留下来的污泥浊水，治好战争的创伤，建设起一个崭新的强盛的名副其实的人民共和国"②。正是由于中国共产党确立了这样的目标追求，中国共产党才能够高瞻远瞩，引领中国从黑暗走向光明、从战争走向和平、从落后走向先进、从贫穷走向富强。

---

① 中共中央文献研究室．毛泽东著作专题摘编：上．北京：中央文献出版社，2003：713.

② 毛泽东．毛泽东选集：第4卷．2版．北京：人民出版社，1991：1467.

同时，还要认识到，对于一个党、一个国家来说，形成了共同的目标、共同的理想，就能够形成万众一心的强大力量，引领时代进步。邓小平以他的经验曾经这样说过："我们最强调的，是有理想。根据我长期从事政治和军事活动的经验，我认为，最重要的是人的团结，要团结就要有共同的理想和坚定的信念。我们过去几十年艰苦奋斗，就是靠用坚定的信念把人团结起来，为人民自己的利益而奋斗。没有这样的信念，就没有凝聚力。没有这样的信念，就没有一切。我们共产党人的最高理想是实现共产主义，在不同历史阶段又有代表那个阶段最广大人民利益的奋斗纲领。因此我们才能够团结和动员最广大的人民群众，叫做万众一心"。他还说了一句至理名言："人的因素重要，不是指普通的人，而是指认识到人民自己的利益并为之而奋斗的有坚定信念的人"①。因此，要引领时代和时代潮流，必须用目标凝聚人心、用目标团结人民、用目标组织队伍，在共同的目标下去奋斗、去拼搏。

关于"赶上时代"和"引领时代"的关系。这个问题要回答的是，为什么说一个党也好，一个决策也好，有了"赶上"的雄心壮志，就能够"引领"时代和时代潮流。

我们要认识到，中国共产党强调的"赶上时代"，包括了改变中国和影响世界的双重使命，内在地包含了"引领时代"的意义。这是因为，中国共产党既是中国工人阶级的先锋队，同时又是中国人民和中华民族的先锋队。中国共产党作为这"两个先锋队"，深知自己所从事的事业，既要有利于救国、兴国、强国，又要面向现代化、面向世界、面向未来，也就是要有利于中国赶上时代。中国共产党领导人民搞革命、搞建设、搞改革，都是如此。尤其是，中国共产党十分重视思想理论建设，在"赶上时代"的过程中形成的毛泽东思想也好，邓小平理论也好，或者整个中国特色社会主义理论体系也好，都是"引领时代"的科学思想。中国共产党在"赶上时代"的实践中形成的马克思主义中国化成果，引领着中国共产党和中国人民救国、兴国、强国，实现了中国人

---

① 邓小平．邓小平文选：第3卷．北京：人民出版社，1993：190．

民从站起来到富起来、强起来的伟大飞跃。邓小平明确地说过："我们要赶上时代，这是改革要达到的目的。"① 对于中国这样的大国，在"赶上时代"的奋斗道路上所做的一切，都不可避免地会影响世界、引领时代。邓小平就这样说过："现在我们干的是中国几千年来从未干过的事。这场改革不仅影响中国，而且会影响世界。"② 事实就是如此。一部中国共产党领导人民进行革命、建设和改革的历史，就是一部不断"赶上时代"的历史。而在中国共产党"赶上时代"的过程中所产生的震撼，从客观上讲，已经以其"影响"在"引领时代"。

同时，我们还要认识到，"赶上"包括"超越"之意，而"超越"本身就意味着"引领"。"赶上时代"之"赶上"在词语上有两层含义：在过程中，它突出的是"赶"；在过程之终端，它意味着"上"，即已超越别人。在"赶"的过程中，还不能说在"引领时代"，但在"超越"别人后，即使主观上不想"引领时代"也不可能。在人类社会发展史上，后来居上的事例屡屡发生，后来居上者往往是引领时代的"弄潮儿"，这也早已成为常识。例如，在 19 世纪末，美国在世界范围超过了英国。第二次世界大战后，随着殖民主义体系的瓦解和民族解放运动的兴起，世界范围内出现了一些新的国家。这些国家一诞生，就被卷入了现代化的大潮。它们与早期现代化国家相比，一个突出的特点是政治变革引起经济变革，国家全力投入追赶型的现代化。也就是说，赶超发达资本主义国家，是经济文化落后国家即后发现代化国家现代化进程中的普遍规律。中国是世界上典型的后发现代化国家，在我们这样一个经济文化比较落后的大国搞社会主义现代化建设，如果不能创造出比资本主义国家更快的发展速度，只是亦步亦趋地爬行，就无法缩短和资本主义发达国家之间的差距，就会永远陷入落后状态，社会主义的优越性也就成为空谈。而一旦中国能够后来居上，超越资本主义发达国家，就会对广大发展中国家产生"引领"的作用。从这个意义上说，无论是"赶

① 邓小平．邓小平文选：第 3 卷．北京：人民出版社，1993：242.
② 同①118.

超”还是“赶上”，都意味着要“引领时代”。

需要强调的是，我们讲“赶上时代”也好，“引领时代”也好，“赶超世界”也好，都是在中国人“以和为贵”的世界观指引下的和平追赶。这种世界观和西方的“国强必霸”的世界观是完全不同的。现在，西方有些人老是在鼓噪“中国威胁论”，他们的内心深处有一种别人看不见、唯有他们才体验得到的焦虑。这就是，他们看到中国不是依靠西方的价值观、西方的政治体制强大起来的，因此担心中国强大了会对他们的价值观和社会政治制度构成威胁，即使中国不向世界输出自己的价值观和制度模式，世界上许多发展中国家也会学习中国而不再学习他们。也就是说，他们所说的“中国威胁论”实质上是担心中国将引领世界，这才是他们真正的心病。但是，他们从根本上就错了，这是因为：第一，时代潮流是谁也抵挡不了的，中国的崛起也是谁都阻挡不了的。第二，后来居上有各种不同的方式，中国的崛起既不依靠战争，也不依靠强权政治、对外扩张，而是和平崛起，不会威胁到别人的主权和领土完整等核心利益。第三，中国的和平崛起追求的不是争霸世界，更不是独霸世界，而是和世界各国能够和平相处、和谐相处，中国更是希望同世界其他大国形成不同于过去那种相互冲突和对抗的新型大国关系。第四，中国不仅不称霸世界，也不称霸周边国家，不搞自己的势力范围，正如习近平所说的，我们“不是要营造自己的后花园，而是要建设各国共享的百花园”①。第五，中国是一个人口数量级和地理面积意义上的大国，拥有世界近 1/5 的人口、960 多万平方公里的陆地面积，能够把这样一个国家治理好并使之真正强大起来，就是中国对世界最大的贡献，这是世界上其他国家都做不到的。因此，中国没有争霸世界、称霸世界的野心，只有办好中国自己的事情的雄心。所谓“中国威胁论”，不仅是有些人杜撰的，而且反映了这些人落后的世界观及其内心的虚弱。他们不懂得，始终不渝走中国和平发展道路，才是中国共产党能够赶上时代、引领世界的唯一正确道路。

① 习近平. 中国发展新起点 全球增长新蓝图. 人民日报，2016-09-04.

（三）方法：科学预见

要“引领时代”，不仅要有“赶上时代”的目标和雄心壮志，而且要有科学的领导方法和领导能力。其中，最重要的，是要会“预见”。学会和掌握科学预见的方法，是引领时代大潮的可靠保证。

我们都知道，毛泽东思想是在抗日战争中成熟，并为全党所接受，成为党的指导思想的。毛泽东思想的成熟，除了体现在毛泽东提出的理论观点、战略思想的正确及其理论体系在实践中逐渐完善之外，更重要的是，毛泽东以他对复杂事物的科学预见，赢得了大家的钦佩和敬重。

在抗日战争中，毛泽东依靠其深厚的理论造诣和对中国国情的了解，对这场关系到中华民族前途命运的战争作出了许多科学的分析和预见。这些预见，大多已在复杂多变的战争实践中被证明是正确的。

预见之一：游击战在抗日战争中是一种战略而不是战术。

全国抗战一开始，毛泽东就在考虑用什么样的作战方式战胜日寇。1937年8月1日，他和张闻天致电正在庐山和国民党谈判抗战方针的周恩来、秦邦宪、林伯渠，认为依当前敌我情况，红军作战必须坚持“在整个战略方针下执行独立自主的分散作战的游击战争，而不是阵地战，也不是集中作战，因此不能在战役战术上受束缚”①。8月4日，他和张闻天致电在南京参加国防会议的周恩来等：“正规战与游击战相配合，游击战以红军与其他适宜部队及人民武装担任之，在整个战略部署下给与独立自主的指挥权。”② 8月5日，他和张闻天再次致电参加国防会议的朱德、周恩来等，强调“红军担负以独立自主的游击运动战，钳制敌人大部分，消灭敌人一部的任务”③。当时，毛泽东主要是从红军的特长

① 毛泽东．毛泽东军事文集：第2卷．北京：军事科学出版社，1993：20.

② 同①22.

③ 同①25.

出发提出这个问题的，认为游击战是我们的“拿手好戏”[①]；后来，随着战争的发展特别是国民党正面战场问题的出现，他明确提出，在一般战争中处于辅助地位的游击战，在中国的抗日战争中已经成为一种克敌制胜的战略。这一战略，是毛泽东在充分考虑到中国的国情和这场战争特点的基础上提出的。在 1938 年 5 月发表的《抗日游击战争的战略问题》中，毛泽东对于游击战为什么会在中国的抗日战争中“从战术范围跑了出来向战略敲门”这一问题，作了深刻的有说服力的分析。[②]

当年，国民党在正面战场虽然打得很悲壮，但终因实力悬殊丢城失地，而共产党军队的装备更差，能不能在敌后开展并坚持游击战呢？毛泽东的这一分析和预见能否实现？这是许多人关心和担心的。抗日战争的进程证明了毛泽东的预见是正确的。共产党领导的八路军、新四军在抗日战争中坚持敌后游击战，为赢得抗战的最后胜利作出了不可磨灭的贡献。

预见之二：在敌后能够建立大批抗日根据地。

与游击战相联系的，是开辟和建立敌后抗日根据地的问题。毛泽东认为，“在敌人后方创设许多抗日根据地是完全可能的，是十分必要的”[③]。

在抗日战争一开始，毛泽东就在考虑红军改变为八路军深入敌后开展游击战时，必须建立自己的根据地。这是因为，“它是游击战争赖以执行自己的战略任务，达到保存和发展自己、消灭和驱逐敌人之目的的战略基地”[④]。在《抗日游击战争的战略问题》中，他把建立根据地作为抗日游击战争的六个具体战略问题中的第三个问题提了出来，并作了充分的论证。他在指导各地游击战领导人的工作时，总是强调部队进入敌人后方后，要以最快速度创造巩固的根据地。这样的根据地，不仅要有游击队，还要建立抗日民主政权，组织召开群众团体会议以充分发动人民群众，还要大力发展党组织。毛泽东强调，这是我们和历史上许多流

---

① 毛泽东. 毛泽东军事文集：第 2 卷. 北京：军事科学出版社，1993：53.

② 同①231.

③ 同①197.

④ 同①244.

寇主义的农民战争的区别。

特别是，毛泽东多次预见我们不仅可以在陕甘宁建立巩固的抗日根据地，而且预言我们可以在晋察冀等地建立抗日根据地。1938 年 2 月 21 日，毛泽东在给朱德，彭德怀，八路军第 115 师、120 师、129 师和汉口中共中央长江局的电报中分析说："长期抗战的重要战略支点有山西区、鄂豫皖区、苏浙皖赣边区、陕甘区、鄂豫陕边区、湘鄂赣边区等六处。这是设想在西安武汉长沙南昌四点被敌进攻及万一不守时，必须力争建立抗战根据地的主要战略支点。"① 在这之前的 2 月 15 日，他还给新四军的项英、陈毅发电报，指出新四军应该"力争集中苏浙皖边发展游击战。但在目前最有利于发展地区，还在江苏境内的茅山山脉"，认为在那里"必能建立根据地，扩大四军基础"②。毛泽东关于八路军、新四军进入敌后建立根据地的分析和预见，后来基本上都为实践证明是正确的。

预见之三：抗日战争是持久战并要经历三个阶段。

毛泽东的持久战战略及其对抗日战争发展进程的预见，可以说是最了不起的。

中国共产党在 1935 年 12 月的瓦窑堡会议上，就提出了要为同敌人作持久战而准备自己的艰苦工作。在会后召开的党的活动分子会议上，毛泽东深刻指出，日本帝国主义是一支严重的力量，革命力量的不平衡状态是一个严重的缺点，要打倒敌人必须准备作持久战。国民党在全国抗战开始后，也认为抗日战争是持久战。但这是两种不同的持久战。国民党把持久消耗为其最高战略，实行内线固守、分兵把口的作战方针。共产党的持久战有三个要点：一是认为兵民是胜利之本，抗日战争是广大人民群众参加的全民族的全面抗战；二是认为抗日战争是消耗战，同时又是歼灭战，在敌强我弱态势下要把一般战争中起辅助作用的游击战上升到战略地位上来，广泛开展敌后山地游击战，并采取防御中的进

---

① 毛泽东．毛泽东军事文集：第 2 卷．北京：军事科学出版社，1993：160.

② 同①155.

攻、持久中的速决、内线中的外线等作战方针，主动灵活有计划地消灭敌人；三是认为抗日战争要有长期持久作战的正确战略，才能赢得中国的最后胜利。

1938 年 5 月，毛泽东发表了《论持久战》这篇著名演讲，针对当时的“速胜论”和“亡国论”，对中日战争双方各个因素进行了全面分析，在此基础上回答了中国抗战为什么是持久战、怎样进行持久战、最后胜利为什么属于中国等重大问题。在这之前，1938 年 4 月 26 日，汉口的《大公报》针对当时的徐州会战发表社评说：“这一战，当然不是最后决战，但不失为准决战。”毛泽东见到后即给中共中央长江局的王明、周恩来等发电报，指出：“《大公报》否认持久战，提倡准决战的论调，我们认为是不对的。”[①] 因此，毛泽东的《论持久战》一发表就轰动全国，给困惑中的抗战军民指明了战胜日本帝国主义的方向，连国民党许多高级将领都倍加赞赏、十分佩服。特别是，在《论持久战》中，毛泽东科学地预见了整个抗日战争将经过“敌之战略进攻、我之战略防御”“敌之战略保守、我之准备反攻”“我之战略反攻、敌之战略退却”三个阶段。同年 5 月 28 日，毛泽东在主持编写《抗日战争丛书》时，还给秘书处的同志复信时指出：“抗日战争当然没有什么战略进攻，只有战役反攻及战略反攻，是整个战略防御中积极的部分，靠此部分战胜日本，通俗地说，谓之进攻当然也是可以的”[②]。后来的战争进程证明，毛泽东的预见是正确的。同时，这也说明看谁是抗日战争的中流砥柱，主要应看谁为抗日战争指明了正确的方向。

预见之四：中国将在抗日战争中实现民族解放。

历史已经证明，抗日战争是 1840 年以来中华民族在反对帝国主义侵略中获得的第一场全民族的胜利，是中华民族苦苦追求的民族复兴大业的历史转折点。

毛泽东在抗日战争开始不久，就已经预见到了这一结果。他在 1938

---

① 毛泽东．毛泽东军事文集．第 2 卷．北京：军事科学出版社，1993：222.

② 同①229.

年5月发表的《论持久战》中，在论述抗日战争与世界反法西斯战争的关系时，深刻地指出："占着五万万以上人口的中日两国之间的战争，在这个战争中将占着重要的地位，中华民族的解放将从这个战争中得来。将来的被解放了的新中国，是和将来的被解放了的新世界不能分离的"[①]。不仅如此，他还满怀激情地指出："四亿五千万的中国人占了全人类的四分之一，如果能够一齐努力，打倒了日本帝国主义，创造了自由平等的新中国，对于争取全世界永久和平的贡献，无疑地是非常伟大的"[②]。

在这些论断中，毛泽东预见到抗日战争将是中华民族伟大复兴的历史转折点，并将对世界永久和平作出巨大的贡献。事实上，14年抗战的历史和战后中国政治的发展，乃至新中国诞生的历史，都已经证明：抗日战争改变了中国任凭列强宰割奴役、濒临亡国的历史，终结了帝国主义对中国的武装入侵和殖民占领，在中华民族的救亡史上是一个重大的标志性事件。与此同时，抗日战争改变了中国一盘散沙的历史，在抗日民族统一战线的旗帜下，国民党的正面战场和共产党的敌后游击战争相互配合，联合抗战，中华民族第一次实现了全民族的抗战。最重要的是，抗日战争振奋了民族精神。中国从九一八事变到七七卢沟桥事变，"中华民族到了最危险的时候，每个人被迫着发出最后的吼声"，一首《义勇军进行曲》反映了中华民族近代以来最为耀目的精神风貌。同时，抗日战争也提升了中国的国际地位，中国成为抗日战争和世界反法西斯战争胜利后国际秩序的参与者及联合国的创始国。抗日战争以这些重大的贡献，表明这场战争的胜利是中华民族解放和复兴的历史性标志与历史转折点。

当然，毛泽东在抗日战争中做过的预见不只是这四个，比如他早就预见到抗日战争中会出现反共逆流，又比如他在抗战胜利前夜就预见到国民党会走向人民期望的反面打内战，等等。而且，这些预见，最终都被实践证明是正确的。毛泽东的伟大，就伟大在他在事物刚刚露出头的

① 毛泽东．毛泽东军事文集．第2卷．北京：军事科学出版社，1993：303.

② 同①304.

时候，就能够敏锐地注意到它的发展趋势，做出科学的预见。

我们在“赶上时代，引领时代”的过程中，应该向毛泽东学习，学习他的科学预见方法论。

共产党人不是“算命先生”。毛泽东的预见，是建立在实事求是的观察和分析基础上的科学预见。

毛泽东说过，预见是为了领导。什么叫领导？领导和预见有什么关系？毛泽东的回答是：“坐在指挥台上，如果什么也看不见，就不能叫领导。坐在指挥台上，只看见地平线上已经出现的大量的普遍的东西，那是平平常常的，也不能算领导。只有当着还没有出现大量的明显的东西的时候，当桅杆顶刚刚露出的时候，就能看出这是要发展成为大量的普遍的东西，并能掌握住它，这才叫领导。”[①] 因此，他说：“预见就是预先看到前途趋向。如果没有预见，叫不叫领导？我说不叫领导。”“为着领导必须预见。”[②] 总之，预见就是能够在事物刚露出头，还是少量的不普遍的时候，就能看见，并看到它在将来的普遍意义。在领导革命的时候，缺乏预见，看不到那些在将来具有普遍意义的发展趋势，就会犯大错误。毛泽东对此做过深入的研究。

同时，毛泽东说过，在马克思主义指导下才能进行科学的预见。他明确地说过：“资产阶级在自然科学方面有很多好的预见，但在社会科学方面还是盲目的。只有产生了马克思主义，才对社会发展有了预见，使人类对社会发展的认识达到了新的阶段。共产党是以马克思主义为思想基础的，它对于将来和前途看得清楚，对于社会各个阶级向什么方向发展也看得清楚。”[③] 也就是说，科学的预见来自科学的世界观和方法论，中国共产党人的科学预见来自马克思主义的世界观和方法论。

那么，毛泽东是怎样进行科学预见的呢？什么是毛泽东科学预见的方法论呢？

按照毛泽东关于预见的论述，预见就是在事物刚露出头的时候，就

---

① 毛泽东．毛泽东文集：第3卷．北京：人民出版社，1996：394-395.

②③ 同①394.

能看到它在将来的普遍意义。这种具有普遍意义的东西，就是具有规律性的东西。因此，预见就是在揭示事物发展客观规律的基础上分析其发展趋势。而要做到这一点，就必须坚持毛泽东倡导的实事求是的思想路线。毛泽东所说的“实事求是”，强调认识和改造世界，一要从实际出发；二要在“实事”中“求是”，揭示事物发展的内在规律；三要按照我们对于规律的认识去指导实践，改造世界。这种实事求是的思想路线也就是实事求是的认识论和方法论。

实事求是的认识论和方法论，强调认识世界和改造世界要从实际出发。从实际出发，在辩证法中，就是从矛盾或问题出发。毛泽东在《反对党八股》中说过：“什么叫问题？问题就是事物的矛盾。哪里有没有解决的矛盾，哪里就有问题。既有问题，你总得赞成一方面，反对另一方面，你就得把问题提出来。提出问题，首先就要对于问题即矛盾的两个基本方面加以大略的调查和研究，才能懂得矛盾的性质是什么，这就是发现问题的过程。大略的调查和研究可以发现问题，提出问题，但是还不能解决问题。要解决问题，还须作系统的周密的调查工作和研究工作，这就是分析的过程。”① 这里，毛泽东指出了唯物辩证法的从矛盾或问题出发的方法论，有三个环节，这就是：（1）发现问题或提出问题；（2）分析问题；（3）解决问题。毛泽东的科学预见方法论，就是这样一个以实事求是为核心，以问题（矛盾）的发现、分析、解决为路径的方法论。

研究毛泽东科学预见的方法论，最好的范本是毛泽东的《论持久战》，因为这部著作虽然是在全面抗战刚开始 10 个月的时候写的，但由于它正确地预见了全面抗战的全过程及其各个阶段的特点，制定了相应的战略战术，所以具有不可多得的范本意义。那么，在《论持久战》中，毛泽东是怎么进行科学预见的呢？其预见的逻辑是怎么展开的呢？

第一环节是“提出问题”。这就是从实际出发，既认真对待社会上各种各样的舆论，又客观地正视所研究事物的全部要素及其相互关系。在《论持久战》中，开头的五部分标题分别是：“问题的提起”“问题的

---

① 毛泽东．毛泽东选集：第 3 卷．2 版．北京：人民出版社，1991：839.

根据”“驳亡国论”“妥协还是抗战？腐败还是进步？”“亡国论是不对的，速胜论也是不对的”。毛泽东在这里，根据中日战争是“半殖民地半封建的中国和帝国主义的日本之间在二十世纪三十年代进行的一个决死的战争”① 这一定性判断，分析了战争双方的全部特点。这就是：日本是强国，但又是一个小国，它发动的战争是退步的、野蛮的，在世界上失道寡助；中国是个弱国，但是一个大国，抗日战争是进步的、正义的，在世界上得道多助。这些互相矛盾着的特点，决定了这场战争的最后胜利属于中国，但中国不会亡国也不可能速胜，因此抗日战争必定是持久战。这五个部分在《论持久战》整部著作中，是毛泽东进行科学预见时逻辑运演的第一个环节，即“提出问题”的环节，这是后面分析抗日战争为什么是持久战的基础。

第二环节是“分析问题”。这就是对所分析的全部要素及其相互关系的变动趋势进行合理的设想。我们注意到，在《论持久战》的第六部分讨论了“为什么是持久战？”，这部分分析了中日战争的全部要素及其相互关系变动情况；后面三部分依次是“持久战的三个阶段”“犬牙交错的战争”“为永久和平而战”，合理地设想了战争中各种要素的变动趋势。这里，“合理地设想”是毛泽东的原话。这四个部分，是《论持久战》中最精彩的部分，是分析问题并对问题的发展趋势进行科学预见的环节。在这个逻辑运演环节，毛泽东在对抗日战争中“全部敌我对比的基本因素”进行分析的基础上，指出抗日战争必定是持久战，并且合理地设想了抗日战争将经过三个发展阶段。毛泽东说，这是“战争的自然逻辑”②。当然，毛泽东在分析抗日战争的三阶段时，客观地说过：“三个阶段的具体情况不能预断，但依目前条件来看，战争趋势中的某些大端是可以指出的。客观现实的行程将是异常丰富和曲折变化的，谁也不能造出一本中日战争的‘流年’来；然而给战争趋势描画一个轮廓，却为战略指导所必需”③。这是一种非常科学的态度。

---

① 毛泽东．毛泽东军事文集：第2卷．北京：军事科学出版社，1993：274.

② 同①294.

③ 同①290.

第三环节是“解决问题”。在《论持久战》中，第十部分是“能动性在战争中”，毛泽东在这部分一开头就说：“以上说的，都是说明为什么是持久战和为什么最后胜利是中国的，大体上都是说的‘是什么’和‘不是什么’。以下将转到‘怎样做’和‘不怎样做’的问题上。”从“能动性在战争中”到最后部分“兵民是胜利之本”，毛泽东根据抗日战争是持久战的结论和持久战将经过三个阶段的设想，提出了抗日战争在政治上军事上的各种应对之策。这里讲的就是怎么解决问题。

完全可以这样说，毛泽东不仅给我们留下了《实践论》《矛盾论》这样的“大逻辑”，而且给我们留下《论持久战》这样的“活逻辑”。这个“活逻辑”，就是以实事求是为核心、以问题（矛盾）的发现分析解决为路径的科学预见方法论。毛泽东关于游击战在抗日战争中是一种战略而不是战术的预见，关于在敌后能够建立大批抗日根据地的预见，关于中国将在抗日战争中实现民族解放的预见，都是这一“活逻辑”、这一方法论的产物。

尽管我们讲科学的预见要坚持实事求是的思想路线，但是真要做到这一点是非常不容易的。因为事物是由各种要素构成的，各种要素又是不断变动的，而不是简单的恒定的，因此，在毛泽东科学预见方法论中，他经常采用的一个方法，是在对事物的发展进行多要素多变量动态分析后，得出多种可能性结论，以防止出现战略上的偏差。在毛泽东的科学预见方法论中，这是最值得我们重视和学习的。

在抗日战争即将取得胜利的前夜，在中国人民面前摆着两条路：光明的路和黑暗的路。这是两个中国之命运。毛泽东在党的七大开幕词中尖锐地提出了这个问题。什么是光明的路、光明的中国之命运？毛泽东在七大向大会提交了一份书面政治报告《论联合政府》。这个报告指出，在抗日战争取得胜利之后，毫无疑问，中国急需把各党各派和无党无派的代表人物团结在一起，成立民主的临时的联合政府，以便实行民主的改革，克服目前的危机，动员和统一全中国的抗日力量，有力地和同盟国配合作战，打败日本侵略者，使中国人民从日本侵略者手中解放出来。然后，需要在广泛的民主基础之上，召开国民代表大会，成立包括更广大范围的各党各派和无党无派代表人物在内的同样是联合性质的民主的、正式的政府，领导新中国成立后的全国人民，将中国建设成为一个独立、自由、民主、统一和富强的新国家。

毛泽东代表中国共产党提出的“联合政府”的政治主张会不会实现呢？毛泽东在七大曾经对此作过分析。他根据当时的国际国内变动着的形势估计了三种可能性：

第一种可能性，是坏的、我们不希望的可能性，即要我们交出军队去做官。毛泽东说：“军队我们当然是不交的，但政府还是独裁的，我们做官不做呢？我们不要宣传去做，也不要拒绝，要准备这种可能性。其坏处是在独裁政府做官，不过这是可以向群众解释的（为了委曲求全，而这个政府我们是不赞成的），但也有好处，可以做宣传工作。”①

第二种可能性，是以蒋介石为首的联合政府。毛泽东说，这种政府形式是民主，也承认解放区，实质仍是蒋介石的独裁政府。也就是说，这样的以蒋介石为首的联合政府，我们是要参与进去的。

第三种可能性，是以我们为中心的联合政府。毛泽东说：“在我们有一百五十万军队、一亿五千万人民时，在蒋介石的力量更加缩小、削弱，无联合可能时，就要如此做”。毛泽东还说：“这是中国政治发展的基本趋势和规律，我们要建设的国家就是这样一个国家。”②

这样的分析，既有最好的追求，又有最坏的打算，保持了党的务实清醒的头脑。后来的实践证明，这三种可能性都出现了。在重庆谈判一开始，国民党政府代表根据蒋介石确定的方针，借口“政令军令统一”，要共产党“放弃其地盘，交出其军队”。在共产党和各民主党派的艰苦斗争下，国共双方签订的《双十协定》承认了中共的地位，确定双方共同努力“以和平、民主、团结、统一为基础”，“长期合作，坚决避免内战，建设独立、自由和富强的新中国”，中共代表在后来召开的政治协商会议前又和国民党政府代表签订了停战协定，政协会议也通过了有利

①② 毛泽东．毛泽东文集：第3卷．北京：人民出版社，1991：277．

于民主的协议。但是，国民党政府很快就撕毁了这些协定协议，发动了不得人心的内战，共产党在解放战争战场掌握主动权后决定和民主党派一起召开新政协会议，讨论召集人民代表会议，建立民主联合政府，最后就是通过中国人民政治协商会议建立了人民民主的新中国。

一个联合政府主张，三种可能性，最后是第一种可能性为第二种可能性取代、第二种可能性又为第三种可能性取代。这就是毛泽东预见的科学性、精确性。

在毛泽东哲学思想中，可能性是一个重要的认识论和方法论范畴。毛泽东不赞成将可能性取代客观实际作为认识和改造世界的出发点，也不赞成把将来有现实可能性的理想勉强地放到现时来做，但是他始终认为：从变动着的实际出发分析事物发展的趋向及其可能性，才能在科学的预见中指导和争取事物发生革命的转化。因此，学习和研究毛泽东的科学预见方法论，要懂得预见与可能性的关系，在多要素多变量动态的分析中预见事物发展的多种可能性，把握事物发展的趋势。

今天，我们学习和研究毛泽东的这种科学预见的方法论，对于提升我们理论研究特别是对策研究的质量，加强中国特色社会主义新型智库建设，贯彻好“四个全面”战略布局，实现中华民族伟大复兴的中国梦，具有重大的现实意义。我们的理论研究，自从改革开放以来取得了很大的进步，但是也存在一些影响我们取得更大进步的问题。其中一个问题，就是缺少对复杂事物发展变动的科学预见或经实践证明具有科学预见的成果。而时代恰恰需要这样的研究和这样的成果，我们应该为此而努力。

（四）精神状态：与时俱进

我们一开始就已经指出，时代同人的成长有关，同人类的历史有关；时代是历史发展中的阶段；时代是历史发展过程中具有独特代表性的发展阶段。因此，时代是变动的，时代大潮是滚滚向前发展的。这就决定了，顺应时代大潮是一个过程，而要引领时代大潮，更要有与时俱进的精神状态和理论创新的自觉。

“时代是思想之母，实践是理论之源。实践发展永无止境，我们认识真理、进行理论创新就永无止境。今天，时代变化和我国发展的广度和深度远远超出了马克思主义经典作家当时的想象。同时，我国社会主义只有几十年实践、还处在初级阶段，事业越发展新情况新问题就越多，也就越需要我们在实践上大胆探索、在理论上不断突破。”① 这是习近平在庆祝中国共产党成立 95 周年大会上的讲话中提出的。因此，要引领时代大潮，从根本上说，就是要以与时俱进的精神状态，不断推进理论创新，从理性上驾驭时代大潮。

记得江泽民在庆祝中国共产党成立 80 周年大会上的讲话中第一次提出过“马克思主义具有与时俱进的理论品质”② 这一科学论断。他还明确指出：贯彻“三个代表”要求，关键在坚持与时俱进。当年，有一家媒体为了让广大党员干部更好地理解江泽民和党中央这一科学论述，更好地认识与时俱进的深刻内涵，曾经采访过笔者。由于当时我们比较集中地研究了“与时俱进”的问题，所以这篇访谈记录读起来至今还有回味。这里就把这篇访谈记录全文抄录如下，共同来深刻讨论引领时代潮流为什么要与时俱进。

记者：李校长，总书记提出，贯彻“三个代表”要求，关键在坚持与时俱进。正确理解这一科学论述，是否首先要正确理解“马克思主义具有与时俱进的理论品质”这个科学论断？

李君如（以下简称李）：是的。《在庆祝中国共产党成立 80 周年大会上的讲话》中，总书记第一次提出了“马克思主义具有与时俱进的理论品质”这一科学论断，集中体现了当代中国共产党人对马克思主义科学性的新认识。什么是马克思主义，怎样对待马克思主义？这是马克思主义诞生以后，特别是马克思恩格斯去世以后，世界工人运动和社会主

① 习近平．在庆祝中国共产党成立 95 周年大会上的讲话．人民日报，2016-07-02.

② 江泽民．江泽民文选：第 3 卷．北京：人民出版社，2006：282.

义运动中经常引起人们关注和争论的一个重大问题。它也是中国共产党在领导革命、建设和改革的过程中经常引起人们关注和争论的一个重大问题。

人们对于马克思主义的认识，也是在实践过程中，特别是在同关于马克思主义的错误思想的斗争中不断发展的。

——1894 年，列宁在《什么是“人民之友”以及他们如何攻击社会民主党人?》中说过：“马克思认为他的理论的全部价值在于这个理论‘按其本质来说，它是批判的和革命的’。”在同一篇文章中，列宁还说过这是“马克思理论的全部精华”[①]。

——1920 年，列宁在评论《共产主义》杂志的“左派”幼稚病缺点时，提出“马克思主义的精髓，马克思主义的活的灵魂：对具体情况作具体分析”[②]。毛泽东在《中国革命战争的战略问题》《矛盾论》这两篇重要著作中都引用了列宁的这一重要思想（按当时的翻译，“马克思主义的精髓”被译为“马克思主义的最本质的东西”）。

——1992 年，邓小平在南方谈话中提出：“实事求是是马克思主义的精髓。”[③]

我们可以注意到，这样一些论断，都是对马克思主义科学性的深刻概括。无论是“马克思主义的全部价值”“马克思理论的全部精华”，还是“马克思主义的精髓”“马克思主义的活的灵魂”“马克思主义的最本质的东西”，其基本精神是一致的，都强调不能教条式地对待马克思主义，而要坚持理论与实际相结合，对事物采取科学分析的态度。

我们同样可以注意到，江泽民关于“马克思主义具有与时俱进的理论品质”这一科学论断，同列宁、毛泽东、邓小平的上述论断既是一致的，同时又突出地强调了马克思主义是伴随着时代、形势的发展而发展的，是一个对马克思主义科学性的新概括。

---

① 列宁．列宁专题文集·论辩证唯物主义和历史唯物主义．北京：人民出版社，2009：213，214．

② 列宁．列宁专题文集·论马克思主义．北京：人民出版社，2009：293．

③ 邓小平．邓小平文选：第 3 卷．北京：人民出版社，1993：382．

记者：能否请您结合马克思主义发展史和我们党的历史经验，给我们谈谈马克思主义的本质是什么？

李：回顾马克思主义的发展史，在时代、形势和实践发生剧烈而又深刻变动的历史条件下，能否与时俱进，就成了区别真正的马克思主义者与假马克思主义者、反马克思主义者的分水岭。

在自由资本主义向垄断资本主义转变的过程中，马克思主义的营垒里曾经出现过三个代表人物：一个是伯恩施坦，他面对着资本主义的新变化，开始怀疑马克思主义，进而主张放弃科学社会主义的一般原理和社会主义的最终目的，完全走向马克思主义的对立面；一个是19世纪末德国社会民主党最主要的领导人、第二国际最负盛名的马克思主义理论家考茨基，他曾经同伯恩施坦做过坚决的斗争，但是他后来认为帝国主义只是资产阶级为解决经济发展过程中出现的工农业比例失调问题而采取的扩张政策，而不是资本主义发展的一个阶段，从而看不到帝国主义时代出现的革命形势，甚至后来攻击和诋毁俄国十月革命后建立的无产阶级专政；一个是列宁，他认真而又深入地研究了资本主义的新变化，同时又以鲜明的态度批判了伯恩斯坦对马克思主义的背叛，他强调资本主义已经发展到垄断资本主义即帝国主义阶段，指出帝国主义是无产阶级革命的前夜，同时又以鲜明的态度批判了考茨基的陈腐之见和对无产阶级革命与无产阶级专政的背叛。这三个代表人物，在马克思主义同时代、形势和实践的关系问题上，一个是与时动摇，直至背叛马克思主义；一个是与时不变，走向马克思主义的反面；一个是与时俱进，创造性地发展了马克思主义。

这些情况，在我们党的历史上也多次发生过。毛泽东把第一种情况称为“反马克思主义”，把第二种情况称为“假马克思主义”，第三种情况才是“真正的马克思主义”“实事求是的马克思主义”“创造性的马克思主义”。他特别强调要区分后两种情况。比如，毛泽东在1941年9月10日写的《反对主观主义和宗派主义》一文中指出：“这是因为这些主观主义者自称为‘国际路线’，穿上马克思主义的外衣，是假马克思主义”。他还强调，“要分清创造性的马克思主义和教条式的马克思主义”，

"宣传创造性的马克思主义"[1]。因为，创造性的马克思主义就是能够理论联系实践的、与时俱进的马克思主义。

在我国从"以阶级斗争为纲"到以经济建设为中心的历史大转折过程中，在改革开放和社会主义现代化发展的每一个重大的历史关头，也经常出现这样三种情况：第一种是面对新事物新问题，不能与时俱进，而是怀疑和否定马克思主义的科学性，甚至走向资产阶级自由化；第二种是面对新时期新现象，也不能与时俱进，而是简单地套用马克思主义的条条，故步自封、不思进取，还要到处点名打棍子，搞"左"的一套；第三种是认真研究新情况新问题，坚持科学理论的指导，与时俱进，在理论与实际的结合中解放思想、实事求是，进行理论创新。从邓小平到江泽民，从来都主张要反对右的和"左"的错误倾向，要警惕右但主要是防止"左"，坚持理论与实际相结合，以实践为检验真理的唯一标准，进行实践创新和理论创新，坚持和发展马克思主义。这才从根本上保证了我国的改革开放和现代化建设能够坚持正确的政治方向，不断解决新情况新问题，经受住各种风险的考验，在人民群众的创造性实践中开拓前进。

邓小平曾经说过："真正的马克思列宁主义者必须根据现在的情况，认识、继承和发展马克思列宁主义。"[2] 因此，我们完全可以说，真正的马克思主义者就是能够与时俱进的马克思主义者。或者说，只有坚持与时俱进，才是真正的马克思主义者。

记者：那么，马克思主义这种与时俱进的理论品质又是通过什么样的形式表现出来的？

李：马克思主义这种与时俱进的理论品质是通过两种基本的形式表现出来的。

第一种形式，是后人与时俱进，对前人的理论进行丰富、完善、修正和发展。比如，我们大家都熟悉的列宁关于社会主义革命可以首先在

---

① 毛泽东. 毛泽东文集：第2卷. 北京：人民出版社，1993：372-374.

② 邓小平. 邓小平文选：第3卷. 北京：人民出版社，1993：291.

一国或数国获得胜利的理论，就是对马克思主义的丰富和发展；毛泽东关于农村包围城市、最后夺取全国胜利的理论，也是对马列主义的创造性发展；邓小平关于社会主义市场经济的理论，更是对马克思主义的政治经济学和科学社会主义的独特发展；等等。回顾马克思主义的发展史，在进行这样的理论创新时，后人总是面临着来自右的和“左”的错误思想的障碍，其中最大的障碍是“左”倾教条主义。根据我们党的经验，破除这个障碍的最好武器是解放思想、实事求是的思想路线。

第二种形式，是本人与时俱进，对自己原来的观点进行丰富、完善、修正和发展。我们可以重新读一读马克思恩格斯为《共产党宣言》所写的七篇序言。比如，在《共产党宣言》发表25年后的1872年，马克思恩格斯在这篇经典著作的德文版序言中写道：“由于最近25年来大工业有了巨大发展而工人阶级的政党组织也跟着发展起来，由于首先有了二月革命的实际经验而后来尤其是有了无产阶级第一次掌握政权达两月之久的巴黎公社的实际经验，所以这个纲领现在有些地方已经过时了。”[①] 因此，马克思恩格斯指出，《共产党宣言》所阐述的一般原理整个说来直到现在还是完全正确的；但是这些原理的实际运用，“随时随地都要以当时的历史条件为转移”[②]。至于列宁随着形势的发展变化，改变“战时共产主义”政策，实行新经济政策；毛泽东在红军长征到达陕北后，审时度势，制定建立抗日民族统一战线的策略路线，并不断改变对蒋介石国民党的政策；邓小平20世纪70年代末对世界大战的看法到80年代中期对时代主题看法的改变；等等，都是马克思主义思想家本人改变自己的观点，与时俱进的事例。要做到这一点是极其不容易的，它不仅需要排除来自各方面的错误思想的干扰，而且需要自身高度的清醒、自觉和无私的境界。

我们可以发现，无论从上述哪一种形式来看，马克思、恩格斯、列宁、毛泽东、邓小平都是与时俱进、勇于进行理论创新的光辉典范。

---

① 马克思，恩格斯. 马克思恩格斯文集：第2卷. 北京：人民出版社，2009：5-6.

② 同①5.

同样，我们可以看到，江泽民提出“三个代表”重要思想，并根据这一重要思想改变个别不合时宜的观点、做法，进行理论创新，也体现了马克思主义的与时俱进的精神境界，反映了当代中国共产党人站在时代高度，在实践中不断完善自己、提高自己的马克思主义的清醒、自觉和无私的境界。

记者：您在一篇文章中提及，“三个代表”重要思想反映了当代世界和中国的发展变化对党和国家工作的新要求。为什么这么说呢？

李：读一读江泽民讲话，在阐述“与时俱进”问题时讲的“四个一定”，可以帮助我们理解这一问题（一定要看到《共产党宣言》发表以来世界政治、经济、文化、科技等发生的重大变化，一定要看到我国社会主义建设发生的重大变化，一定要看到广大党员干部和人民群众工作、生活条件和社会环境发生的重大变化，一定要充分估计这些变化对我们党执政提出的严峻挑战和崭新课题）。这“四个一定”，实际上讲的是“三个重大变化”对我们党和国家的新要求。“三个重大变化”又可以理解为世情、国情和党情都发生了重大变化，从而对我们党如何巩固执政地位、如何加强执政党建设提出了新要求。正是在这种情况下，否认马克思主义的科学性，丢掉老祖宗，是错误的、有害的。也正是在这种情况下，江泽民同志提出了“三个代表”重要思想，回应了世情、国情、党情的重大变化提出的严峻挑战和崭新课题，反映了当代世界和中国的发展变化对党和国家工作的新要求。

记者：我们为什么要大力弘扬与时俱进的时代精神？

李：弘扬马克思主义的与时俱进的崇高精神，对于我们在当今世界剧烈而深刻地变动的历史环境和时代条件下坚持与发展马克思主义，具有重要的意义。

意义之一，有助于我们更好地坚定对马克思主义的科学信仰。既然说我们在任何时候都必须坚持马克思主义，那就需要说清楚我们为什么必须坚持马克思主义？其道理当然很明白，因为马克思主义是科学，是符合客观实际的科学。但是，当你作出这样回答的时候，也有人会说：“是的，马克思主义在产生的时候，是符合当时的实际的，而且比当时其他人的认识都要深刻，但是马克思恩格斯去世已经100多年了，世界已经发生巨大的变化，今天我们为什么还要坚持他们的思想理论呢?”根据江泽民的论断，我们就可以理直气壮地回答：马克思主义不仅是符合客观实际的，而且是伴随着客观实际的发展而发展的，具有与时俱进的理论品质，有着强大的生命力和广泛的影响力，因而我们在任何时候都必须毫不动摇地坚持马克思主义的科学信仰。

意义之二，有助于我们更好地在坚持马克思主义中创造性地发展马克思主义。我们是共产党人，毫无疑问要坚持马克思主义，在指导思想上绝不能搞多元化。但是，在实际生活中确实有一个坚持什么、怎么坚持的问题。我们可以一般地谈论“在坚持中发展，在发展中坚持”，但是究竟怎样做到“坚持”与“发展”相统一，防止这样的或那样的偏差或错误倾向发生，仍然是一个十分困难的问题。特别是在社会大变动、历史大转折时期，这个问题显得更为突出。根据江泽民关于“与时俱进”的思想，解决这个难题就有了一个正确的原则：一切从发展变化着的时代、形势和实际情况出发。这样，我们就能自觉地把我们的思想从那些不合时宜的观念、做法和体制的束缚中解放出来，从对马克思主义的错误的和教条式的理解中解放出来，从主观主义和形而上学的桎梏中解放出来，在与时俱进中实现“坚持”与“发展”的辩证统一，在与时俱进地发展马克思主义的过程中更好地坚持马克思主义。

记者：请您给我们简单说说，为什么说“贯彻‘三个代表’要求，关键在坚持与时俱进”?

李：我们知道，“三个代表”重要思想的核心在保持党的先进性。那么，什么叫先进性呢？落后于时代发展的进步潮流，当然谈不上什么先进性；脱离实际条件的许可，把将来的事情放到今天来做，也不是真正的先进性。所以江泽民指出，“党的先进性是具体的历史的，必须放到推动当代中国先进生产力和先进文化的发展中去考察，放到维护和实现最广大人民的根本利益的奋斗中去考察，归根到底要看党在推动历史前进中的实际作用”。这就说清楚了坚持“三个代表”重要思想，保持党的先进性，关键在于要顺应时代发展的进步潮流，紧跟时代发展的进步潮流，始终走在时代的前列。这就是与时俱进。

记者：还有一个问题，就是我们如何坚持与时俱进？或者说与时俱进的实现机制是什么？

李：现在谈“与时俱进的实现机制”，恐怕过早了一些。这需要实践，需要探索。我想，坚持与时俱进，根本之点在于坚持解放思想、实事求是的思想路线，在于从实际出发正确地分析国内外形势的深刻变动并把握好人民群众的利益要求；同时，对于党和政府来说，要坚持群众路线和民主集中制，依靠集体智慧，正确地把握形势，作出科学的决策。要坚持与时俱进，做到这两条是最重要的。

这篇访谈记录回答了马克思主义为什么具有与时俱进的理论品格、马克思主义与时俱进的理论品质是通过什么样的形式表现出来的、面对当代世界发生的历史性变化中国共产党应该怎么办、大力弘扬与时俱进的时代精神有什么意义等问题，从中我们可以清醒地认识到，在滚滚而来、不停地向前发展的时代大潮面前，只要有了与时俱进的精神状态，并遵循与时俱进的精神进行自我革命，就能够永远走在时代前列，引领时代潮流发展。

（五）坚定意志：不忘初心、继续前进

人的精神是一朵最美丽的鲜花。它不仅有“知”，还有“情”和“意”。情感使“知”更温馨，意志让“知”更坚定。要引领时代大潮，不仅要有“赶上时代”的目标追求和雄心壮志、善于科学预见的领导方法和领导能力、与时俱进的精神状态和理论自觉，还要有“不忘初心、继续前进”的坚定意志及其展现的奋斗精神、赤子之心。

在庆祝中国共产党成立95周年大会上，习近平发表了一篇以“不忘初心、继续前进”为主题的重要讲话。他强调：“我们党已经走过了95年的历程，但我们要永远保持建党时中国共产党人的奋斗精神，永远保持对人民的赤子之心。一切向前走，都不能忘记走过的路；走得再

远、走到再光辉的未来，也不能忘记走过的过去，不能忘记为什么出发。面向未来，面对挑战，全党同志一定要不忘初心、继续前进。”①

习近平这篇“七一”讲话，从八个方面阐述了“不忘初心、继续前进”。李克强总理说，这是“面向未来、面对挑战必须牢牢把握的八方面要求”。这八个方面的要求是：

（1）坚持不忘初心、继续前进，就要坚持马克思主义的指导地位，坚持把马克思主义基本原理同当代中国实际和时代特点紧密结合起来，推进理论创新、实践创新，不断把马克思主义中国化推向前进。

（2）坚持不忘初心、继续前进，就要牢记我们党从成立起就把为共产主义、社会主义而奋斗确定为自己的纲领，坚定共产主义远大理想和中国特色社会主义共同理想，不断把为崇高理想奋斗的伟大实践推向前进。

（3）坚持不忘初心、继续前进，就要坚持中国特色社会主义道路自信、理论自信、制度自信、文化自信，坚持党的基本路线不动摇，不断把中国特色社会主义伟大事业推向前进。

（4）坚持不忘初心、继续前进，就要统筹推进“五位一体”总体布局，协调推进“四个全面”战略布局，全力推进全面建成小康社会进程，不断把实现“两个一百年”奋斗目标推向前进。

（5）坚持不忘初心、继续前进，就要坚定不移高举改革开放旗帜，勇于全面深化改革，进一步解放思想、解放和发展社会生产力、解放和增强社会活力，不断把改革开放推向前进。

（6）坚持不忘初心、继续前进，就要坚信党的根基在人民、党的力量在人民，坚持一切为了人民、一切依靠人民，充分发挥广大人民群众的积极性、主动性、创造性，不断把为人民造福事业推向前进。

（7）坚持不忘初心、继续前进，就要始终不渝走和平发展道路，始终不渝奉行互利共赢的开放战略，加强同各国的友好往来，同各国人民一道，不断把人类和平与发展的崇高事业推向前进。

① 习近平．在庆祝中国共产党成立95周年大会上的讲话．人民日报，2016-07-02．

（8）坚持不忘初心、继续前进，就要保持党的先进性和纯洁性，着力提高执政能力和领导水平，着力增强抵御风险和拒腐防变能力，不断把党的建设新的伟大工程推向前进。

在学习领会这八个方面要求的时候，需要讨论三个问题：一是“不忘初心、继续前进”的主体是谁；二是为什么要在今天提出“不忘初心、继续前进”；三是什么叫“不忘初心、继续前进”，怎么做到“不忘初心、继续前进”。

第一，“不忘初心、继续前进”的主体是谁？

主体就是“我们党”。“我们党”又是谁？一是“全党”，二是“每一个党员”。为什么要提出这个问题？因为对于“全党”来说，“不忘初心、继续前进”指的是党的纲领、路线不能出问题，党中央要永远保持建党时中国共产党人的奋斗精神，永远保持对人民的赤子之心；对于每一个党员来说，“不忘初心、继续前进”指的则是全党每一个同志都要按照党章和入党誓言要求的那样，永远保持建党时老一辈共产党人那样的奋斗精神，永远保持对人民的赤子之心。也就是说，对于我们党员来说，各人入党时的“初心”即入党动机可能不完全一样，但经过党的培养教育，现在应该按照党的“初心”而不是按照个人的“初心”，即按照党章和入党誓言的要求来要求自己。这就是全党正在开展的“两学一做”学习教育要解决的问题。

第二，为什么要在今天提出“不忘初心、继续前进”？

我们注意到，在习近平论述“不忘初心、继续前进”的八个方面要求之前，他已经从历史、现实、未来三个角度论述了这个问题。

从历史角度来看，我们今天纪念中国共产党成立95周年，回顾党对中华民族的历史贡献，一不是从成功中寻求慰藉，二不是要躺在功劳簿上，三更不是为今天我们面临的很多困难和问题寻找借口，而是为了总结历史经验、把握历史规律、增强开拓前进的勇气和力量。所以，我们要“不忘初心、继续前进”。

从现实角度来看，党的十八大报告里有一句振聋发聩的话：坚持和发展中国特色社会主义是一项长期而艰巨的历史任务，必须准备进行具有许多新的历史特点的伟大斗争。现在是一个太平盛世，但太平盛世不是没有斗争的，要准备进行具有许多新的历史特点的伟大斗争。这就告诫我们，要时刻准备应对重大的挑战、风险、阻力、矛盾。所以，我们要“不忘初心、继续前进”。

从未来角度来看，习近平讲了一句非常深刻的话，“历史总是要前进的，历史从来不等待一切犹豫者、观望者、懈怠者、软弱者。只有与历史同步伐、与时代共命运的人，才能赢得光明的未来”①。所以，我们要“不忘初心、继续前进”。

我们还要注意到，在习近平整篇“七一”讲话的最后，他回顾了毛泽东当年离开西柏坡时讲的“今天是进京赶考的日子”。他说：“我们党在这场历史性考试中取得了优异成绩。同时，这场考试还没有结束，还在继续。今天，我们党团结带领人民所做的一切工作，就是这场考试的继续”②。正因为在进行历史性的考试，所以要“不忘初心、继续前进”。

也就是说，把习近平论述“不忘初心、继续前进”前后的话联系起来，就能体会到，这八个字重点强调了两层意思：一是在历史性的考试中要“不忘初心”，不丢失我们的光荣传统，不失去我们的灵魂，不迷失我们的方向；二是在历史性的考试中要“继续前进”，不陶醉在我们已有的功劳簿上面，不故步自封，也不精神懈怠，而要永远保持谦虚、谨慎、不骄、不躁的作风，永远保持艰苦奋斗的作风，勇于变革、勇于创新，永不僵化、永不停滞，继续在这场历史性考试中经受考验，努力向历史、向人民交出新的更加优异的答卷！

第三，什么叫“不忘初心、继续前进”？怎么做到“不忘初心、继续前进”？

从形式逻辑上讲，这是两个问题，其实在“什么是”中已经包含了“怎么做”，所以我们把它们作为一个问题来讨论。习近平“七一”讲话的主题和主体，讲的“不忘初心、继续前进”八个方面的要求，讲的就

①② 习近平. 在庆祝中国共产党成立95周年大会上的讲话. 人民日报，2016-07-02.

是这个问题。

第一个要求，讲的是我们的指导思想，强调坚持“不忘初心、继续前进”，就要坚持马克思主义的指导地位，坚持马克思主义基本原理和当代中国实际与时代特点紧密结合起来，推进理论创新、实践创新，不断把马克思主义中国化推向前进。

第二个要求，讲的是我们的理想信念，强调坚持“不忘初心、继续前进”，就要牢记我们党当初成立之日起就把为共产主义、社会主义而奋斗确定为我们的纲领，现在又提出建设中国特色社会主义这一共同理想，我们要不断把为崇高理想而奋斗的伟大实践推向前进。

第三个要求，讲的是“四个自信”，强调坚持“不忘初心、继续前进”，就要坚持对中国特色社会主义的道路自信、理论自信、制度自信和对中国优秀传统文化的文化自信。这“四个自信”既是建立在对党的指导思想、理想信念的正确认识基础之上的，又是今天在中国特色社会主义建设过程中要坚持的，同时也是完成后面习近平总书记讲的各项任务的根本保证。所以，第三个要求是承上启下的。

第四、第五、第六、第七、第八个要求，这五个“不忘初心、继续前进”，是今天要继续积极推进的五项工作任务。

第四个要求，也就是我们要继续积极推进的第一项任务，这就是要进一步落实我们的布局。一是统筹推进“五位一体”的总体布局，二是协调推进“四个全面”的战略布局。在今天建设中国特色社会主义，必须坚持经济、政治、文化、社会、生态文明“五位一体”统筹推进，必须坚持全面建成小康社会、全面深化改革、全面依法治国、全面从严治党“四个全面”协调推进。也就是要在党的指导思想、理想信念的指引下，坚持“四个自信”，按照这样的布局全力推进全面建成小康社会进程，实现“两个一百年”的奋斗目标。

第五个要求，讲的是改革，也就是我们要继续积极推进的第二项任务。今天，全面深化改革怎么继续推进？我们要在坚持正确方向的前提下，勇于改革创新。特别是，当前正在进行的供给侧结构性改革，是一项非常艰巨的使命，这个使命要求全党要不怕风险、不怕啃硬骨头，齐心协力去完成。

第六个要求，讲的是为人民，也就是我们要继续积极推进的第三项任务。我们要坚持一切为了人民、一切依靠人民，充分发挥广大人民群众的积极性、主动性、创造性，为人民提供福祉。这既是我们的任务，同时也是我们继续前进必须坚持的核心思想。

第七个要求，讲的是我们要营造一个良好的国际环境，始终不渝地坚持和平发展道路，也就是我们要继续积极推进的第四项任务。这里不仅阐述了我们党坚持的独立自主的和平外交政策，而且强调了我们面对国际上各种各样戴着有色眼镜的阻碍我们前进的那些问题时，应该怎么应对。既强调中国始终是世界和平的建设者、全球发展的贡献者、国际秩序的维护者，又强调了如果有人胆敢损害中国的主权、安全和发展利益的话，我们中国人是不会吞下这个苦果的。这也是继续前进的重要保证。

第八个要求，讲的是办好中国的事情关键在党，也就是我们要继续积极推进的第五项任务。一要加强党的领导，二要加强党的建设。在加强党的领导方面，习近平反复强调党的领导是中国特色社会主义的本质属性，党的领导是党和国家的根本所在、命脉所在，是人民的利益所在、幸福所在。所以，坚持党的领导是为人民谋利益的。要坚持党的领导，就要加强党的自身建设，保持党的先进性和纯洁性，着力提高党的执政能力和领导水平，着力增强党的抵御风险和拒腐防变能力，解决党内存在的突出问题。

习近平总书记在讲话中用了很大的篇幅讲了怎么样抓好党的建设，尤其是解决腐败问题。这次重要讲话，他提出了两个重要观点：其一，“党和人民事业发展到什么阶段，党的建设就要推进到什么阶段。这是加强党的建设必须把握的基本规律”①。其二，“我们党作为执政党，面临的最大威胁就是腐败”②。怎么加强党的建设，解决党内存在的腐败等突出问题呢？一要始终围绕加强党的先进性和纯洁性这个中心，同一切

①② 习近平．在庆祝中国共产党成立95周年大会上的讲话．人民日报，2016-07-02．

弱化党的先进性、损害党的纯洁性的问题做斗争。二要坚持全面从严治党方针，做到真管真严、敢管敢严、长管长严。三要严肃党内政治生活，净化党内政治生态。这是全面从严治党的基础。党要管党，首先要从党内政治生活管起；从严治党，首先要从党内政治生活严起。我们要加强和规范党内政治生活，严肃党的政治纪律和政治规矩，增强党内政治生活的政治性、时代性、原则性、战斗性，全面净化党内政治生态。四要进一步解决党的作风问题。坚持从中央政治局常委、中央政治局委员、中央委员抓起，从党的高级干部抓起，以上率下来解决党的作风建设问题。五要进一步树立正确的权力观，从根本上解决腐败问题。六要培养德才兼备的高素质干部。所以，这个任务也是贯彻前面所有任务的根本保障。

通过以上的梳理可以发现，“不忘初心、继续前进”这八个字，既包含不能忘记我们的指导思想，不能忘记我们的共产主义的远大理想之义，又包含要用我们对中国特色社会主义的道路自信、理论自信、制度自信和对中国优秀传统文化的文化自信推进我们的工作之义，还包含要坚持“五位一体”和“四个全面”战略布局、改革开放、人民利益、和平发展、党的领导和建设之义，这八方面内容的逻辑是相当清晰的。前两个方面侧重于讲“不忘初心”，后五个方面侧重于讲“继续前进”，第三个是承上启下，把指导思想、理想信念转化为“四个自信”，充满信心地建设“五位一体”的中国特色社会主义，实施“四个全面”战略布局。

总之，习近平总书记的“七一”讲话是针对性非常强、思想非常深刻、内在逻辑联系非常紧密的一篇重要讲话，是当前和今后一个时期我们坚持和发展中国特色社会主义、全面建成小康社会、实现“两个一百年”奋斗目标和中华民族伟大复兴中国梦的一个纲领性文献。其中“不忘初心、继续前进”这八个字，鲜明表现了当代中国共产党人对实现党的远大理想和今天的奋斗目标，有着坚定的革命意志、不懈的奋斗精神和忠于马克思主义科学信仰的赤子之心。

结束语

这本小书，本来是应该在 2016 年 7 月 1 日即中国共产党诞生 95 周年纪念日到来之前出版的。一来因为五六月份工作特别忙，二来也考虑到在习近平总书记发表重要讲话后可以把新的精神充实进去，因此到今天才交稿。

书写到最后，总要交代些什么。我想了一想，要对读者表示一点歉意。书是写给读者看的，应该写得通俗易懂，具有比较强的可读性。这是我写每一本书的时候，都要提醒自己的。这本书，我在这方面做得不那么好，有些部分资料堆得太多了，不好看。但是，对我来讲，这也是无可奈何的事。因为，要讲时代、时代潮流、时代大潮这样的问题，不引用一些资料说明不了问题；而资料又有一个消化的问题，这本书引用的资料涉及许多学科，要消化成通俗易懂的表述谈何容易。于是，不尽如人意之处就难免了。

我决定写这本书的本意，是想讨论一个问题：为什么中国共产党已经 95 岁了，而且一路上还经历过起起落落，但至今仍保持着不变的先进性和不衰的蓬勃生机？我们知道，一个党过去先进不等于现在先进，现在先进也不等于永远先进。而能够保持过去先进、现在先进、将来也先进，有没有可能呢？如果有的话，秘诀又是什么呢？我想，要破解这个中国共产党先进性之谜，最好的办法还是把它放到时代大潮中去考察。习近平在庆祝中国共产党成立 95 周年大会上的重要讲话，有一段话很值得人们深思。这就是他说的："1949 年 3 月 23 日上午，党中央从西柏坡动身前往北京时，毛泽东同志说：'今天是进京赶考的日子。'60 多年的实践证明，我们党在这场历史性考试中取得了优异成绩。同时，这场考试还没有结束，还在继续。今天，我们党团结带领人民所做的一切工作，就是这场考试的继续。"[①] 是的，就是这种自觉"赶考"精神，永不止步地追赶时代大潮、接受时代大潮考验的精神，使得中国共产党能够在错综复杂的形势下顺应和把握时代大潮，进而引领时代大潮，不停顿地保持着自己的先进性。

当然，我决定写这本书还有一个想法，这就是想换一个角度来研究我们党的历史。我们在党史研究中一直强调要坚持历史唯物主义的研究方法。历史唯物主义要求我们把党的历史事件、历史人物都放到一定的时代条件下去研究，还要考察当时的社会经济基础和生产力发展状况。我们在这方面做了一些探索，但并不令人满意。党史的面目，基本上由一个会议接一个会议、一个领导人的思想接一个领导人的思想链接而成。至于这个会与那个会、这个思想观点与那个思想观点为什么有差异，还是用这个领导人或那个领导人的话来作解释。那么，能不能把一个党这一段历史放到当时的时代大潮中去考察一下呢？我知道，可以做，但要做成功有风险。既然可以做，即使有风险，也是值得试一试的。

还要说一点的是，这本书的题目尽管是我自己出的，但写不写我并没有拿定主意，完全是在中国人民大学出版社同志的热情鼓励、推动和不断催促下决定写的。所以，当书稿成型的时候，内心格外感谢他们。

这就是我最后想和读者们交代的几句话。敬请大家谅解！

作　者

2016 年 7 月 12 日

于昆玉河畔

---

① 习近平. 在庆祝中国共产党成立 95 周年大会上的讲话. 人民日报，2016-07-02.

图书在版编目（CIP）数据

时代大潮和中国共产党/李君如著. —北京：中国人民大学出版社，2019.10
（“认识中国·了解中国”书系）
“十三五”国家重点出版物出版规划项目
ISBN 978-7-300-27537-6

Ⅰ.①时… Ⅱ.①李… Ⅲ.①中国共产党-党史-研究 Ⅳ.①D23

中国版本图书馆 CIP 数据核字（2019）第 217282 号

国家出版基金项目
“十三五”国家重点出版物出版规划项目
“认识中国·了解中国”书系
时代大潮和中国共产党
李君如 著
Shidai Dachao he Zhongguo Gongchandang

出版发行	中国人民大学出版社		
社　　址	北京中关村大街 31 号	邮政编码	100080
电　　话	010－62511242（总编室）		010－62511770（质管部）
	010－82501766（邮购部）		010－62514148（门市部）
	010－62515195（发行公司）		010－62515275（盗版举报）
网　　址	http://www.crup.com.cn		
经　　销	新华书店		
印　　刷	涿州市星河印刷有限公司		
开　　本	720 mm×1000 mm　1/16	版　　次	2019 年 10 月第 1 版
印　　张	16.75	印　　次	2024 年 6 月第 5 次印刷
字　　数	231 000	定　　价	98.00 元